◎ 湘学研究丛书 ◎

陈墨西辑

陈墨西 著

陈华荣 整理

民主与建设出版社
·北京·

© 民主与建设出版社，2024

图书在版编目（CIP）数据

陈墨西辑 / 陈墨西著；陈华荣整理. -- 北京：民主与建设出版社，2024.12. -- ISBN 978-7-5139-4792-3

Ⅰ.K827=7

中国国家版本馆CIP数据核字第2024J8K068号

陈墨西辑
CHEN MOXI JI

著　　者	陈墨西
整　　理	陈华荣
责任编辑	宁莲佳
封面设计	关　观
出版发行	民主与建设出版社有限责任公司
电　　话	（010）59417749　59419778
社　　址	北京市朝阳区宏泰东街远洋万和南区伍号公馆4层
邮　　编	100102
印　　刷	三河市天润建兴印务有限公司
版　　次	2024年12月第1版
印　　次	2025年3月第1次印刷
开　　本	787毫米×1092毫米　1/16
印　　张	24
字　　数	260千字
书　　号	ISBN 978-7-5139-4792-3
定　　价	78.00元

注：如有印、装质量问题，请与出版社联系。

《湘学研究丛书》编委会

主　任：彭　英
副主任：李跃龙　赵为济　何文斌　陈书良
编　委：刘泱泱　黄伟民　胡静怡　熊治祁　王沛清
　　　　朱汉民
总编辑：胡智勇
编　务：张仁柱　王曙光　张玉龙　何晓岚　刘　柳

时任孙中山先生大元帅府咨议陈墨西先生
（1924年摄于广州）

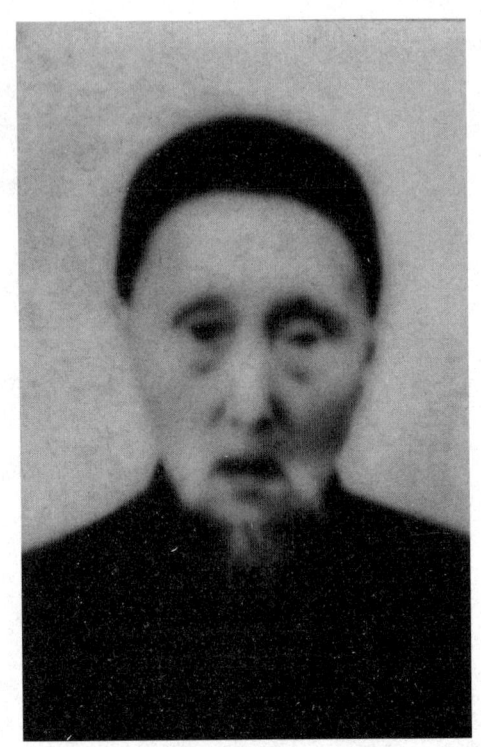

晚年的陈墨西先生

| 黃衍韶 | 鄢強 | 曾廣紳 | 陳應森 | 陳宗蘭 | 彭蔭 | 粟之喬 | 彭壽民 |
| 陳漢傑 | 趙恒 | 鍾才宏 | 彭兆璜 | 吳景鴻 | 徐鍾衡 | 殷士奇 | 陳貞瑞 |

1921年12月，陈墨西（贞瑞）与湖南制定省宪法筹备处职员合影。前排右一为陈墨西

綜本人生平不解生財不營好爵惟關心人民福利未專作兒孫馬牛對政治革新隨時努力凡政府改組均未參加雖自少至老服務社會皆居賓師之位而非實際之官緣語言笨拙固知面訣尤對大人心皆藐視性不宜官也故食薪近六十年矣羞依然貧妻子息已盈廿口左右並無一人蓋視生前之榮枯得失甚輕而視身後之毀譽是非彌重云

陳墨西附呈

陈墨西先生手迹

20 世纪 50 年代的兰芝堂

陈墨西先生墓地全貌（衡阳县三湖镇大波村虎形山）

本书整理者陈华荣多地走访,搜集资料

总　序

袁行霈

　　由中央文史研究馆与全国各地文史研究馆通力合作的文化工程《中国地域文化通览》，在历时六年之后，终于全部完成，陆续出版，这无疑是一件令人振奋的事情。更让我欣喜的是，湖南省文史研究馆在《中国地域文化通览·湖南卷》编撰完成之后，即着手湘学研究，这是对湖南地域文化研究的拓展和深入。因此当"湘学研究丛书"执行主编、湖南省文史研究馆馆员陈书良先生嘱余为丛书作序时，余乐见其成，遂欣然应允。

　　湘学作为一种极富地域色彩的学术思想，在中国传统学术思想史上有独特的地位，并在历史上对中国的学术思想演变产生了很大的影响。"湘学"的独特品格是儒学地域化的结果。但这一地域化的过程并不是完全被动的，它既有南北的交流与互动，也有东西的冲突与融合。中国传统的学术文化不断对湘学施加影响，湘学也因其自身特质影响了全国的学术发展。其表现最突出的主要是两个时期，一个是南宋的湖湘学派，一个是晚清湖南的经世派。

　　南宋时期，以胡安国、胡宏父子和张栻为代表的湖湘学派，主张"性本论"和"气本论"，与朱熹的"理本论"和陆象山的"心本论"三足鼎立，朱熹更是深受胡氏父子和张栻的影响。过去我们过多强调张栻接受朱熹的观点,修正师说,而忽视了朱熹所受湖湘学派的影响。实际上,朱熹正是从湖湘学领悟到践履功夫的重要性,并纠正了佛老之弊。刘师培在论朱熹学问的进程时曾指出:"考亭早年泛滥于佛老之学,及从延平问道,讲明性情之德皆由发端处施功,乃渐悟佛老之非……乃从南轩于湘南,而治学之方始易以察识为先、以涵养为后,由蹈虚之学加以征实之功。"(《刘申叔遗书》之"南北理学不同论",江苏古籍出版社1997年版,第551页)这一点随着对南宋思想和社会发展的深入研究,已经越来越成为共识。

至于湘学与晚清学术思潮的转变,最突出的就是湖南理学经世派的强势复兴。陶澍、贺长龄、魏源作为晚清理学经世派的第一批领袖人物,在道光年间积弊丛生的时局中崛起,他们因此而有机会将湘学的经世传统付诸实践,湘学也正是在此时再次兴盛。到了咸同年间,中兴名臣曾国藩借由湘军的壮大不断传播其"以礼调和汉宋"的主张,将"经济"一门与"义理、考据、辞章"并举,将经济藏于义理之中,在乾嘉考据之外,大大提升了理学的地位。他强调时务致用,兼收并蓄,以撮合、化解汉宋之争,成为当时经世学风的主流。但曾国藩的这种努力,基于更多的现实考虑,从学术上来说,并没有解决汉宋之争存在的学理问题,事实上影响了清代理学的发展。同时,在对西学的引进上,湘学的思考习惯和学术精神也影响了时人对中体西用关系的理解。对西方器物、制度、文化的次第引进,在湖南本土产生了激进与保守的严重分歧,它不仅使中国传统学术的发展呈现出复杂的局面,也深刻影响了中国社会发展的方向和进程。关于这些,仍有待更多的研究。

作为传承近千年的地域学术思想,湘学的学术内涵极为丰富,一方面随着历史变迁而不断发展,另一方面却保留着学统上的延续性,形成了一种学术精神传统,深刻地影响了湖南的民风民俗和政治、经济、文化的发展。

因此,开展湘学研究,对湖湘地域学术文化和学术群体深入开掘,具有重要的学术史意义。有关湘学的研究,近年来湖南地区的学者已经取得了不少成果,这种学术自觉充分显现了湖湘学人的自信,也非常契合湘学的旨趣与独立精神。但作为一个学术思想史概念,湘学的历史研究和学理研究仍然很薄弱,还有许多工作要做。湖南省文史研究馆作为政府机构,牵头组织部分学有专长的文史研究馆馆员和一些学术界的朋友共同整理、研究、编写"湘学研究丛书",显示了他们的学术勇气与社会担当,昭示着湘学研究进入一个新的阶段。最后,我希望这套丛书的出版,能成为各省地域学术研究的参照。

(作者系中央文史馆馆长、北京大学教授)

前 言

本书是一百余年前湖南著名反清革命党人、甘肃秦州起义的策动者、湖南省文史研究馆早期馆员陈墨西先生的著作合辑。

一

陈墨西（1869—1960），名贞瑞（祯瑞），字墨西，号潜斋，后以字行。清同治八年正月二十五日（1869年3月7日）出生于湖南省衡阳县永福乡（今衡阳县渣江镇群峰村）。祖父陈大源，入湘军名将彭玉麟之水师（长江水师），以功授候补知府。父陈启棡为候补通判。后陈家迁居衡阳县重安镇（今衡阳县三湖镇大波村兰芝堂）。

陈墨西自少善读书，"弱冠即以文雄于乡"。光绪十六年（1890年），在长沙思贤讲舍毕业，经院试，入为廪贡生。二十三年（1897年），毕业于湖北武昌两湖书院。戊戌维新时，他与部分有识之士在衡阳倡办《俚语》报馆，欲以开启民智。不久政变发生，他"几为乡人所不容，遂只身出走"，来到江浙一带。曾在私塾任教，后入南京三江师范学堂任教习，先后结识自立军首领唐才常和后来担任江南新军统带的赵声，以及杨毓麟、禹之谟等人，声息相通,志同道合。此后,他长期活动在江南学界,其爱国之志一如既往,"惟日以政治改革之说,潜为生徒言之"。

宣统元年(1909年),陈墨西东渡日本,认识黄兴,并由黄引见孙中山,加入同盟会。三年(1911)春,应新任甘肃提学使俞明震之请,入甘肃学幕。时西北学风闭塞,陈墨西"力为规划兴举,行之数月,其效大著"。八月,武昌起义爆发,随后全国各地革命党纷起响应,宣布独立。陈墨西曾劝说俞明震(十月署甘肃布政使)起事,又结识清甘肃督练公所参议黄钺、秦州道向燊,黄、向两人均为湖南人,也皆有革命倾向。1912年3月11日,在陈墨西的策应下,黄钺在秦州(今天水)发动起义,史称"陇右光复",成立甘肃临时军政府,举黄钺为都督、向燊为副都督,以陈墨西任秘书长兼教育司司长。"陇右光复"推动了甘肃革命形势的发展,极大地减轻了陕西革命政权的压力,有着十分重要的意义。陈墨西在这一重大革命变动中,发挥了重要的作用。

1912年3月,袁世凯任命赵惟熙为甘肃都督。黄钺顾全大局,解甲引退,和陈墨西回到湖南。陈墨西抱定共和革命的宗旨,对袁世凯保持着警惕,是一位仍然坚持民主革命立场的、倾向进步与光明的政治活动家。1913年宋教仁被刺、1916年洪宪帝制复辟后,他受命于黄兴、周震鳞,南北奔走,参与讨袁斗争。此后,曾任湖南宁远县知事、陕西督军署政治顾问等职,又受周震鳞之请,先后任北京《真共和报》《启明日报》总编辑。1921年,参加湖南自治运动,曾担任《湖南制宪报告书》编审。

1924年1月,孙中山改组国民党,陈墨西再次加入国民党，投入国民革命运动，并于6月，被孙中山任命为大本营咨议，参与机要文案工作。11月，孙中山赴北京与段祺瑞等谈判，陈墨西随同前往。次年，孙中山在北京病逝后，陈墨西重返广州。

1926年，国民党中央创办中央政治讲习班，陈墨西以大元帅府咨议和军政府政治顾问的名义前来，曾听过著名共产党人毛泽东、萧楚女等的讲课，也结交了不少杰出的共产党人。北伐战争开始后，他曾担任北伐军总司令部政治顾问和国民革命军第二军政治顾问，参与军机筹划。其间，一度担任广东省惠阳县县长。

1927年四一二反革命政变后，国共分裂，陈墨西因政见不合，以母亲病故、回乡守孝为名，脱离政界。1928年，经旧友谭延闿介绍，在南京中央政治大学、中央女子政法讲习所任教。后曾应浙江省政府主席鲁涤平之邀，任浙江省政府顾问。

1935年，陈墨西回到湖南衡阳，从此再未远游。此后主要以教书为生，先后在衡阳女中、南华中学（抗战时自长沙迁至衡山）、衡阳县中（今衡阳市二中）教书。在此期间，他还和衡阳文化界人士发起成立"湘东吟社"，并编辑出版诗集。抗战胜利前夕，曾任湖南省政府顾问，直至1947年。

陈墨西乡居期间，正值抗日战争全面爆发。1944年8月衡阳失陷后，日寇在渣江一带烧杀抢掠。陈墨西义愤填膺，命长孙在堂屋上画一巨幅中国地图，并亲书"此乃中国之大好河山，凡我黄胄须誓死捍卫之"。他还慷慨陈词："我已年老，不能力御外寇，然能口诛笔伐，以泄我愤，虽死无憾。"表现出一位革命老人和知识分子强烈的爱国热情与民族气节。

中华人民共和国成立以后,陈墨西目睹新社会百废俱兴、欣欣向荣的景象,衷心地拥护共产党,热爱新中国。1952年3月,他被湖南省人民政府聘任为湖南省文物委员会委员;次年改任为湖南省文史研究馆馆员。

1954年6月,陈墨西当选为湖南省第一届人民代表大会代表;1956年11月,又当选为衡阳县第二届人民代表大会代表。从此,陈墨西的政治生命又焕发出新的青春。他不顾年老体弱,坚持出席湖南省人民代表大会的各次会议,并就地方经济文化建设、合作化运动、群众生活、王船山故居保护等问题,赴各地考察、视察,调查研究,写出数万字的报告,提出很多宝贵的意见和建议。

综上所述,陈墨西一生经历了清王朝、中华民国和中华人民共和国三个历史时期。在长达91年的生涯里,他作为一位知识分子,饱读诗书,屡经忧患,参加反清革命,做出了重要的贡献。辛亥革命以后,他参加国民革命运动,更多的是从事文化教育活动,但始终保持了革命民主主义立场,最后跟上了新中国和社会主义的步伐。

二

1999年,湖南省文史研究馆为纪念陈墨西130周年诞辰,曾编辑出版了《风范长存》纪念专集。该专集以纪念和研究陈墨西革命和爱国的一生为主要目的,收入了一些研究性、纪念性的文章,同时收入了陈墨西的一些诗文、书信等遗著。

今天出现在我们面前的《陈墨西辑》，是由陈墨西之族裔陈华荣重新整理编辑并增订而成的。陈华荣是一位文史爱好者，是湖南衡阳市一家企业的干部。作为陈墨西家族之后人，他从小就听说过族伯父的事迹，耳濡目染，深受爱国主义和革命精神的教育。近十几年来，他多次赴上海、甘肃、江苏和省内长沙市、衡阳市的图书馆、档案馆、博物馆，从各种档案、旧籍、清代与民国报刊中，搜寻有关陈墨西的历史资料，特别是陈墨西本人的著作，包括专著、文赋、诗词、联语等，历时三年，细心整理、认真编辑出了这本《陈墨西辑》。几年来，陈华荣节衣缩食，以他不多的退休金，奔走于省内外，炎天暑月，雨雪风霜，不稍松懈，实在是难能可贵，令人感动。

这本新增订的《陈墨西辑》，是在原《风范长存》一书的基础上，通过大量辑佚、重新整理编辑而成的。《陈墨西辑》自然是以陈墨西本人的著作为主，收入了陈墨西文章、书信、诗词、联语、箴言，较之《风范长存》所收录的陈墨西著作，增加了许多。其中不少文字，尚属第一次公之于世，对研究陈墨西、研究辛亥革命及民国初期政治，具有很高的史料价值。又如陈墨西以湖南省人大代表的身份，对王船山故乡包括其故居、墓葬的调查，细致而全面，不仅保存了很多历史资料，对我们了解20世纪50年代王船山故乡的状况也有着非常重要的意义。为使读者对陈墨西有更为全面和深入的了解，本书设有"附录"部分，收入了有关陈墨西的一些档案资料，他的师友朋僚如俞明震、黄钺、周震鳞的相关诗文，以及他的儿子著名史学家陈致平等亲属的文章。

三

湖南省文史研究馆作为从事湖湘文化与乡邦文献研究的机构，曾有计划地编撰出版了湖南省文史研究馆馆员特别是早期馆员的专辑，如《杨树达辑》《曹典球辑》《向恺然辑》等。毫无疑问，这对于推进湖南近代史与湖湘文化的研究，推进本文史研究馆的工作，具有重要的意义。今天我们所推出的《陈墨西辑》，这位本馆早期馆员的专辑，展示他自清末以来的人生历程，彰显他在反清革命与文化教育方面的历史贡献，是具有宝贵意义的历史文献。前年春季，本人受湖南省文史研究馆领导的委托，帮助陈华荣同志的工作。在近三年的时间里，我和整理者愉快合作，确定体例，商榷编务，并通阅全稿，终于完成任务，发排付梓。

本书的整理，按照古籍整理的相关规则，将文字改繁体竖排为简体横排，并划分自然段，加标点符号。原文中的古体字、异体字改为今体字，但作为人名、地名专用的繁体字和异体字不改，通假字一般不改。对于原书中文字的错、漏、衍、倒等问题，均按现行规则，进行改、补、删、乙。缺漏之字，以方框表示；明显的错别字、倒字、重字，径改不另作说明。

本书的内容，或许有一些与常见史籍和学术界研究新成果相互参差之处，我们从保持其原貌的原则出发，又考虑到尚属于学术问题，不宜作轻易的裁断，故一仍其旧，亦未作考订和校注。由于我们学术水平与能力的不足，本书的编辑点校尚有不尽如人意之处，抑或存在舛误，敬祈读者批评指正,是为至幸。

梁小进　2024年6月8日于长沙

高山景行墨西公

刘定安①

余生也晚，未能一睹先生芳泽。余生有幸，自幼聆听先生逸事。今逢华荣君整理的《陈墨西辑》出版，欣然应约，撰文以纪盛事。

陈公墨西先生，余家乡渣江文化名人之一也，国民党元老，辛亥志士，革命先驱，教育大家，道德楷模。此正史有载，民众口碑相传，毋庸置疑。其课子有方，家学绵延，令人钦佩；其寻史执着，治学严谨，举世闻名；其弘扬船山之学，保护文物古迹，功在千秋。其事功大业，不一一赘述也。

作为同邑后学，有缘从史料之外了解墨西先生晚年逸闻趣事，并录之以传，甚幸甚慰。

余姑妈嫁永安村罗汉湾凌家，距兰芝堂仅二华里。故走亲戚往返须经墨西先生生前所居兰芝别墅（又称牌灯屋）刘姓住户门口，每年数十次。且每回随长辈进屋落座歇息，问长问短，寻根究底，至今犹记。

1985年12月至1990年9月，余参加工作在官埠乡政

---

① 刘定安：衡阳市供销合作总社党委书记、理事会主任，中国散文学会会员，湖南省作家协会会员，衡阳市作家协会名誉主席。

府任文化辅导员,走村串户搜集民间传说故事和民谚民谣,几近着迷。有关墨西先生的传说颇为丰富。如就读井塘经馆,师从陈卓卿夫子时聪敏好学;如参加乡试授廪贡生,却遇废科举;如从两江师范学堂卒业东渡,与孙中山、黄兴结为挚友;如对袁世凯之倒行逆施,挺身而出,代表黄兴在江苏镇江招抚军队讨袁;如随军东征,誓师北伐,先后任宁远、惠阳县长;如四一二反革命政变,国共分裂,与国民党当局政见不合,离开军政界,从此致力教育事业;如大义凛然,以日语斥责下乡抢掠的日寇;如生计窘迫之下修书黄克诚的委婉含蓄;如竹椅为轿,先后两次赴曲兰调研王船山故居及墓园,提出保护方案;如蜗居楼上,一周不下楼梯,吟诗作对为乐;如定期邀约方代岱、凌少泉、王汉生诸乡儒雅集,以文会友,潇洒唱和,有古名士之风;如秉性不移,见乡民挨饿而灯下草就建言速邮省府;如古道热肠,好善乐施,74元工资与贫困乡邻分享;等等。

墨西先生的出生地——祖堂毓秀村距兰芝堂二华里,属官埠乡诗波村。余曾在该村蹲点,常到毓秀村听陈氏后裔们翻古。其中有位陈诗系,擅长吹拉弹唱,是墨西先生三弟远溪公的嫡孙。每讲起家族史,便神采飞扬,双眼放光。提到墨西公,则啧啧称赞,神往之至。余曾建议诗系君以墨西公事迹为题材,创作说唱剧本,未果。及至1989年,余参加第四届县政协会议,同宿舍陈鹭祥委员,是墨西先生三弟远溪公三子,儒雅谦和,语气迟缓。余时年22岁,因20岁时以散文《远山》荣获湖南省第四届青年文学创作竞赛二等奖第一名,正怀揣不着边际的梦想。没想到面前这位村民,竟然是享誉海内外的大作家琼瑶的亲堂叔,激动中有些拘谨。听鹫祥君语调徐缓讲述家族史以及墨西先生的故事,印象十分深刻。会后,特意偕文友赶赴位于兴隆水库旁边的虎形山,拜谒了墨西先生墓。山风徐来,林涛浩荡,顿生清凉,心胸为之一阔。

一眨眼,离开家乡三十年了。前二年,特意去兰芝堂和毓秀村访问,物人两非。尤其是毓秀村,几成空村。那红砂石砌的围墙保存完整,槽门禾坪,石板路,水塘中的石井,依然如昨。当年的兰芝堂一半欧式建筑一半传统庭院,仅剩下一进天井;刻有"共和家庭"的槽门已成一堆废墟;祖堂也只残留一副石头门框。门前的水塘格局未变,石码头一如从前。零落住户中,仅有一家是陈氏后裔,也将搬往县城。琼瑶记忆中的深宅大院,那份岁月积淀形成的"共和家庭"氛围,都不复存矣!但是,兰芝堂的人文故事、辉煌和荣耀,已经深深地镌刻在人们的脑海中。

人们常说,人杰地灵。诚哉斯言。衡阳是湖湘文化的重要发祥地之一,渣江又是衡阳的文化腹地。其底蕴深厚、源远流长的历史文化,是由墨西先生这样的先贤们,一代又一代积淀构筑,弦歌不辍,薪火相传。墨西先生的事功、才识、品德,将激励和滋养这片土地诞生新的奇迹。

衡岳雄峙南天,蒸水奔腾向前。柿竹水是蒸水的重要支流,兰芝堂前的一泓碧水,潺潺东流,带着墨西先生的文脉思考,融入时代的壮阔波涛,经久不衰!祝贺《陈墨西辑》盛世出版,济世润心,幸哉!幸哉!

目 录

文 章

衡州士绅开设俚语报馆禀并批 …………………… （3）
甘肃临时军政府檄文 …………………………………… （9）
甘肃临时军政府、甘肃军政府和平解决条约 ……… （10）
上国务院请愿书 ……………………………………… （12）
呈复大总统文 ………………………………………… （13）
共和再造之新危机 …………………………………… （20）
千呼万唤之冯代总统 ………………………………… （23）
对于举行国民大会之意见 …………………………… （26）
再覆吴佩孚书　附：吴佩孚近论国民大会 ………… （39）
对于湖南自治之研究 ………………………………… （45）
光和先生暨德配莫孺人六旬晋一寿言 ……………… （71）
覆谢光焯等公函 ……………………………………… （73）
审查会请发夫马伙食费 ……………………………… （78）
介绍良医 ……………………………………………… （79）
蓝山陈氏衡阳渣江毓秀村支谱序 …………………… （80）
迁衡世祖应聘公传 …………………………………… （82）
曾祖王父泰文公传 …………………………………… （85）

王父维之公传 …………………………………………（87）
国民革命军少将陈贞烨事略 …………………………（90）
《三湖王氏荫棠世泽集》序 …………………………（93）
船山故居沿革及坟墓　附：关于王船山故址处理意见
　的覆函 ………………………………………………（96）
一九五五年上期视察工作报告 ………………………（125）
一九五五年秋后视察工作报告 ………………………（137）
一九五六年下期视察工作报告 ………………………（143）
一九五七年上期视察工作报告 ………………………（157）
在湖南省第一届人民代表大会第五次会议上的书面
　发言 …………………………………………………（187）

书　信

致谢廓晋 ………………………………………………（195）
致黄克诚 ………………………………………………（200）
致湖南省教育厅 ………………………………………（203）
致黄道奇 ………………………………………………（204）
致湖南省人民委员会、省长、副省长等 ……………（206）

诗　词

癸酉述怀诗五首 ………………………………………（215）
西湖春柳曲　有序 ……………………………………（223）
书　感 …………………………………………………（225）
新　秋 …………………………………………………（225）
丙子中秋对月 …………………………………………（226）
次韵答刘豢龙 …………………………………………（226）

秋江晚眺 …………………………………………（227）
即席赠蒋子龙诚王子景农各一首 ………………（227）
和前题 ……………………………………………（228）
咏雪　有序 ………………………………………（228）
壬申除夕杭州遣怀兼呈吕厅长蓬荪四首 ………（229）
癸酉三月晦日杭州遣怀 …………………………（230）
偶　成 ……………………………………………（230）
杭州呈鲁主席咏庵 ………………………………（230）
癸酉杂感用杜陵诸将五首韵 ……………………（231）
次韵和刘撰一近代诗史十首 ……………………（232）
思惠阳 ……………………………………………（234）
八十初度抒怀 ……………………………………（235）
湘主席王公惠以寿诗谨次韵答谢凡二章 ………（235）
辛卯感怀四首奉寄长衡故人 ……………………（236）
公历年终自述四首再寄长衡故人 ………………（238）
纪实二首三寄长衡故人 …………………………（239）
喜闻谢晋主中国国民党革命委员会湖南分会筹备委
员赋此赠之 ………………………………………（240）
甲午仲冬访草堂有感 ……………………………（241）
甲午仲冬谒王船山墓 ……………………………（241）

联语、箴言

题兰芝别墅二楼书房 …………………………………（245）
题旧居堂前 …………………………………………（245）
题兰芝别墅大门 ……………………………………（245）
题王船山故居 ………………………………………（245）
悼启蒙老师凌公汉卓 ………………………………（245）
寿凌公祖述七旬晋一 ………………………………（246）
箴言 …………………………………………………（246）

附　录

简　历 ………………………………………………（249）
湖南省人民代表大会代表登记表 …………………（251）
诰封朝议大夫陈泰文先生太恭人陈母颜太恭人七旬
双寿序 ……………………………………彭玉麟（254）
与森村耍、陈墨西闲眺秦淮河畔 …………陈衡恪（256）
前题和陈墨西茂才作 ………………………曾广祚（256）
俞贻逊致陈君墨西书 ………………………俞贻逊（257）
黄钺致黎元洪函 ……………………………黄　钺（258）
纪陈贞瑞事略 ………………………………胡锦澜（259）
《陇右光复记》序 ……………………………周震鳞（264）
为保荐陈贞瑞任教育官职呈请大总统批示
　…………………………………………谭延闿（265）
批陆军上将衔湖南都督谭延闿呈保荐陈贞瑞堪任教
育官职请批示祗遵文 ………赵秉钧　刘冠雄（266）
沈鸿英促邓士瞻返桂 ………《广州民国日报》（266）

任命陈贞瑞职务令	孙中山	(267)
致李济深、黄绍竑电	孙中山	(267)
大元帅交下陈贞瑞笺函一件	孙中山	(268)
沈鸿英决心北伐	《民国日报》	(268)
湘省水灾奇重，旅京湘人纷请救济	《南京晚报》	(270)
席间墨西谈及署惠州时与东坡同岁今冬国选被推故用张翰事	段家谦	(270)
和前题	段家谦	(271)
寿墨西先生八旬晋一	唐谷让	(272)
寿墨西陈老先生八秩	鲁荡平	(272)
关于聘任李醒安、陈墨西为省人民政府文物委员会委员的通知	湖南省人民政府	(273)
衡阳地委统战部覆省文史研究馆公函		(273)
秦州起义的历史意义	陈致平	(274)
先父陈公墨西传略	陈致平	(275)
陈墨西传	《衡阳县志》	(278)
陈墨西传略	陈 稹	(280)
秦州起义中的陈墨西	黄祖同 陈 稹	(284)
纪念伯父墨西公130周年诞辰	陈 稹	(288)
《风范长存》序	石玉珍	(290)
一个风范长存的人	周用美 周用敦	(292)
琼瑶重修墨西公墓	刘永忠	(293)
回忆外祖父陈墨西	王璧 王廷	(295)
陈墨西与衡阳市船山图书馆	欧雪梅	(300)
琼瑶祖父是毛泽东尊敬的"革命老前辈"，也是"新青年"	关山远	(303)

陈墨西：民国元老　风范长存 ………… 陈华荣（313）
陈墨西家风 ……………………………… 陈华荣（327）
陈墨西年谱 …………………………………………（339）
后　　记 ……………………………………………（353）

文章

衡州士绅开设俚语报馆禀并批[①]

具禀：衡阳县选用教谕陈贞瑞，附生王家燊、祝炳熊，监生王家桂，清泉县候选知县萧邦恺，衡山县廪生刘煌然，耒阳县廪贡生资培，衡阳县童生陈焕常、姚家济、王昌运等，为创设俚报，广开民智，禀恳，批行颁示劝谕事。

窃以时势之危急效已极，于今日已形者为目所不忍睹，未行者更为口所不忍言。举凡朝野上下，焦虑忧思。为救时之策者，必曰兴民权；为兴权之法者，必曰开民智。由是，学堂林立，学会群兴，报馆亦因而接踵，夫以学会扩学堂之模，更以报馆畅学会之流、开智之义，固莫善于此矣。

报馆之有益于国，阅报之有益于人，近人之宏词伟论，已备举而无遗。海内之集资合股，又渐得其大观。然目前大小臣工胪陈奏议，仍必有广开报馆一条者，以报馆之开民智，其效视学堂学会为尤捷也。湖南向无报馆。自前学宪江创立学报，分史学、算学各门，遂为省垣有报之起点。近者忧世君子，续立《湘报》，日出一纸，体例与知新各报略殊，美善较汉申各报特备，各府风行，湖南热力因为之一动。可见当轴诸公仁心侠肠，大声疾呼，唤醒吾民，功德无量。然职等伏观数月，士人之识为《湘报》所扩者，虽不一而足，而乡间之混沌晻晻不见天日，则犹

---

① 辑自1898年8月30日《湘报》第141号。

如故，即俗士之混沌晻晔不见天日，则犹如故。用是瞻顾彷徨，痛心疾首，懔燕幕之危，怀匹夫之责，更于开智之道，反侧求之。窃思太史采歌谣，外史达书名，仍彼习俗，述以方言，必别有简法通于齐民。宋儒语录，满纸这个怎的，亦便愚蒙皆能解其意耳。

查泰西各国报馆，多者至一万数千所，而妇女孩提则别有报。大率文义粗浅，取其易知，拟仿而行之，名曰俚语报。井蛙之识，则谓此举有不能行者，请为大宗师缕陈之。

乡间之昧，由无真实善法，以启其知觉。中国四民以士为秀，而农、而商、而工，而不士、不农、不工、不商之游民，滔滔皆是。诸民中识字之人百不二三。其一二识字之人，能知文义者，又百不二三。民智之开，既以报馆为最善。而目前各报或纪议论，或详事实，或分门类，或萃群说，多务求博雅，炫其典丽之词；研深象理，吐其子史之艳。必隽才乃识，非通人莫晓，是自士以外皆不能阅报之人也。则俚报不能不开者一。

报馆以言农工商之事为尤要。客岁上海创立《农学报》，行之已及期年，未闻农民有购阅者。由此推之，则虽有《工程报》，而工不能阅；虽有《商会报》，而商不能阅。是各报但可开士人已智之智，而不能开农工商未智之智也。则俚报不能不开者二。

俗士之昧于变计，则以时文流毒太深，夏虫朝菌之见，胶固其中，无术可破。不知扩其心志，以为有用之学。无论诸书，未经寓目，即各报竟不一阅。其最下者，则通人之论不解为何说，通人之文不知作何语，号称士人,其不甚识字,与诸民等,有鄙言以徐喻之,庶几由浅入深,渐启其蒙翳。则俚报不能不开者三。

今即以士论,阅报之人十犹未得其一。其一人能阅报者,又非真借此以周知四国之所为,不过视为考试之蓝本,可以抄袭已耳。惟鄙俚其文,则欲取为蓝本,亦必变其语言之例;而以文字出之,是可借其备考之心,以渐醒其清梦,燃其死灰,为计亦得。则俚报不能不开者四。

大地各国,固皆借农工商以立,中国独轻视之,所以有今日之事。今姑弗求各民皆能弃彼旧法,以共成维新之运,但求其混沌晻哼,日去一日,则天下事尚可为耳。故凡言兴作、言变政,靡不欲借力于工,借财于商,借食于农。非若士人,但须借其言论指画而已。夫用人之财力,不能使其心目豁然,知非公家之谬举,而为小民,人人身家之计,欲其勿梗塞阻挠,输将踊跃,不亦难哉。则俚报不能不开者五。

国家事势,官府非不有告示也,绅耆非不有公启也。无如不识字者,既不能读,识字而不知文义者,又不能读,知文义者而不留心事势者,又自不读,留心事势而目为具文者,又读如不读。此示、启均难为功也。则俚报不能不开者六。

目前,事理以人人周知为得,其自命为士者,不屑与鄙俗共语,往往而然。而一二有心者,亦未尝不遇人训告,无如口舌所及,既难尽齐民而普为劝喻,而词意未畅者,则不能动庸愚之听;理识未充者,又不能服谬妄之心;终始不详者,更不能折嚣张之气,此口语又难为功也。则俚报不能不开者七。

又以衡州近习言之，讲求时务，则曰奈何竟讲洋学；欲改书院，则曰奈何将读洋书；兴办团练，则曰奈何保卫洋人；弥缝教案，则曰奈何袒护洋教，至谓洋人之不能有，天下国家则异口同词。此种谬论有出于书院山长之口者，其误我士民之观听，尚何有极。则俚报不能不开者八。

至闹教之祸，今日已极酷矣。然民间犹昏昏不解，喋喋其辞，互相谣惑，义愤自矜，患机隐伏，尚为未已。虽我皇上之忧劳如此，我抚宪之苦口如此，贤长官之调护如此，诸豪俊之策画又如此，非特视为浮云之过太虚，且以官府之保护愈至，而中情之激愤愈深，皆由不知交涉源流。中外形势，东西强弱，事机轻重缓急因之倒置，义乱因之误施。则俚报不能不开者九。

夫民智之开，固倍难于士，而民心之感动，则犹易于俗士也。蚩蚩之众，竟令其长坐漆室，以待夷灭，岂稍有知觉者之所忍哉？然其窒塞太深，非尽除博雅之谈，而极肤浅之说，泣涕以道，剀切以明，家喻而户晓。此告而彼述，必不能使旧染成见一时并除，袭俗瞆风一例悉变。则俚报不能不开者十。

然此种报中国目前尚犹无之，度异日必有风行天下之时。职等建谋合议又已积月，恭逢大宗师大人昌明正学，咸与维新，条诫所颁，风气丕变。宝庆、郴、桂各府分设学会，改并书院。仰蒙训示，并观厥成，提倡儒风，挽回世运，凡戴高厚，感颂同深。兹值德星按临衡郡，士气奋发，热力弥增，下效区区一得之愚，上体大人拳拳之意，合群筹款，具有端倪。惟学者多溺于所闻，凡事每难于创始，非奉宪谕，奚自遵循，伏祈恩准批行。俾耳目之咸通，庶心思之愈扩，并垦札发衡、永、郴、桂各学，一赠讲阅，雅俗共赏。自知非无稽之谰言，而推陈出新更可使乡愚共晓。彼稗官小说，齐东野语，犹津津乐道，人人传述，则示谕一下，应无不奉行者矣。报中所述，凡中外种种情势，备演其始末。各报种种事实，曲传其唇吻，将远补汉、沪诸报所不及，近为《湘学》《湘报》效其忠。此虽鄙琐之事，为大雅所不屑为，然又万端之始基，事势所难须臾缓者也。夫浩叹决石，抟膺陨霜，悲泣倾城，积思成璞。愚忱所积，感召惟神，悠悠溥海，岂无忠愤？高阳氏，神明之苗裔，仲尼父，德教之宗传。讵甘心为非洲，为印度，为野蛮，为病夫，为半教之国，为无化之民？然而璞玉无光，不琢不成；金石无声，不敲不鸣；林总无知，不言不明。即言也，而近于蒙，适足使人聋；近于冥，适足使人盲；近于沉，适足使人喑。虽有至言，为梗为翳，虽有切语，不见不闻，亦为无补。

惟俚报言之无文，而观者易晓，无论为农为工为商，有一知半解，能开口识字，即可取阅。广见闻，助谈说，扶风化，激忠义，务使通都大衢，穷乡僻邑，家购一分，手持一纸，而诵而读，而笑而语。父以语子，兄以语弟，夫以语妇。前睡今醒，前昏今明，前塞今通。由衡府推之各府，由湖南一省推之二十二行省，芽萌于此，电传于彼，万窍齐声，万籁齐鸣。郁郁私愿，直欲以此报之消滞，卜国势之转移。仰承大宗师宏奖，得以推行无阻。则吾郡幸甚，天下幸甚。伏候批示遵行，深为德便，除禀府宪外谨禀。

徐大宗师①批：据禀已悉。此举下江一带，近有创行者，乡民识字者，稀不谙文义，故兹此诸报，但可开士智耳。该绅等能见及此，具征识量通达，深识时宜。实与本院前颁诰诫所云，传布歌诀之论，隐相符合。禀中反覆指陈语剀切，主笔何人？可嘉之至，仰即切实办理，出报之日，速呈察阅，本院将乐观厥成焉！

---

① 徐大宗师：即徐仁铸，时任湖南学政。

甘肃临时军政府檄文①

三月十一日

为檄知事：

照得停战之条，我民军早经恪守；共和之局，满政府已有宣言。乃顽房升允、彭英甲等，藐信条于弗顾，匿诏令而不宣，恣其凶焰，以与我陕西民军相持不下。压迫我舆论，阻挠我民政，牺牲我膏血，惨戮我行旅。既自肆其虎狼之毒，犹复纵夫鹰犬之威，崔正午残杀于凤翔，马麒屠掠于宁夏，陈正魁到处骚扰，马国仁恣意贪残。闻者酸心，彼置之不问，而徒卸罪我同胞，妄杀无辜，以涂天下之耳目，人神所同嫉，天地所不容！本都督悯人民之疾苦，痛大局之颠危，乃联络秦蜀起义，秦州已于本日宣布独立，脱水火斯民之厄，竟共和一篑之功！义旗所指，秋毫无犯。凡我汉回蒙满士农工商人等，务各安本业，无相惊扰。并先行拟就约法六章，俾天下晓然，如见其心。自此宣布之后，其各懔遵。

---

① 辑自1913年版《陇右光复记》。

甘肃临时军政府、甘肃军政府和平解决条约①

甘肃临时军政府、甘肃军政府为订立解决条约，两方均派专员签名、盖印，以昭信守。所订各条款开列于下：

第一款　秦州军府遵大总统歌电，承认与兰州政府解决。

第二款　兰州政府所颁发有碍名誉之文告，即须电致中央政府为之更正。对于各州县应亦备文更正。

第三款　川军前后照会兰州政府各事，应由两方面变通函商，各用正式公文，一面解决，一面驰复川军。所有应行举办事宜，酌量地方情形，随时更正进行，以副邻封厚望。

第四款　解决之时，应由秦绅主稿，会商兰州省议会，将秦州军府促进共和之功，呈由兰州政府电致中央政府并各省都督。

第五款　秦州军府须与兰州政府名义合并，由黄都督在兰州宣布起义之宗旨并辞职之理由。

第六款　秦州军府全体人员，有愿向兰州政府办事者，由兰州政府应与以相当之位置。

第七款　兰州政府须将政纲服制，仿照东南各省一律改革，以期实行共和。

第八款　秦州军府在秦州已行之各种便民政策，兰州

---

① 辑自1913年版《陇右光复记》。甘肃临时军政府，是1912年革命党人在甘肃秦州建立的革命政权，都督黄钺，陈贞瑞任秘书长兼教育司司长；甘肃军政府即兰州军政府，继甘肃临时军政府建立八天之后成立，都督赵惟熙。

政府应催促秦州切实进行，并通饬各府州县仿照办理。

第九款　秦州军府各办事人员，应送薪水。如愿归者，应加送川资。至一切夫役，应发工食。

第十款　秦州军府动用秦州各公款，应从丁粮项下摊还。

第十一款　电局为独立机关，此后秦州军府如向兰州电局发电，无论何人不得干涉。

第十二款　本条约除缮一纸由两方面全权委员签押外，应加缮二纸分交秦绅及兰州省议会，以便秦州军府解决之后，为监督共和进行地步。

第十三款　秦州军府军队有愿随黄都督南归者，兰州政府须酌给恩饷。

第十四款　秦州军府于解决之时，得将本条件宣布各州县，通告各省。

甘肃临时军政府特派员　　陈贞瑞、周昆
兰州军政府特派员　　向楷、彭名崇
临时省议会特派员　　李象贤
秦州绅学商界代表　　张世英
中华民国元年六月初七日即壬子年四月二十二日立于秦州

上国务院请愿书[1]

十一月十五

湖南衡州人民陈贞瑞为请愿事：

窃以俄蒙约成，危亡立至，数日内，全国震惊。政府此时固应广征国民意见，以为对付。而国民之稍有知觉者，亦例得陈言，则请以平日之蠡测，为钧院呈之。此事以前之遗误，无可追论，以后则除用武力外，更无解决之法。所须研究者，在用武力之方针耳。议者谓须征集全国军队一致进行。然不事别择而驱体魄不宜之军，行雪草弥漫之地，恐前敌未达，而身已僵矣！故兼用南军，不如仅用北军，而用北军又须筹定何等军为前提、何等军为后劲，方无谬误。

……

而赵惟熙者，则除纸上谈兵外，更无智能。且民怨已深，似未可依以集事，是又中央之不能不注意者也。

千虑或有一得，伏乞钧院参酌采择，并咨参谋部，合请大总统命令施行，民国前途幸甚！

谨呈。

---

[1] 辑自1913年版《陇右光复记》。

呈复大总统文①

五月二十一

为呈明事。窃本月十五日奉到本月初三日批开："据呈已悉。现在共和确定，全国一家，岂容擅拥甲兵，自称独立？前经迭电申明，各省扰乱之事，有害公安，动摇国体者，均应严惩在案。甘肃承认共和之电，三月初六业经到京，而该道（黄钺）三月十一始称独立，已在赵督（赵惟熙）等承认宣布以后。此次具呈日期又在三月二十，是距甘省承认已逾半月之久。尚谓'秘匿勿宣'，阳假责人之名，阴遂称兵之计。本大总统前电斥其甘心破坏，为民国公敌者，于斯益信。复详阅所呈各件，竟自命为临时政府，设立各部并招讨使官名，而位置人员竟至数十之多，又列有捐资、募饷、募集公债各办法。以秦州一隅有限之力，而无端以一人横恣，添无艺之诛求，嗟我国民，何以堪此！前经电令刻日取消独立，往事不究。现在川军撤退，该道当知悔悟，可以和平解决。而近来各处好乱乐祸之徒，藉词煽动，扰乱公安，以图自私自利者，实不一而足。若长此不已，止有破坏，安望建设？安望统一？

"本大总统洞鉴斯弊，以为恶莠不除，嘉禾不植，兹特为我国民剀切言之：秦州之事，已属无理取闹，而新疆之温宿、焉耆，四川之川东又有变端；广西以议迁省会南

---

① 辑自1913年版《陇右光复记》。此文虽以黄钺名义，但实出陈墨西手笔，见《纪陈贞瑞事略》，故辑之。

宁，且欲生事；贵州之争都督，两党几至用兵。刻下政府成立，全国统一，即可谋国利民福之进行，乃政府欲保民，而此辈惟欲害民；政府欲息事，而此辈惟欲生事。势必使四民失业，邑里成墟，全国鱼烂，为人奴隶而后已。此非辟以止辟不可者也！该各项人等甘蹈此辙，所图约有数端。平日流氓乞丐，不名一钱；盗匪枭徒，储无担石。自假托民军，窃踞州邑，遂可广集兵卒，号召党羽。计里不满百，拥兵可至数千。商富苦于供支，闾里为之鱼肉。而一州邑之资财，遂悉入其囊橐。成则可据高位，败则可窃巨资。滔滔之风，由斯而炽，此其一也。

"一处构乱，则可自立名字，私署官员，多则逾千百，少则有数十。昔之刁绅、劣监、蠹役、害胥，皆可厕名司科，重縻薪费。甚至下卒遽升将佐，土棍亦长府州，愈起觊觎，争相炫耀，功名为劝乱之具，畔涣成干进之媒，人有幸心，家无安业，此其二也。

"衰乱之代，分割为多，不规统一，百事皆废。乃团体谬托，攻击纷然，一省之中，暗分数部。兵欲自拥，财欲自私，遂致如戏之军，到处皆满；收赋所入，悉索滥供。库帑皆空，民命若寄。而生事者犹复重个人之权利，而不虑邦国之分崩，此詈之曰叛军，彼诟之曰土匪；室家为之荡析，赀货尽于烽烟；告淫掠者纷至沓来，诉流亡者累书满纸。推其终极，必致一省分为数省，一邑分为数邑，肝脑涂地，荆棘生城；豆剖已形，瓦全何望？人未受共和之幸福，而惨遭独立之奇殃！疹瘁之原，皆由此辈，此其三也。

"本大总统熟观时局，静察祸源，及今挽回，尚非迟晚。继自今各省如敢有拥兵倡乱为害生灵者，当与天下共弃之。该道务即赶速解散所部，退出秦州，地方一切事宜，均懔遵前电听赵都督命令办理，慎勿甘为公敌，自致重辟也。此批。"等因。（以上引用袁世凯诽谤秦州起义，威胁革命党人的谰言。）

奉此，敬读之下，惶骇莫名。大总统维持和平之心，可以仰见。惟措词未当，不能不为大总统惜也。共和确定，诚不容更有独立，然何者谓之确，何者谓之定？恐非假托欺饰者可以当之。三月初六日，赵惟熙等有无承认共和之电，钺远隔千里，无由与知，而甘军之攻取岐山，杀戮千余人，即在是日。岐距秦（州）较兰（州）近，故后四五日钺即知之。尔时微闻各省久认共和，而甘陕同胞犹相残不已，实不能不就秦州反正，以遏甘军之锋，幸甘军各有所激。故三月十四正攻凤翔，闻秦州宣告独立，即为罢兵，是钺之反正，已救全多数生灵，方自谓有微功于民国。而大总统则曰有害公安，动摇国体，则知者以为有防微杜渐之意，不知者以为有颠倒黑白之心矣！此可为大总统惜者一。

赵惟熙果真认共和，何以发电后十日犹有战事？使早用总理营务处之名义，传羽檄以追回各军，亦不致多杀同胞。正为"秘匿勿宣"，所以贻误至此！是赵之发电但有空文，钺之反正立收实效。此后彼先，亦复何害！况钺所接赵等三月十八日来文，则填宣统四年正月三十日；所见赵等宣布共和告示，则填宣统四年二月初一日，确证具存，百喙莫辩。故谓赵先有承认共和之电，犹可说也；谓赵先有宣布共和之实，不可说也。大总统必競競为之剖释,则知者以为受赵氏之蒙蔽,不知者以为作私人之护符矣!此可为大总统惜者二。

责人既有证据,不可谓"阳假其名"。称兵并无事实,无所谓"阴遂其计"。反正以来,四民安业,欢声载道,实迹终可表见,虚词不能自欺。大总统竟目为"甘心破坏,为国公敌"。则知者以为寓警戒规劝之意,不知者以为长武断罗织之风矣!此可为大总统惜者三。

武昌起义以来,各省政府何一而非自建?大总统必以钺之自建政府为非,不过谓当时甘肃已认共和。然如以上所陈,则何者为共和之实,钺殊不敢知也。目前甘民议者,犹谓秦州若不独立,恐年号、国旗,兰垣亦至今未改,最重要之省议会亦至今不能成立,无论其他,则甘肃现状可以想见。是各省不自建政府,不能创全国共和之业;秦州不自建政府,不足收甘肃共和之功。大总统必断断指斥,则知者以为欲谋立国之本,不知者以为有伤全国之和矣!此可为大总统惜者四。

既建政府,自不能不广益集思,以兴百废。况甘省所筹备之宪政,去秋尽为彭英甲(原甘肃布政使)所摧残,其时凡有世界知识与专门学业者,皆一网打尽,束之高阁。赵执甘政又惟知引用私人,不能延揽群材相与缔造。于是旅甘济济之士,全省杰出之才,皆先后来秦相助,为理各部之设。正因兰州一事不办,不能不表示方针以定民国行政之宗旨。故用人虽多,并无冗滥。大总统必斥为不应,则知者以为恐开幸进之门,不知者以为阻塞豪俊之气矣!此可为大总统惜者五。

招讨使之名目,在甘肃反抗共和时,亦不能不用,继闻兰州已阳认共和,早即销去此官,此时毋庸置议。至筹饷募债一节,则以所部兵众,本系旧日甘军。兰垣库空如洗,欠饷已多。钺既不能听其哗溃以害闾阎,自不能不就地筹款,以安军心。是诚保民之政策,何谓无艺之诛求？况此项条款并未实行,因员司概不支薪水,军饷暂济以仓粮也。平日约束军队,纪律尚能严明,所以秦州草木,始终皆无惊扰。大总统乃谓为无端横恣,则知者以为捉影而为疑似之评,不知者以为违众而发不情之令矣！此可为大总统惜者六。

所谓往事,大抵如斯,本无过愆,何由而悔？本非执迷,何由而悟？至和平解决,又为钺之素心,前后约条,一一可按。乃大总统屡次来电,并无持平之词；此次赐批,尤用严峻之语,以极不和平相施,而强人以和平相应,凌厉之气,亦何其盛也？则知者以为由于传闻失实,不知者以为纯以横逆待人矣！此可为大总统惜者七。

至于好乱乐祸,煽动营私,大总统剀切之言与各项人所图数事,秦州僻远,消息难通。各省而有此事,钺前此固无闻知；各省而无此事,钺亦不能为之辩护。若借秦事而发愤激之谈,欲惩秦州以为立威之渐,则秦州虽蕞尔弹丸,能屈于公理,不能屈于强权。以所指各节,无一语与秦事相类也。无理取闹之言,钺期期不能奉命。大总统竟如此定案,则知者以为维持全国现状,不知者以为淆乱民国是非矣！此可为大总统惜者八。

今日祸源不在秦州,行乎理之所得,何谓"挽回非迟"？拥兵倡乱为害生灵,固当与天下共弃之,而以定乱为倡乱,以救民为害民者,又当与天下共评之也。甘肃果实行共和，钺所部何求而不去？若迫胁与欺伪，皆非解散之法。至谓秦州一切事宜，须听赵督命令办理，查赵在兰州所施行，纯系从前帝政；钺在秦州的施行，一律改用民政。赵入民国而用帝政，已犯民国之不韪。而大总统又强令已行之民政，期于复改帝政，未知此意何居？又尾开"自致重辟"字样，无论钺以前所行，去此尚远，即他日有罪，或不至如此之甚。此种名词为君主所不敢轻用者。而大总统毅然用之，则知者以为久执清政，故专制成癖；不知者以为凭借权势，遂帝制自为矣！此可为大总统惜者九。

本月廿日又接大总统冬电，是赵惟熙复以毫无影响之词，贸然入告。大总统仍以一味偏徇之意，漫然相凌。故辙相循，口舌难辩。惟钺在秦州，幸为士民所欢迎，不幸为大总统所深恶。所谓好恶从民，何言论与事实不符耶？大总统倘不加省察，则知者以为惑于浸润之谮，不知者以为专与舆论相违矣！此可为大总统惜者十。

合观大总统之用意，不过谓钺藉词拥兵以图私利而已。不知钺在满清时代，早已爵列五等，官居参议，使果但知私利，则当率师来秦之时，即为攻陕之计。无论所统骁锐六营，固能踊跃前驱；而张、罗（张行志、罗平发）各军，亦必欣然用命。则左提右挈，由宝鸡而取凤翔，乘胜而会师西安。当时长安空虚，则克捷亦意计中事。如此则有功于满清，固可以膺厚赏；无功于满清，亦可以得高迁。如前之冯国璋，后之赵（惟熙）、彭（英甲）、马（安良），皆其例也。乃始终不发一卒离秦，并牵制罗、崔（罗平安、崔正午）各军之后，使不得逞其大欲。则当时之事势，为公益乎，抑为私利乎？此时之所争，为共和乎，抑为一身乎？想海内外同胞必有能辨之者。大总统注目所在，何视天下之人格尽如此其卑下耶？

以上种种可惜，凡民国之官吏有一于此，即为民国之不祥。以民国之大总统而有此嫌疑之迹，窃为民国前途危矣！钺惟深爱民国，故发此毫无忌讳之言；亦惟深爱大总统，故愿居无欺而犯之列。惟钺事即日解决，又何必如此费词？第恐缄默而去，大总统遂以为引咎自责。则民国初建，而即有覆盆之人，亦将来历史之污点矣。愚戆之忱，愿大总统及同胞曲谅之。

共和再造之新危机[①]

大难甫削,国基初定,全国人士方翼于水深火热之后,得荷康绥乐利之庥。乃据传来消息,日益险恶。事实昭昭,殊难曲讳,国人其有斡旋补救之术欤,是则记者所馨香祷祝矣!

按冯副总统既已依法代理,则当正式大总统未就职以前(河间系代理大总统,不能名之为正式大总统。即河间将来得为正式大总统,而当其未就职以前,代理字样不能取消,公报及各报多迳称冯大总统者,鄙意以为不合),河间理宜来京以谋宇内统一,乃竟迟迟吾行,驿使再三就道,而首座之车骑,迄未一至都门。此中真相已令人无从捉摸,所以昨日本报新闻有河间来京之两说。乃据本日探闻,河间北上一事,须于一星期后,始能确定日期,并闻其北上时,拟带兵二万,以为就总统职后充作亲兵驻扎京师之用,云云。使此消息果确是,河间所以不遽来京之故,实对于都门现状不免有猜疑之处。河间此时不过仅行代理职权,而就职之先即拥兵自卫若此,此后情况夫复何堪。推测元首统驭全国一言一动,理宜开诚布公。今日国家大势已呈,人人以武力为强权之危机,主座如此,他复何责。正当解决时局之办法,窃以为不宜如此也!

至于合肥方面,内阁既已成立,此刻似不至不稳。然新内阁之组织,云贵两广等省迄今尚未承认。昨日会议仍

[①] 辑自1917年7月21日《启明日报》。

主调停,能否有效,尚未敢定。总统问题商之黄陂,黄陂既绝对不肯复;商之河间,河间又半推半就,迄无明白之表示。中央政务日须进行,乃彼此拉拉扯扯,竟成为无首领之政府。外交之如斯急迫,财政之如斯拮据,军队之如是散漫,政之如斯废弛。而仅以国务院名义以统摄之,既乏名称之正,何拒责备之来。兼以阁员分子既不纯正,洪宪余孽大张声势,致使已成之功又现倾侧之象。此固不得专归咎于合肥。而时局之□□,竟不得不使合肥陷于危难之境,此又可为合肥痛惜者也。

民党果志在救国,正无妨与北派诸要人,互相携手,以图大局之底定。即使此次阁员未及插入,亦何妨以在野之身观察政府之得失。乃稍不得志,便藉端兴戎祸乱相寻,何时能已。

兹据探得消息,昨日倪丹忱由蚌埠来电云,接闽督军铣电开,据日领自粤来电云,本日有广东兵轮三艘装运军队由粤省放洋攻闽等语。查广督攻川,既经通电粤军,图闽又成事实,其处心积虑破坏大局,已无疑义。若不早为之,所川闽党有疏虞,则鄂浙立即震动,大局更形危险。务乞采纳筱电,计划处置川事。一面另调得力军队迅速援闽,或饬江西进窥粤疆,以牵其势,时机迫切,稍纵即逝等语。至于政府如何处置尚未得其详,然恶息之来尚不止此。据路透电云:(一)孙中山拟以广州为中国之临时都城,并请黎总统及国会海军来粤组织共和政府,督军与省长现正讨论此事;(二)粤者省议会又通过议案,请发讨逆队北上;(三)多数重要国民党员已抵广州,现屡开秘密会议;(四)粤人切望冯代总统将再召集国会重组共和内阁,庶可免南北分裂之患。又据新闻编译社消息云,政府昨接广东来电报告,李烈钧确已离去,该省似与陆荣廷态度有不一致处。又某机关传出消息云,海军第一、第二两舰队长为海军重要分子,皆不满意于刘冠雄氏,海军之势已将不稳。

综观以上诸说,是南方反对政府之势颇甚凶猛,而最奇者则莫如拉河间为中坚是也。河间是否赞成民党之主张,固不具论,而记者则确信,河间宁肯北来,却不与广州联为一气。何则河间系北人,与南方军队素无感情之联络。此次民党不过假借其地位,以为号召便利之计,使果成功,将弃河间于不顾。此在明眼人均能见之。且传闻民党对于总统问题并无一定之主张,时而黄陂、时而河间、时而陆荣廷、时而岑西林。虽举拱不定,难胜其偶然。国如此纷歧,苟无良善政策以收拾之,则前途将不知所届矣!

千呼万唤之冯代总统①

日来黄陂复位之呼声渐高，冯代总统继任一节似已如泡影，昙花不复留，系于吾人之脑际。但各省之主张黄陂复位者，虽如登高一呼，群山皆应，而黄陂个人究肯复位与否，尚无明白之表示。则总揽政权之任务，此时不得不暂归之冯代总统。而冯代总统之欲实行代理职权，则又不得不赶即北来。

盖北京为政务总汇之区，外交之日有万变，内政之棼如乱丝，自非元首驻跸于此，不足以协万几而熙庶绩。而所谓元首者，亦初无代理与非代理之分。盖代理与非代理之名称虽异，而所以执行政务统驭国家，则一也。河间代理总统业已兼旬，幸而首贼亡命，都城无恙。内阁改组，新猷重展，在河间固早宜戾止国门，以慰全国人士之望。而乃远处，南京府院暌隔。在河间收拾徐州残局，维持长江防务，所以迟迟吾行者，或有不得已之苦衷。然而驿使载道，来音终杳，都中人士早已望眼将穿矣！

前日靳云鹏氏南下，一般盼望河间北来者均云靳氏善为说辞，必能偕河间以俱至。兹闻段总理昨又致密电二通，一请冯氏，恳其速行北上，以免政府主持无人；一致靳氏，催其面陈副座报告北京现状，大局危险情形，即请副座克日北上，万不可再延时日，致启南北纷争之。

渐闻河间得此电后，迫于合肥之一再敦请，业已应允

---

① 辑自1917年7月24日《启明日报》。

来京。惟来京之期定在何日，尚不确实，大约本月以内总可来到。至于来京以后，本有驻扎西苑之禁卫军可以翊卫，似乎无须另带军队。然河间久居南京，前已招有卫护之兵千余名。此次来京若不携带北来，此项兵士无处安插，故决计将此项兵士随带来京。至于来京之后，再由驻京之禁卫军拨归一团以资护卫。据此观之，前此传闻带兵二万来京之说，或属不确也。

河间既肯北来，将来任务甚多，种种内政外交问题，皆由内阁议有端绪，而待河间来京商榷实行。来京行辕闻已定在公府，从此冷若闲衙之新华门前，或将继前而重发辉光矣！

至于已辞职之黄陂则如何，本报固向主张黄陂复位者，也即各省赞成黄陂复位之声。至今迄未稍歇，除鄂督王占元主张极有力外，云贵两广倡议于前，直隶山陕继起于后。其余各省亦多急起直追，大有不达目的不止之势。至于合肥个人，则对于总统问题似尚不便置喙。

盖国务总理系代总统施行政务，其地位不啻为总统之化身。若有所主张，便易涉于偏私之嫌，故只可依据法理。黄陂辞职则认为辞职，河间代理则认为代理。至于总统问题，一方面只可俟诸黄陂河间之自相商榷；一方面只可俟诸各省督军之多数主张而已。则素位而行使国家之根本，不至于动摇，即为已尽一己之责。

外间传言云，合肥以黄陂既经辞职又托外人保护，已失外交信用，当然河间继任，云云。吾人则认为，此言决非合肥之本心，何则黄陂虽经辞职系属于个人之行动，于法律上决不能认为有效。既法律上不能认为有效，则黄陂之总统，即不能公然取消。而河间之代理，当然无迳行继任之办法。故吾人对于河间此次北来，只可认为执行代理总统之职权。若云迳行继任，实无此种手续也。至于托庇外人，在黄陂虽不免为白圭之玷，但此等小节不足深怪张贼盗国，志在划除民国元首。设使黄陂被害，即幸而讨逆奏效而重行恢复之，民国必多乘机窃位之人，大难之来将靡所届，故黄陂不惜忍辱负重以收全始全终之功卒也！

大憨既去，日月重光。政务则委之合肥，地位则让之河间，造功国民实非浅鲜。不过，黄陂之让虽在事实上所应有，而河间之受在法律上尚未备。设使国会重开，黄陂辞职果经公决，则继任之人，当然属之河间。否则，无论黄陂去意如何坚决，均属个人行动范围以内之事。而河间继任问题，此刻只应在讨论中，不能遽成为事实也。

对于举行国民大会之意见[①]

自吴氏佩孚主张开国民大会以来，商诸政府，电告全国，转瞬已逾二旬。虽各处团体之响应，日有所闻，报界言论之鼓吹，靡所不至。然而各省长官，犹未有多数之赞同。政府当局，亦尚无明确之表示。大约各方之心理，对此犹不免怀疑。或惮手续之不易，或虑结果之不良，或视人民之程度为不可能，或恐国家之政权尽为所据。种种推测，皆事势上所必有也。不得备细之解释，终为进行之阻挠。原此种大会，在中国虽属创闻，在列邦并有先例。

贞瑞、克家等认中国今日之危机，已无他法可以挽救，认举行此事之机会，更为万世所不易逢。并认国民大会为挟持政府而设，非为推倒政府而设；为政府解决难题而设，非为自身掠取政权而设。认提倡此会之人，对于国家，为建设而非破坏；对于政府，为善意而无恶心。故于吴氏之主张，早为良心上之倾佩。惟于吴氏之办法大纲，则以为未尽适当。请分为二项言之：

第一，为国民大会之议题；

第二，为国民大会之组织及选举。

今日不甚了解国民大会之意思者，恒向稍能了解者而询问之。第一，问国民大会为何物，即研究其性质也。第二，问国民大会做何事，即研究其议题也。第三，问国民大会如何办法，即研究其组织与选举也。可见能了解此三

[①] 辑自1920年9月5日、6日上海《时事新报》，系与王克家合署。

事者，在国民中究居少数。欲开国民大会，非先使国民均了解此三事不可。国民大会之性质，有吴氏由国民自行招集，不得用官府监督，以免官僚政客操纵把持数语，即可明晰。惟议题与组织及选举二事，仅就吴氏八条大纲中之所述，意义似未完全。故贞瑞、克家之论列，即注重于此。

第一项，国民大会之议题。

吴氏办法大纲第三条曰，凡统一善后及制定宪法与修正选举法方法及一切重大问题，均由国民公决。而近日论者，多于制宪与修正选举法二事外。举整理财政，统一军政，裁判祸首，处理清室，与夫教育、司法、外交种种问题，咸主张非交诸国民大会议决不可。但贞瑞、克家对于国民大会，以为不必多提议题。议题一多，则此种大会，尤有万能之议，且不能克期而议竣。故凡政府可以自了之案，与夫事势常有变迁，不能于一定之时期解决者，均不可以提出。其应提出者，只有二端：（甲）制宪，（乙）理财。

甲议题之说明。

民国成立，于今九年。而宪法尚未制定，实为临时约法以制宪权委诸国会所误。夫宪法为国家之根本大法。共和民国，以民为本。即应集合国民总意，以制成民本主义之宪法。此国民总意，如何集合，非由国民自动而集合之不可。今国民大会，乃国民自行约集之会。由此会行使制宪权，至正至当。苟非别有肺肝，不能强加非难。其办法，可由会中组织一宪法起草委员会，制出宪法草案，通过大会。再由国民直接投票而决定之，于是而宪法乃告成功。

昔法国以一千七百九十一年，由国民大会制定第一回宪法。此时法国尚属君主统治。君主国之宪法，且须由国民大会制定。而谓吾中华民国之宪法，不应由国民大会制定，有是理乎？法国一千七百九十三年六月二十四日之共和宪法，交由全国人民投票公决，赞成者一百八十万一千九百一十八票，反对者仅一万一千九百一十票。又法国共和八年霜月二十二日之宪法，亦交由全国人民投票公决，赞成者五百一十一万一千一百零七票，反对者仅一千五百六十七票。可见宪法草案，由全国人民投票公决，法国亦有先例。我国仿而行之，谅国民中不但无违心反对之人，亦并非无法可以办到之事。

至于地方制度，以及总统选举、国会组织、国会议员选举各法，均包括于宪法之中，概须从新制定。故各种不必另列为议题也。

乙议题之说明。

财政紊乱，至今日而已极。酿成此紊乱者，尤莫如安福系诸罪魁。今政府二三当道，对此必无良法。不如求解决于国民大会，由会中组织一财政委员会以整理之。其方法分为二步：

（一）清查账目；

（二）筹措国用。

第一步之办法，分为三项。

（子）切实清查近数年来中央各机关之收支账目。其清查要件凡三：

（一）各机关法定之收入若干，已否收足；

（二）各机关法定之支出若干，有无亏欠；

（三）各机关之长官有无侵吞滥用情事。

（丑）切实清查近数年来中央所募集之内债账目。其清查要件凡二：

（一）用途若何；

（二）有无侵吞情事。

（寅）切实清查近数年来中央借入之外债账目。其清查要件凡三：

（一）借贷契约是否合法；

（二）用途是否正当；

（三）有无侵吞及回扣情事。

第二步之办法，分为二项。

（子）议决募集国内公债；

（丑）议决应征应加之税。

财政委员会，既查清账目，即当设法救济。窃谓非募集内债，不足以填补亏空；非筹议增税，不足以支办国用。人或疑政府对于国民，信用太薄，募债屡次，成效可嗤。今又举行，恐无良果。不知前之募债，系发动于政府；今之募债，乃发动于国民。前者类似劫掠，孰不趋避；后者如筹家用，孰不输将。事实虽同，性质特异，成绩优美，可以断言。

昔法败于德，为筹办支付赔款暨整顿军备问题，以一八七一年，规定募集国债二十五亿法郎，应募额至达七十五亿，超过原额三倍。翌年又规定募集三十亿法郎，应募额至达四百一十亿，超过原额十三倍有奇。我国现在财政，既不异于当年法国之困难。苟大会一开，而全体国民皆认国难之宜拯救，则应募国债，当亦不减于法民之踊跃也。

又或疑我国现在之税目，不为不多，而国民负担之能力，又极薄弱。尚有何税可言征加，必强而行之，何能断定为群众所甘受。应之曰，关税本目下应加之税也。是宜由大会议决，即行裁撤厘金，便可与外人议加关税。从前政府议加之新税，如所得税、登录税、出产税、继承税、纸币发行税各项，亦目下应征之税也。是宜由大会议决，次第举办。得此良好税源，大可增加收入。此二者办到，司农可免仰屋之叹，国家可无破产之忧矣。

考法国当一千七百八十七年，财政当局，因国家经济困难，预备各种改革议案，奏请法王召集敕选议会而议之。（敕选议会，由皇族、贵族、文武高官、元老、裁判官等一百四十四人所组成。同于共和国之通常国会。）开会三月，毫无结果。继乃召集全级议会而议之。（全级议会，由第一级之僧侣三百零八人，第二级之贵族二百八十五人，第三级之平民六百二十一人，共计一千二百一十四人所组成。同于共和国之国民大会。）君主国家之财政难题，尚付诸国民大会之解决。岂共和国家之财政难题，舍付诸国民大会以求解决外，尚有其他方法乎？是宜亟援法国之先例而行之。财政既理，则一切政费裕如，而一切政治皆迎刃而解矣。此议题之中，又实包括无数议题也。

第二项，国民大会之组织及选举。

吴氏办法大纲第四条曰，会员，全国各县农工商学各会，各举一人，为初选所举之人，不必以本会为限。如无工商会，宁阙无滥。再由全省合选五分之一为复选。俟各省复选完竣，齐集天津或上海，成立开会。贞瑞、克家对于此条，分数点论列于下：

（甲）选举制度；

（乙）选举区域及议员名额；

（丙）选举团体及选举资格与制限；

（丁）开会地点。

甲、选举制度。

窃谓宜用直接单选法。因主张复选，则人民每不重视投票权，以为初选所投之票，与议员并不发生关系，恒有举投票权而放弃之者。若单选则无是事。且复选所费时间既多，而需用金钱亦巨。以及种种运动选举情事，亦皆易于着手。一用单选，则时间金钱及运动诸弊，皆可以减少矣。

乙、选举区域及议员名额。

窃谓选举区除县区外，尚有应增之区域。兹定为六区：

（一）县选举区；

（二）省会选举区；

（三）京师选举区；

（四）通商埠选举区；

（五）蒙藏青海选举区；

（六）华侨选举区。

请试言所增各区之理由。增省会区者，因省会为全省绅学各界人才之所荟萃。增京师区者，因京师为全国绅学各界人才之所荟萃。增商埠区者，因商埠为商工各界人才之所荟萃。非各于其区内选出议员，则应行当选之人，必多遗珠之憾。增蒙藏青海区者，因蒙藏青海，在国会中本有议员名额。增华侨区者，因华侨在国会参议院中亦有议员名额。此次选举，独令向隅，亦背五族共和原则。

至于议员名额，应定若干。暂取地方代表主义，以普及于各区为断。因我国人口总调查，尚未完竣，无所准据。故不能遽取人口代表主义也。（暂取地方代表主义，不取人口代表主义，另有论文说明。）

今拟定县区各举议员一名，省会区各举议员十名，京师区举议员二十名，通商埠区共举议员若干名。（拟准据上年海关册所载各埠关税收入额之多寡。对于收入额百万未满之商埠，得举议员一名。百万以上，千万未满之商埠，得举议员五名。千万以上之商埠，得举议员十名。）蒙藏青海区共举议员四十名。（此系依照民国元年八月十一日公布之国会组织法第五条所规定之众议员额数。）华侨区举议员六名。（此系依照民国元年八月十一日公布之国会组织法第二条第六项规定之参议员额数。）总计各区举出之议员在二千名左右。虽定额甚广，难必全无滥竽之人。然以我国版图之大，人口之多，不有此数，恐不足以代表全国民意。

昔德国于一千八百九十八年，因修正通商税则条约，开商政调查会，招集议员至一千八百余名。彼之版图户口，既逊于我者十倍，而修改商约并非特别困难问题，所招议员犹近二千之数。况我之制宪、理财两问题，关系何等重大。特约集二千余人之国民大会以议决之，夫谁曰不宜。

丙、选举团体及选举资格与制限。

窃谓参与选举团体，宜尽量扩充，尤宜令学校加入。兹将各项之名称列之如下：

（子）学校。

不分公私立。私立者以报告官厅有案者为准，学校中参与选举者，以教职员为限，不及于学生。

（丑）省议会。

（寅）教育会。

分省教育会、县教育会、城镇乡教育会三种。

（卯）农会。

分全国农会联合会、省农会、县农会、市镇农会四种。

（辰）商会。

分全国商会联合会、总商会、商会三种。

（巳）工商同业分会。

按选举以普遍公平为原则。况国民大会，尤不可稍有偏枯。今拟令法令团体，一律加入。特藉之联合办理选举，集合区内选民，选出众望素孚之人，此为地方选举代表主张。非若吴氏之主张，由各会各选一人，乃为团体选举代表主张。申言之，地方选举代表，为代表其地方之全部民众。团体选举代表，但代表其团体之少数团员。故后者不若前者之普遍公平也。至吴氏之评省议会曰，如某数省之一家走卒。某数省之加薪□殴，岂能代表民意。而近日某报记者，亦言今日之农商会，多藉机关以厚结党援，迎合官府，陷害正人，鱼肉乡里。假令以此种团体参与选举，宁非国民大会之玷乎。窃谓此种团体，在全国中究属少数，其为不正当不名誉之行为，当亦为其中之少数团员。以一二省之团体如是，而断定全国之团体皆如是；以团体中之一二团员如是，而断定全体团员皆如是。譬如一人违法，必牵连及于族属，一家有罪，而捕逮偏于比邻。如此折狱，似非平允。今段系军阀已倒，安部有令解散，城社既毁，狐鼠无凭，纵不能尽改前愆，亦当复萌故态。

况此次办理选举，既有严密之监督（监督办法详后），复有舆论之制裁。彼辈虽工于舞弊，恐亦难为所欲为。至于加入学校之理由，原以此项教育机关，尚未闻有为政客利用官吏指挥之事。其中之教职员，又必学行较优之人，令之参与选举，其能称职，当无疑义。且每县区须选议员一名，假令有某县区，于农工商各会无成立者，得赖学校办理选举，亦不患不能选出相当之议员矣。

至若选举资格及制限一节，关系至重，亦不得不提出讨论，此可分为三端：

第一，有选举权及被选举权者。

窃谓此次国民大会，宜行普通选举，如旧选举法中所规定之纳税能力、财产多寡、学校毕业，种种制限，均须除去。凡有中华民国国籍而已达法定年龄之公民，即有选举权及被选举权。

第二，不得有选举权及被选举权者。

按此宜依照元年八月十一日公布之众议院议员选举法第六条之规定。

第三，停止其被选举权者。

按众议院议员选举法第八条，规定停止被选举权者有二：

（一）小学校教员；

(二) 各学校毕业生。

窃谓此次国民大会，既令学校参与选举，则小学教员，自应与其他学校之教员，一律享有被选举权，而不能独异。惟于各学校毕业生之被选举权，则仍主张根据参与政治有妨学业之理由而停止之也。但此外尚有应行停止其被选举权者：

(一) 新旧国会议员，以出席于广东国会者为限；

(二) 安福部党员。

一款之理由。吴氏谓旧国会酿成三次战乱，贻害全国，不料以捣乱始者，竟以赴沪分别投降安福终，为国人所不齿。新旧国会血统不明，省份不全，产出不正，根本不能成立，双方均宜解散。

窃谓现充新旧国会议员，亦未尝无优良分子。惟团体已结怨于国民，故国民动引为口实。此次国民大会选举，无论不良团员，不必即来撄国民之怒。即优良分子，亦不妨暂引嫌退让，向国民表示谦德也。

二款之理由。吴氏谓安福逆党，朋比军阀，以武力造法律，以外债成国会，而政府解散该党之命令，一则曰选据各省团体函电纷陈，历举该部营私误国，请予解散。再则曰该部实为构乱机关，逾越法律范围，不能容其存在。现该部机关，虽已实行解散，该部罪魁，虽已着令拿办，其余党员，究不免长悬助乱之嫌。政府虽予宽容，国人究多指摘。其对于国民大会之会员，似不必亟亟加入也。

丁、开会地点。

开会地点，吴氏之所以主张在天津、上海者，想系因此二处有同具之优点三：

（甲）交通便利；

（乙）关于开会一切必要之设备，容易筹措；

（丙）遇有意外变故发生时，不难设法防避。

而贞瑞、克家则以为莫如汉口。其他除具备上述之三优点外，更有二优点为天津与上海所无者：

（一）为辛亥革命起义之地（辛亥革命起义之地，汉口与武昌同称）；

（二）为全国水陆交通之中心。

汉口所具之优点，既全国无可比拟。于此地开国民大会，当为全国舆论所赞同。

至于吴氏办法大纲第五、第六、第七各条，今贞瑞、克家既主张改用单选，增加选区，扩充选团。则于此条办法，亦当然有所变更，今拟定方法如下：

（甲）监督。

县选举区，由最便利之邻县选举团体派人监督。省会选举区，由首县选举团体派人监督。京师选举区，由京兆首县选举团体派人监督。商埠选举区，由商埠所在县之选举团体派人监督。蒙藏青海及华侨选举区（蒙藏青海及华侨选举可仿前届选举国会议员例，由京师举行之），由京师选举团体派人监督。

（乙）事务所。

由各区之法定团体及学校组织之。

（丙）经费。

由各选举团体自行筹集。

又吴氏之主张。若大纲第八条谓期限须以三个月成立，开会限六个月，将一切应议事项议决公布即行闭会。

窃谓三个月能否成立，视乎国民自动力之速率若何；六个月能否将应议事件议毕，视乎议题多少难易若何，均非目前所能确定。惟成立期愈速愈妙。至议事期，使果如贞瑞、克家之所主张，只限于制宪、理财二事，六个月当可议毕。至多亦当不出八个月以上也。

要而言之。招集国民大会，必先有国民大会组织及选举法。此法如何制出，必由国民公意，设一起草会而后可。吴氏之办法大纲，吴氏之个人之意见也。贞瑞、克家等上列之主张，亦不过贞瑞、克家之意见也。贞瑞、克家之意见，即多不同于吴氏。则此外国民所发表之意见，亦不能必其尽同于贞瑞、克家。故宜速将起草会组成，集合全国民众所发表之意见，以为根据。则其草成之国民大会组织及选举法，必能适用而无有瑕疵。

张氏一直主张由直隶江苏共同发起，令每省议会各举二人，会集于天津或上海，即以草定国民大会组织法之权付与之。窃谓此种办法固善，惟选举起草员之团体，宜加扩充。各省教育会、省农会、省商会，均宜令之加入。每团体各举一人，会集于全国水陆交通汉口。至到有过半数省份举出之起草员时，即开会着手起草，限一个月内草成。此起草时代过去，而筹备国民大会选举之时代，方能出现。

夫国民大会，本我国非常之创举，原非嗟嗟可办。目前国民与政府，虽均在研究之中，然国民方面，已知此事主权属于自身，各有一种自动之势，所望国民中坚之智识阶级，勿放弃其责任，急用适当之方法，以指正大多数之国民。俾于最短时间，促成大会之实现。勿令无知识者冥行盲从，或逸出于轨道之外，则国家之受赐多矣。

在政府方面，宜急藉国民大会以自助。取赞同引导主义，不取干涉阻遏主义。现人民风起云涌，已万无中止潜消之势。政府而赞同之，固从速可以成立。政府而阻遏之，亦无法可以压抑。以国家此时种种困难，非大会万不能解决也。不过由赞同而成立，则进行之秩序整然。政府与人民，必现亲善之状态，而大会亦有圆满之结果。经阻遏而后成立，则进行之时间稽滞，人民与政府，必日在奋□之中，而国家之前途，将至不可思议矣。愿我政府有彻底之觉悟，愿我国民有勇往之精神。

再覆吴佩孚书①

昨奉覆书,深承明教。惟尊意所标国民大会之议题仅及一时之政治,而不及于法律,并前制定宪法之说,亦将自行取消,实谓将军误矣。贞瑞、克家研究来书,有不敢谬为附和者,请举一得之愚,为将军分别陈之。

大凡共和国家,必先有根本大法为之范围。我国宪法未成,遂酿九年之战祸。今因前途困难,而提倡大会以解决之。此在国家为千载一时之会,在将军有并世无两之荣。乃必舍去法律,专言政治,似未清源而正本,有颇苟且以补苴。此贞瑞、克家之不敢附和者一也。

今日之政权,仍犹为军阀所据。将军虽中怀坦白,而他人之心理不必尽同。盗憎主人,本或通例。至集国民而议政,实非当局之所甘。虽以将军之建议,不能不阳为赞同。然而无形之阻挠,究足碍国民之行动。故提出制宪为议题,知政府必无所疑忌。设列举一切政治为议题,则政府恐攘其政权。而大会成立,将遥遥无期。乃以首倡大会之人,竟无心而蹈阻遏大会之弊。此贞瑞、克家之不敢附和者二也。

政治中之重大问题,如统一善后,与废督裁兵,并其他种种,虽端绪至繁,要皆政府分内之事。使南北当局,皆如将军之赤忱奉国,则本良心上之觉悟。在自身即有能了之时,惟制宪问题,政府绝无权过问。开从古未有之大

---

① 辑自1920年9月23日、24日上海《时事新报》,系与王克家合署。

会，定全国永守之信条，则关系之大，又谁有过于此者。乃当务之急，视为缓图；固有之权，吝而不与。此贞瑞、克家之不敢附和者三也。

来书以统一南北与解决时局并称。知将军所注重者，惟在统一。然以大会而议此事，则又不词。南北之争持，但以军阀政客为主体。政府虽有彼此之别，人民并无畛域之分，大会苟能成立，南北即已统一，故积极以筹大会之进行，胜支节而谋局部之和议，使于集合之后，再商统一之方。譬宾主已欢聚于一堂，而犹议酬酢结纳之术，是又倒果为因，于理反为不顺矣。此贞瑞、克家之不敢附和者四也。

民国主权，属于国民。宪法者，以国民总意之是非好恶为渊源，以国家总体之生存发达为基本，乃国家国民全体之公，非一方面一部分之私。国民用适当之方法，表现其总合之意思，无论何种势力，不能牵制；无论何种法力，不能拘束。国民大会者，正表现总意之适宜机关也。其可以惑宪，绝无遗义。来书竟以此为疑，则谓股东大会，无议决公司事项之权；一家之长，无自行制定家规之责，可乎？此贞瑞、克家之不敢附和者五也。

约法中不适用之点，国人早有定评。贞瑞、克家于约法初颁，即议其以国会制宪之为错误。克家曾著论说登于沪报。良以国会犹系少数国民之集合，甚或为一二党派所集合。宪法则须合全国国民之聪明才力，开诚布公以制定，不容有何方面、何部分、何宪派所挟持之偏胜意思参杂其中，始能达为国家总体谋真实福利之目的。故非有使国民总意得真实表现之方法，决不可以制宪。是故舍国民大会，并无其他方法也。运用此种方法，国民有多数之赞同，舆论界已有坚决之表现。苟大会无成立之希望。则约法固未动摇。设大会有成立之时期，则制宪必成事实。来书犹拘拘于约法之统系，不纯以国民总意为从违。此贞瑞、克家之不敢附和者六也。

必就约法为之解释，则国会之名词，何必定属于参众两院，能表现国民总意之机关，又何不可谓之国会，必谓参众两院为国会。国民大会为非国会，诚厚诬国民大会矣。且国民大会与参众两院，虽并为国民之代表团体。然大会之范围，必较两院为广；大会之人数，定较两院为多。必谓狭义者可以制宪，而广义者不可以制宪；少数者可以制宪，而多数者不可以制宪，恐论理上亦不能成立。来书疑大会制宪为破坏约法，岂遵守约法者，独可以违背国民总意乎。权衡重轻，应知趋向。此贞瑞、克家之不敢附和者七也。

况约法之为物，早为军阀政客所蔑视。凡与其权利相冲突之处，均非约法所能制裁。段氏之恣睢无论矣，彼号称变法者。试闻前日广州大元帅府之组织，及广州军政府之组织，近日川汉军政府之蕴酿。及第一届之国会，绵延至于八年，又根据约法何条之规定耶。夫国家今日之危险，在仍守九年前之临时约法，而不肯制定国民总意之真正宪法。设宪法早成，虽军阀政客亦不敢不遵从之矣。来书疑国民制宪之有危险，恐或以偏执致祸。似得反而昧其正，见其偏而失其全。此贞瑞、克家之不敢附和者八也。

制宪之标准，纯以全国民众之公共意思为正鹄，任各方面各部分各党派之势力如何，均不容以少数人为主动而立法。苟其不然,则其他之少数人,又得利用机会从而推翻之。于是,我国民遂颠倒苦死于政府之纷乱而无宁日。如三年之约法会议,成于袁氏一人之私;六年之临时参议院,成于段氏个人之见。全未经人民之同意,遂起有力者之抗争。而国民遂被池鱼之殃,国家遂遭蝴蟷之陁矣。若以国民之总意制宪,又有何种势力可以撼动之乎。来书以国民制宪,恐蹈约法会议、临时参议院之覆辙,是以至私而比至公,以个人而比团体,必思虑偶尔过当,故拟议稍有不伦。此贞瑞、克家之不敢附和者九也。

况国民大会,由人民自行集合,并不由政府所召集,是绝对为真正民意机关。无论与袁氏之约法会议,段氏之临时参议院,完全不同。即与旧国会之由政府以命令召集,由官场之监督选举者,亦殊有异。今以大会而制宪法,即恐蹈袁氏之覆辙,然则以大会而议政治,即不蹈袁氏政治会议之覆辙乎。且何不并国民大会之本身,亦疑其等于约法会议,临时参议院乎。以提大会第一有力之人,忽焉而发此论词,私心不寒而栗矣。此贞瑞、克家之不敢附和者十也。

通电之主张。来书忽欲更变,虽不执己见,足征高怀。然读前日通电,知为无成心、无党派之宣言。及绎此次来书,似为有作用、有党见之表示。既□□自身正当之主张,又取消国民无上之特权。以将军之光明俊伟,而作护法者之口头禅。似将军之心,已为他方所动,白圭何偶玷,明镜忽尔生尘。此贞瑞、克家之不敢附和者十一也。

将军认国民大会不可解决法律,而认国民大会可以解决政治。则目前政治之最要者,即莫如财政,而目前政府之最束手者，亦莫如财政。国民果能为之解决，政府岂不欢迎。自贞瑞、克家列为议题，而将军即不赞可，是大会既不可议法律，又不可议政治矣。质之将军，当亦哑然。陷盾非他人之矛，对己发反攻之矣。此贞瑞、克家之不敢附和者十二也。

贞瑞、克家年均五十，读书四十年，新旧稍有钻研，乡党谬推先觉。虽思潮递□，不敢自诩高明，而阅历稍深，亦非全无学识。侪诸智识阶级之中，反躬尚觉无愧。在贞瑞、克家既不敢妄菲薄，想将军亦不至鄙为不足与言也。总之，将军功高望重，国士无双，一身系全国之安危，举足为万方所瞻仰。若偶以不贯彻之言谈，误天下之观听。陁剀正之责，为拥护国家，与忧将军者所不敢辞。遂不嫌愚戆，畅所欲言。若将军肯齿于诤友之列，则贞瑞、克家幸甚！国民幸甚！

附：吴佩孚近论国民大会①

吴佩孚覆陈贞瑞、王克家书云：敬覆者，接读来函，承示国民大会商榷书一扣，条分缕析，煞费经营。惟其中与愚意见不合者，尚多待商之点。此时国民大会目标何在？当于议题一项研究之。愚意国民大会所主张者，要在解决时局，统一南北，为一时政治问题。至于国民大会能否制宪，宪法制定后，有无危险，约法统系，可否破坏，均待海内学识高明者，为切实之研究。切勿因一时偏激之见，致肇将来无穷之祸。且三年之约法会议，六年之临时参议院，不可不研究其覆辙。前此所主张之大张，虽有制

---

① 辑自1920年9月21日上海《时事新报》。

定宪法之语，然再四思维，实不敢胶执成见。如来书所云制宪与理财二端为议题，则更不敢赞同矣。谨择其大端以为商榷之点，高明以为如何云。

又据国民大会商榷会谓，该会对于吴子玉副使日前致唐谭两电有所怀疑，故特派代表雷君往保定，晤吴副使，询其最近关于国民大会之态度。吴副使云，国民大会系余最初个人之主张，无论如何，当始终贯彻。良以解决时局，舍此别无妙方。至前次所致唐、谭两人之电，亦不过意在谋合，急希国家统一，无妨多设方法，以奏速效。余何尝变其主张，乃外间不察，纷纷起而怀疑，并时有直接来函质问者。余以军事旁午，未遑作答，深望返京后，代为解释，以免误会。并盼贵会积极进行，匡济时艰。以后凡有关于国民大会之来件，当择其重要者，奉寄贵会，以供研究云云。

又日来各界公民多有主持国民大会须制定宪法。闻近两日各省有力要人相继来电，迳达当道，请即阻止此议。且谓国民大会仅可研究国会组织法及选举法，已属创例。若再擅更民国大法，国会不由旧法产出，实属革命行为等语。闻中央决意将此意见布告。

对于湖南自治之研究[①]

一九二〇年十二月

一、认定联省制为适宜于中华民国今日之政制。

北京政府先后放弃川、滇、黔、粤、桂、湘等省之治权，既已数年。其他各省区虽表面受治于北京，殆无一事能听北京政府之命令。形式上、实际上，北京政府早已不能称为中华民国之统一政府，中央集权徒拥虚名。地方分权已成事实。故贞瑞、克家认定此种趋势，此种时机，虽欲不采用联省政制而不可得。即近日全国中有识者之论调，亦已略同。

二、认定湖南自治独立，可以促成中华民国之统一。

北京政府虽放弃湖南之治权，我湖南人断不可自行放弃其治权。我湖南趁此良好时机，首先完成其自治独立，以为各省区之倡率。须至各省区完成其独立时，而联省政府方可实现，中华民国真正之统一，方可告成。

三、认定湖南目下宜实行闭关自守政策。

湖南人办自治，须办民治，不得办官治；须办全民自治，不得办半民自治。北京政府欲以官治治湖南，故湖南不愿隶属于北京政府。即令广东之联省政府成立，我湖南亦不可冒昧加入。固彼不过联合数个之官治省区脱离北京政府势力范围以成一惝恍空洞的联省政府，一旦加入，不

[①] 据湖南省图书馆馆藏文献资料辑。

但于办理全民自治上有种种妨碍，恐其结果仍同化于官治而已。故贞瑞、克家认定湖南目下非闭关自守，实行湖南人之"门罗主义"不能办到湖南之全民自治。

四、认定湖南之自治独立，宜从裁减军队入手。

军队以能备省防为止，多即为民治之害。今湖南竭官民各方之全力，日日筹饷而犹不足，并无余力举行庶政。故自治之呼声虽高，按之事实距离犹远。于是议者乃有以兵力向外发展之说。不知此种邻国为壑之政策，已不适用于今日。无论吾湘饷械，两无来源，未必有向外发展之力。即果实力充足，而我能往者，人亦能来。如近年滇军之发展于四川，桂军之发展于广东。结果如何？可为殷鉴。故以武力向外发展，不如以实业向外发展。此时之湖南，虽不能使荷戈之士尽变为生利之民，而徒手无械之兵，首须一律遣散。必令赋税所入，于养兵之外，供各种政费而有余。庶自治基础乃可成立，所望军界同胞各具此种觉悟。

五、认定湖南省自治根本法，宜本全民参政主义制定之。

湖南人欲办全民自治，须制成全民参政主义之湖南省自治根本法。自治根本法须规定由全省公民用普通选举直接选举制，组织省议会。俾全民之公意，得由议会而表现。省行政署政务官、省高等法官、省军高级军官、省金库库长等官吏，均由议会选任。质言之，即废除省长政府制，代之以议会政府制。庶可发挥全民参政之精神，铲除行政独裁之恶习。

贞瑞、克家本以上五种认定，外鉴世界趋势，内顺全国潮流，参考各共和国之先例，斟酌各政法家之陈言，镕铸荟萃，舍短取长，草拟湖南省自治根本法六十六条，冀供言自治者所采择。虽有无一得之愚不能自知，然无一语无来历，无一条无根据。固可为吾湘同胞告也。谨列其条文与说明于下。

湖南省自治根本法草案

（说明）自治根本法，即宪法也。

奥国直称其宪法为国家根本法，熊氏希龄等拟有湖南省自治根本法草案，其标名甚为适当。近日湖南省公署先拟湖南筹备宪法大纲十四条咨送省议会，继复咨省议会改省宪法名义为省自治法。名称虽异，实际仍同。惟但称自治法，究不若称自治根本法为郑重。良以此种自治法，实为各种法律之母。此本草案所以仍用熊氏等拟之名称也。

第一章　总纲

（说明）专制时代之诸侯，犹以土地、人民、政事为三实。则共和国家之行省，当然以尊重此三者为原则。本草案采用瑞士宪法第二条，巩固本国独立之意，以巩固湖南之独立。采用瑞士宪法第一条，保固各州领土、各州主权之意，以保固湖南之领土与主权。采用瑞士宪法第一百〇二条第九项，保守瑞士对外安宁，并维持其独立与中立之意，以保守湖南之安宁，并维持湖南之独立与中立。盖湖南对于本省之自治，则为独立。对于皆能自治之各省，则为联省之一。对于自治尚未成熟之各省，则确守中立。是故，湖南之疆土，他人不得侵占。湖南人之主权，他人不得攘夺。彼不为出位之谋，此亦不为越俎之计。湖南省之定义，亦惟使湖南之土地、人民、政权三者，完全无缺而已。此之谓湖南自治。

第一条　湖南为中华民国之自治独立省。

（说明）本条规定即表示湖南之自治独立，非自治独立于中华民国之外。目下虽未有联省政府，将来必须成立，是湖南实为联省中之一省。与瑞士给耐佛州、办尔纳州、阿奔塞尔州等宪法各第一条之规定，同一用意。

第二条　主权属于全省人民。

（说明）本条系仿照瑞士办尔纳州宪法第二条之规定。全省二字似属赘文。惟本草案一本于全民参政主义，故特标此二字，欲令全省无一人放弃其参政权。且以使握政权者，知政权非一部分人民所得而私有也。

第三条　湖南省以现在之七十五县为境界，县之区划非以法律不得变更之。

（说明）旧有之道，本属赘疣，不宜存在。吾湘现在行政区域，凡七十五县，省之境界当然以此为限。第二项之区划云云，系仿照比利时宪法第一条第二项与第二条、第三条，及荷兰宪法第三条之规定。

第四条　凡有中华民国国籍之人民，住居本省一年以上者，皆为本省人民。

（说明）本条与熊氏等草案之规定同实，即渊源于瑞士阿奔塞尔州宪法第四条之规定也。

第二章　人民之权利义务

（说明）权利由根本法规定，而后其保障方强义务，由根本法规定，而后其范围方著。考证英国大宪章于权利为概括的规定，其他各国宪法，率多置人民权利一章，而一一条列之。惟于各种义务每散述于各章之中，并不另立名目。本章用意大利及萨克逊宪法人民权利义务之标题，并仿照临时约法第二章连类规定之法，欲令全省人民咸晓。然于二者之性质，于权利既不许他人有非法之侵犯，于义务亦不得自身为违法之规避也。

第五条　全省人民一律平等，无种族、阶级、宗教之区别。

（说明）此系仿照临时约法第五条之规定。

第六条　全省人民年满二十岁以上，除患神经病者及依法律被剥夺或停止公权者外，皆有选举权及被选举权。

（说明）此系参照瑞士给耐佛州宪法第二十一、二十二、二十三、二十四各条。又瑞士阿奔塞尔州宪法第十九条第一项与第二十一条之规定。

第七条　全省人民得享有下列各项之自由权：

一、人民之身体非依法律不得逮捕拘禁审问处罚；

二、人民之家宅非依法律不得侵入或搜索；

三、人民有保有财产及营业之自由；

四、人民有言论著作刊行及集会结社之自由；

五、人民有书信秘密之自由；

六、人民有居住迁徙之自由；

七、人民有信教之自由。

（说明）本条所列七项，系依照临时约法第六条第一项至第七项之规定。此七项皆为人权之要件，各国成文宪法，均特设条文规定之。

第八条　全省人民有向法院起诉之权。

（说明）系仿照临时约法第九条之规定。

第九条　全省人民有请愿及陈诉之权。

（说明）系仿照临时约法第七、第八、第十各条之规定。

第十条　全省人民依法律有纳租税之义务。

（说明）系仿照临时约法第十三条之规定。

第十一条　全省人民不问男女，自满六周岁至满十三周岁止，皆有受教育之义务。

（说明）按普鲁士宪法第二十一条规定，于公立学校，当加十分之注意于少年教育，父母及其代理者，不得令其子女及保育者缺于公立小学校所规定之教育。葡萄牙宪法第三条第十一项规定，行强迫初等教育，且不收学费。瑞士阿奔塞尔州宪法第二十七条第二项规定，本州子女皆强迫其入初等学校及职工学校。凡此皆欲藉宪法以巩固，强迫教育之基础也。故本条仿照之。

查民国四年八月，北京政府公布国民学校令，第二十三条规定，儿童自满六周岁之翌日始，至满十三岁止，凡七年为学龄。本条所列之学龄，又依此规定。与熊氏等草案第五条之规定亦略同。

第十二条　全省男子自二十岁至四十岁之间，须合计有十二个月服兵役之义务。

（说明）按瑞士宪法第十八条曰，凡瑞士人皆须服兵役。又瑞士一千九百〇七年四月十二号之军队编制法，凡瑞士男子，年龄在二十岁以上、四十八岁以下者，均有服兵役之义务。熊氏等草案参照瑞士此制，于第六条规定全省男子自二十岁至四十岁之间，须合计有十二个月服国民军之义务。可谓意美法良，故本条从之。

第三章　省政权之行使

（说明）孙氏洪伊主张中央改设合议政府，谓可破一人政治之迷信。弭争夺总统之祸，求国内各派之调和，救内阁制之弊，收处事审密之效。理由极确，将来必须实行。惟现在北京政府本身，既无如此改造之意，而各省方经营内政，又非有实力能改造中央之时。故此种合议制，先须于各省施行。必各省均成立合议政府，而后中央之合议政府方能成立。况国家而用总统制，则立法、司法两权，皆可为总统所蹂躏。一省而用省长制，情形略同，弊害亦等。盖总统制与省长制，均为寡人政治。惟议会政府，则为多人政治。必用多人政治，而后孙氏所列各利益，先可于一省中见之。

近各省虽言自治，距用合议制之时机尚远。因仅求一省长民选，犹多艰苦而不能得。即云得之，仍不过一独裁省长政府而已。惟湖南则于合议制度，已可推行无阻。故贞瑞、克家本此主张，于本草案中分省议会、省行政署、省高等法院为三节，而以省政权之行使，咸发于纵议会。盖规定为议会政府制，与熊氏等草案之省长政府制有根本不同也。

第一节　省议会

（说明）一省之政治，不能直接取决于全体省民。故由全体省民直接选举议员，组织省议会。以为代表民意机关，授以政权。而政权行使之范围，概为自治根本法所规定。形式上省议会与省行政署、省高等法院成为鼎足。然省政务官、省法官，均应由议会选任。亦得由议会投票撤换。而省行政署、省高等法院，每年又须各将其行政与司法之成绩，汇报省议会，以备查考。以立法机关而支配行政、司法两部，此其权力，可谓大莫与京。求之世界各共和国中，惟有瑞士联邦议会，具此权力。此外未之，或闻也。彼英法两国虽号为议会政府制，然英有国王、法有总统，名实犹嫌未符。若瑞士则真为名实合一之议会政府制，本草案采用之，自可于吾国民治史上开一新纪元矣。

第十三条　省议会以全省公民直接选举之议员组织之。

凡有选举权者称为公民。

选举比例人口配各县以每十万人选一人为率。

省议员之选举以法律定之。

（说明）间接选举流弊滋多，故本条规定用直接选举。至选举比例人口划分区域为各国之通例，今定为十万人选一名，约计湖南人口为三千万，可选出三百名。依熊氏等草案第七条第三项，定为每五万公民选一名，计可选出六百名，似嫌其过多。若依元年九月二十六日，各省第一届省议会名额表所定，湖南省议员一百〇八名，又嫌其过少，惟三百名为适中之数。

第十四条　省议会议员任期三年，期满全数改选。

（说明）议员任期，各国颇不一致，例如普鲁士众议院议员，任期五年。法兰西众议院议员，任期四年。瑞士给耐佛州大议院议员，任期三年。美利坚代议院议员，任期二年。桑萨尔瓦多耳代议会议员，任期一年。是也。窃以省议会直接代表人民，若任期过长，恐人民之公意随时势为变迁，非前数年之议员所能代表。若任期过短，则职务方娴而瓜期已至。且选举频繁，徒滋纷扰。三年之制，较为适中。故本条采之。

第十五条　省议会每年于议员中选出议长一名、副议长一名。

退职之议长不得被选为次年之议长或副议长，退职之副议长亦不得被选为次年之副议长或议长。

议长有事故时，由副议长代理；议长或副议长俱有事故时，由议员中选举临时议长代理。

（说明）本条系参照瑞士宪法第七十八条，瑞士办尔纳州宪法第二十五条第一项之规定。议长、副议长任期定为一年，所以防久任揽权之弊也。

第十六条　省议会议员不得兼任其他之有俸官公职务。

（说明）本条系仿照美国宪法第一条第六节第二项之规定。

第十七条　省议会自行集会、开会、闭会。常会每年两次，于三月、九月举行，每次以三个月为限，但得延长一个月。

临时会于有下列事情之一时开之：

一、本会议员三分之一以上连署动议；

二、常设委员会之动议；

三、省行政署之动议；

四、全省公民十分之一以上之连署动议。

（说明）议会为人民自动组成之。主权机关应自行集会，非如君主国议会由君主召集，而自身立于被动地位。本条第一项规定，乃共和国之通例。至议会每岁开会次数，每次会期长短，各国规定颇不一致。有定为每年至少集会一次者，如美利坚美宪法第一条第四节，荷兰荷宪法第一百条。是有定为每年集会一次、开议五个月者，如法兰西法政权关系法第一条第二项，阿根廷阿宪法第五十五条。是有定为每年集会两次，每会期为三个月者，如墨西哥墨宪法第六十二条。是有定为每年集会三次者，如瑞士阿奔塞尔州。阿宪法第四十七条及给耐佛州（给宪法第四十六条）是本条第二项规定。系仿墨西哥制又第三项规定临时会因四种动议而开。第一、第三两种，本属各国通例。今加入常设委员会者，以常设委员常驻省垣见闻，既切请求，亦易之故。又加入全省公民十分之一上者，以多数公民意见一致，必须尊重，所以符主权在民之原理也。

第十八条　省议会于省政府所在地集会，但限于特别障碍发生时，得于他处召集。

（说明）本条系仿照丹麦宪法第四十二条之规定。

第十九条　省议会议事，非有议员总数过半数之列席不得开议。议事以列席议员过半数之同意决之，可否同数时，议长得投决定票。

（说明）本条第一项用多数主义。故规定以过半数议员临会为足数，系采法、比和意等国之制。第二项用决定主义，故规定于可否同数时，以决定权归之为议长，系采瑞士之制。

第二十条　省议会之议事为公开，但得依会中之决议或行政署之请求秘密之。

（说明）议会议事，以公开为原则，以秘密为例外。各国大都如此。然亦有不规定例外者，瑞士及瑞士办尔纳州是其例。

第二十一条　省议会制定一切法律并公布之。

省议会提议关于教育实业之重要法律案，须先向省教育会、省农业工商会咨询意见，或咨请各该会派员列席讨论。

省行政署或县议会过半数以上之连署动议，对于省议会公布之法律认为有窒碍时，得申明理由，请求省议会提交全省公民总投票。此项请求之手续须于公布后一个月内行之。

公民总投票之办法以法律定之。

（说明）制定法律权为议会所独有。惟公布权，各国多以之属诸行政部。本草案采议会政府制，于本条第一项规定，省议会有公布权，系采用瑞士办尔纳州之制。至第二、第三两项，则系参照熊氏等草案第二十六条第三项，及第二十八条第二项、第三项之规定。

第二十二条 省议会议决会外之提交法律案，会外之有提案者如下：

一、省行政署；

二、全省法定之公团；

三、合于法定人数之全省公民。

凡会外之提案者，得派员列席省议会，但不得参加表决。

（说明）本条规定会外之有提案权者凡三。而议决权仍属诸议会。即不啻由议会所制定。故与前条之规定不相违背。

第二十三条 省议会议决免刑、减刑及复权。

（说明）赦免权在君主国为君主所独有，议会不得而与闻。如日本宪法规定天皇命大赦、特赦、减刑及复权，第十六条是其例。行总统制之共和国，或以之属于总统，而但求议会之同意。如智利宪法规定，总统以元老院之是认赦免个人之罪名，第七十三条是其例。然瑞士宪法规定大赦、特赦权属于联邦议会。第八十五条第七项，瑞士给耐佛州宪法规定恩赦之权属于大议院。第五十八条第一项，特许全部大赦或一部大赦之权，惟属于大议院。第五十九条，瑞士办尔纳州宪法规定，大议院得特许大赦，并运用恩赦之权。第二十六条第十七项，阿奔塞尔州宪法规定，州议院颁布赦令。第四十八条第十四项，本条以免刑、减刑、复权之议决权属于省议会。盖实本瑞士及给耐佛州、办尔纳州、阿奔塞尔州等宪法之规定也。

第二十四条　省议会判决行政署与法院权限之争执。

（说明）本条系参照瑞士宪法第八十五条第十三项，瑞士阿奔塞尔州宪法第四十八条第十项，及瑞士办尔纳州宪法第二十六条第十六项之规定。

第二十五条　省议会解释自治根本法一切法律之疑义。

（说明）宪法解释权。英、美两国及其领土概以之属诸法院。而欧洲大陆国则法院无解释宪法之权。如索克逊及德意志二三联邦，则特设解释宪法机关以解释宪法。如比利时及意大利，则由立法机关解释宪法。故大陆派与美派之主张，立于反对之地位。本条以解释自治根本法属诸省议会，系仿比利时、意大利之制。又法律本由省议会所制定，即以解释法律权属诸制定者之本身。于理既顺，于法尤合。瑞士办尔纳州宪法第二十六条第三项规定大议院宣布法律及命令之解释。今从之。

第二十六条　省议会得建议于省行政署。

（说明）本条系仿照天坛宪法草案第四十五条之规定。

法律事件，省议会本有提议制定之权，无庸对于行政部建议。本条之建议乃专指政治事件言之也。

第二十七条　省议会受理人民之请愿。

（说明）人民向省议会请愿之事，大都属于立法范围，省议会当然受理。本条系采仿照临时约法第十九条第七项之规定。

第二十八条　省议会得提出质问书于省政务官，或函请其到会质问之。

（说明）本条系仿照天坛宪法草案第四十七条之规定。

第二十九条　省议会议决本省公债之募集及省库有负檐之契约。

省库之组织及职掌以法律定之。

（说明）本条系参照天坛宪法草案第九十七条，及省议会暂行法第六条第四项，熊氏等草案第三十五条之规定。

第三十条　省议会编制全省预算表，并审查全省决算表。

（说明）各国预算编制机关，其制有二：一曰议会编制制；二曰政府编制制。本条规定由议会编制预算，仿美制也。

第三十一条　省议会议定新课租税及变更税率。

（说明）本条系仿照天坛宪法草案第九十五条之规定。

第三十二条　省议会选举下列各种官吏：

一、省行政署政务官；

二、省高等法院法官；

三、省军高级军官；

四、省金库库长。

各官吏之选举以法律定之。

（说明）按瑞士宪法第八十五条第四项规定，联邦议会为联邦行政会、联邦裁判所、联邦秘书局及联邦军队大元帅之选举。本条第一、第二、第三各项仿之瑞士阿奔塞尔州宪法第四十九条第三项规定。州议院于政务院之政务官中选举国库管理员，本条第四项仿之。惟瑞士议会选举中有联邦秘书局，本草案未规定秘书局，自无此项选举。又瑞士议会选举军队大元帅，本草案以军队统率权属诸省行政署，不许政务官中某一人揽有此项大权，当然无元帅名目。故所举者，为高级军官。又阿奔塞尔州之国库管理员，限于政务官中选出，本条不设制限。此其异点也。

第三十三条　省议会对于所选任之官吏为不信任之投票议决时，该官吏即行解职，由省议会补选之。

被不信任投票撤免之官吏，如为犯罪须交省法院审判之。但军官之违背军法者，应交军事裁判所审理。

（说明）官吏既由省议会所选举，则于发现某官吏之溺职违法时，自愿有权为不信任之投票议决，而撤免之。但议会非法院，投票议决只能去其政治上之关系，其他法律上之制裁，自当由法院或他之特别裁判机关处置之。此定理也。

第三十四条　省议会于闭会期间设常设委员会。

常设委员会委员于议员中票选之。

常设委员之名额为议员总数十分之一。

常设委员会之议事以委员总额三分之二以上之列席，列席员三分之二以上之同意决之。

常设委员会于省议会闭会期内，除行使各条所定职权外，得受理请愿并建议及质问。

常设委员会须将经过事由，于省议会开会之始报告之，并请求追认。

（说明）议会之宜设常设委员会者，因议会有闭会之时。于此闭会期间，有应由议会处理之事，不可无人以处理之也。在墨西哥称为常设委员。智利称为行政委员会。天坛宪法草案仿之，设国会委员会。本条各项，即参照该草案第五十一、五十二、五十三、五十四各条之规定也。

第三十五条　省议会议员之责任与保障及岁费，以法律定之。

（说明）省议会议员之责任与保障及岁费，均可于省议会法中规定。

第三十六条　省议会自行制定会内一切规则。

（说明）如会内议事旁听及委员会秘书处组织等，均须订定规则。是也。

第三十七条　省议会议员经原选举区用正式投票撤回者，则失其资格，即以原选举区之候补者补充之。此项撤回动议得由该选举区公民五分之一以上连署提出，以全区公民投票决定之。

（说明）公民撤回议员制，美国各州多行之，熊氏等草案采用此制。本条即依该草案第十条之规定。

第三十八条　省议会经全省公民二十分之一以上连署动议主张解散，经全省公民总投票可决时，即行解散。

省议会解散后，于两个月内举行新选举。

（说明）君主立宪国之议会，解散权大约皆属君主。

共和立宪国之议会，解散权即应属于人民。而法国之议会解散权，乃属于总统。于原理即为不合。我国之天坛宪法草案沿用之，实当时迎合袁氏之意而成，不可为训。贞瑞、克家欲以一省之自治根本法，为各省自治根本法之先河，故不可仿彼之规定。然各共和国之宪法，多不规定议会解散权。使于此亦无所规定，则议会大可专横，其势且不能制止。故秉议会由人民组成之，意于其发生违背民意时，即由人民提议解散。理由似为正大，如熊氏等之草案第十三条中两项之规定，均以省议会之规定，均以省议会之解散，由省长执行。仍不啻以解散之权属于省长。此乃用省长政府制，而遵从独裁政治之作用也。不知以人民公仆之省长，而予以解散代表民意机关之权，本末倒置，莫此为甚。本草案所定省行政署之职权，不啻由议会所付予。所定省议会之职权，不啻由人民所委托。盖人民实为议会之主体，故解散议会之权，当然属于人民也。

第二节　省行政署

（说明）根本与民治不相容者，人尽知为督军制矣。然废除督军，专任省长，即可谓之民治乎。此犹知二五而不知十也。废去中央任命之省长，改用民选后，中央再加任命之省长，即可谓之民治乎。是仍五十步之于百步也。盖一省之政权，决不容集中于一人。一人之名义，决不可以领袖一省。故省长制之在今日，名与实皆不宜存留也。瑞士中央之行政机关，称曰联邦行政会，仅顾其名。即可知其行政之不许一人独裁矣。其行政会员七人，则由代议院及元老院开联合会议，于有代议院被举资格之瑞士公民中选举之。必如此，而后民治之精神乃出。本节本此精神规定，政务用合议制，政务官由议会选任。庶几争夺省长之弊害，可一举而廓清之，不至仅仅易督军之名为省长易，特任之省长为民选之省长已耳。

第三十九条　省行政署以省议会选出之政务官七人组织之。

（说明）按瑞士联邦政府之组织，无所谓总统与内阁，而以七人之会员组成联邦行政会。其国内之各州，无所谓州长。如给耐佛州，则以七人之国政官组成国政院。如办尔纳州，则以九人之行政官组成行政院。联邦行政会员，则由联邦议会选举。其所以防专擅独断之弊者，至周且密。本条之规定即采瑞士制也。

第四十条　省行政署政务官任期三年，任满全数解职。

（说明）瑞士联邦行政会会员，任期三年。给耐佛州国政院之国政官，任期三年，期满全体改选。本条于政务官之任期定为三年，并规定期满全数解职，即采瑞士及给耐佛州之制也。

第四十一条　省行政署设署长一人，副署长一人，由政务官互选之。

退职之署长，不得被选为次年之署长或副署长；退职之副署长，亦不得被选为次年之署长或副署长。

（说明）本条系参照瑞士宪法第九十八条各项，及瑞士给耐佛州宪法第七十三条各项之规定，署长、副署长任期均为一年。与第十五条规定省议会议长、副议长任期一年，同一用意。

第四十二条　省行政署执行一切政务由政务会议议

决,以省行政署名义行之。政务会议议事,至少须有政务官四人出席始得开议。

政务会议以署长为议长,署长缺席时,由副署长代理。署长、副署长俱有事故时,由政务官中另举临时署长。

省行政署发布之命令公文于共同政务,由政务官全体署名;于部分政务,由署长、副署长,及主管政务官连带署名。

(说明)本条各项系参照瑞士宪法第一百〇二条之第一项及一百〇三条之规定。

第四十三条　省行政署之政务分配于下列各厅:

一、内务厅;

二、外交厅;

三、教育厅;

四、实业厅;

五、交通厅;

六、财政厅;

七、军务厅。

政务官各掌一厅之政务,即为其厅长,由省议会举定之。各厅除厅长外,得设政务员若干人,由省行政署委任之。

(说明)政务官七人,各为一厅之厅长,与瑞士联邦行政会之七会员,各任一局之政务。给耐佛州国政院之七国政官,各为一厅之厅长。办纳尔州行政院之九行政官,各执行一局之政务,同一规定。

第四十四条　省行政署政务官得于省议会列席及发言,但不得参加表决。

（说明）本条系仿照瑞士宪法第一百〇一条之规定。

第四十五条　省行政署政务官不得兼充他项之有俸官公职务。

（说明）本条系参照瑞士宪法第九十七条之规定。惟彼此并规定行政会员不得为他种之营业或职业，法更严密。

第四十六条　省行政署执行省议会议决法律。

（说明）法律案由立法部制定或议决，由行政部执行，自属定理。各国宪法大都以明文规定，所以示职责所在，而不许有推诿或违反之行为也。

第四十七条　省行政署对于各县行政事务之应归其监督者行使监督权。

（说明）各县行政署，固自有其权限内之行政事务。且其政务官，亦并非省行政署所任命，无所谓上下级属官之别。然遇有所管事务，不得不受省行政署之指挥视察者，则省行政署固不得放弃其应有之权也。

第四十八条　省行政署统率全省省军之编制，以法律定之。

（说明）军队统率权，在君主国则属于君主。在总统制之国，则属诸总统。熊氏等草案用省长制，故以之属诸省长。本草案于省行政署用七人合议制，则此权当然为省行政署所有，不得以之属诸某行政官一人之手也。

第四十九条　省行政署任免省军中级以下军官。

省行政署于省军高级军官违背军律时，得先行撤免，并立咨省议会请其补选。

（说明）上节既规定省军高级军官由议会选任，则中下级军官当然由行政署委任。然省军既为省行政署所统率，使并无撤免高级军官之权。则高级军官或尾大不掉，或贻误戎机。必待省议会议决，方能撤换，恐事实上已不能救正。本条之规定，所以使行政署能尽统率之责任也。

第五十条　省行政署于外军侵入本省时，经省议会之同意，得与之宣战。

（说明）共和国宣战之权，如美利坚与瑞士直以之属诸议会。（美宪法第一条第八节第十一项，瑞士宪法第八十五条第六项）法兰西政权关系法第九条规定，总统非经两议院之同意，不得宣战。本条模仿法制规定，行政署非经省议会之同意，不得宣战。是宣战权表面虽属于行政署，而实际上则不啻授之于省议会也。

第五十一条　省行政署于外患内乱发生时，经省议会之同意得宣告戒严。

（说明）各共和国宣布戒严权，大率属诸议会。本条规定省行政署非经省议会之同意云云者。诚恐行政署滥用戒严名义，蹂躏人权。必如此规定，方可无弊。较之以宣告戒严权属诸议会者，殆无差别也。

第五十二条　省行政署每年终须对于省议会为全年行政之报告。

省行政署于省议会咨请特别报告某项政务时，须作特别报告。

（说明）本条系仿瑞士宪法第一百〇二条第十六项及瑞士办尔纳州宪法第四十三条之规定。

第五十三条　省行政署之官制、官俸由省议会规定之。

（说明）本条系参照瑞士办尔纳州宪法第四十四条第

三项之规定。

第五十四条　省行政署之办事细则由省行政署自行制定之。

（说明）办事细则非法律，故得由省行政署自行制定。

第三节　省高等法院

（说明）司法权由法院行使，而尤贵确保其独立。故各国宪法规定，綦为严明。本节题曰省高等法院，与瑞士办尔纳州宪法所称之州高等法院，阿奔塞尔州宪法所称之高等裁判所，其例正同。

第五十五条　省高等法院以省议会选举之法官组织之。

省高等法院之编制、法官之资格及额数并俸给以法律定之。

（说明）本条系参照瑞士宪法第一百〇七条，瑞士办纳尔州宪法第五十三条之规定。

第五十六条　省高等法院法官任期六年，每三年改选二分之一。

（说明）按瑞士办尔纳州高等法院法官任期八年，每四年改选数员。（办尔纳州宪法第五十三条）本条师其改选法，定法官任期为六年，每三年改选二分之一，较省议会议员与省行政署政务官之任期特长。以法官之性质，在职愈久愈能称职也。

第五十七条　省高等法院应由法官中选出一人为院长，任期三年。

（说明）本条系仿照瑞士办尔纳州宪法第五十四条之规定，惟彼之任期四年，为稍异耳。

第五十八条　省高等法院依法律受理民事、刑事、行政及其他一切诉讼，刑事诉讼须会同陪审会审判之。陪审会之编制以法律定之。

（说明）本条第一项，依天坛草案第八十六条之规定，由法院兼理行政诉讼。故不须特设平政署，实英国主义也。至陪审制，欧洲各国行之者多。为慎重刑事审判起见，本草案特采用之。

本条第二项、第三项，系仿照瑞士宪法第一百〇六条第二项及瑞士办尔纳州宪法第六十一条第一项、第六十二条第一项之规定。

第五十九条　省高等法院法官受省议会函请讨论法律案，得列席于省议会。

（说明）本条系仿瑞士办尔纳州宪法第五十五条之规定。

第六十条　法院之审判为公开，但认为妨害公安或有关风化者，得秘密之。

（说明）审判以公开为原则，然亦不能无例外。本条之规定乃各国之通例也。

第六十一条　法官独立审判不得干涉之。

（说明）审判独立，不受干涉，必由根本法规定，以昭郑重。

第六十二条　省高等法院对于司法全体之行政事宜当具报告年册，咨交省议会。

（说明）本条系仿瑞士阿奔塞尔州宪法第五十七条之规定。

第四章　县制大纲

（说明）省为县所积，县亦有土地、人民、政事，完全一小省也。瑞士一州之幅员，或并不及吾国之一县。然各有政府，各有宪法。言共和政制者，独称瑞士为美备。其人民之安全，国基之巩固，在欧洲且有世外桃源之称。此不可不深求其故也。所以县之自治，亦须独立。本草案规定，县之政权由法律所付予，非由省政府所委托。与瑞士各州自治之规模，似无差别。盖必县域先能自治，而后省自治，方有根据。必各县皆能自治，而后全省之自治，方告成立。省之本，实在县。励行自治者，不可不首加注意也。

第六十三条　每县置县议会，以全县公民直接选举之议员组织之。

县议会之组织、议员之名额与选举，以法律定之。

（说明）县议会为一县之议事机关，且有选举县行政署、县法院各官吏之权，职权颇大。若民国三年，北京政府所颁地方自治试行条例第二十一条所规定自治议会之职权，未可与此同年共语也。

第六十四条　每县置县行政署，以县议会选出之政务官组织之。

县行政署之组织政务官之名额与选举，以法律定之。

（说明）省行政署为多人共同行使行政权，县行政署亦应如此，方为一贯。惟县政务官名额由法律规定，然要不能超过省政务官七人之数也。

第六十五条　每县置法院，以县议会选出之法官组织之。县法院之编制、法官之名额与选举，以法律定之。

（说明）按瑞士阿奔塞尔州宪法规定，县裁判所法官九人。今于县法官名额不为规定，委诸法律，由省议会讨论酌定之，与省法院法官之不规定名额同一用意。

第六十六条　县内各级自治区之议事、行政司法各机关，由县议会制定其组织与职员选举条例，但不得与本根本法及他项法律相抵触。

（说明）考瑞士阿奔塞尔州，其各县所辖之各市，均设有市议院、市政院、市裁判所三种机关。吾省各县内之各级自治区，自应仿此办法，并由县议会制定各项条例，不得与本根本法及他项法律相抵触。此乃当然之规定也。

第五章　本法之修正

（说明）本法为一省根本大法，举凡政制之确定，政权之分配，人权之保障，法令之准据，胥在于斯。既由全省人民合意制定，自不宜轻事变更。然以时事之变迁，思想之进步，此根本法行之既久，或至全部均不适用，或有数条虽于遵行，苟不加以修正，恐非因时制宜之道。按今世界各国宪法，大概多以修正宪法列为专章，置诸篇尾，今从之。

第六十七条　省议会三分之二以上之表决，或本省十县以上县议会之动议，或全省公民十分之一以上连署动议，得提出省自治根本法修正案，交由全省公民总投票决定之。

（说明）本条规定修正本法有提案权者凡三。曰省议会，须为三分之二以上表决。曰县议会，须为十县以上。曰人民，须为全省公民十分之一以上。而决定之权，则属诸全省公民，诚以修正根本法与变更普通法律大不相同，必以极郑重之手续出之。而后与第二条规定，主权属于全省人民之旨方合。美国宪法及美国各州宪法，瑞士宪法及瑞士各州宪法规定修正宪法之程序，大率如此，故仿照之。

右拟湖南自治根本法草案六十七条规定，地方应有之政权，似已包举无遗。必如此，方足举地方自治之实缘。自治权本人民所固有，不举其权，谓之放弃自治。云者，即不放弃其固有权而已。比利时宪法第二十五条曰，凡政权由国民发生。希腊宪法第二十一条曰，一切政权发生于国民。比利时、希腊君主国耳，其政权犹如此规定，更何论共和国乎。

今湘省人民立法自治，即所以行使其固有之主权。尊重人民固有之主权，决不能谓之破坏中华民国之统一。美国各州之宪法，即自治法也。今但闻美国因各州分治，而合众国政府日以坚强，未闻美因各州皆有宪法，而合众国政府或伤破裂也。所以瑞士之联邦政府，有保固各州宪法之义务。瑞士宪法第六条，阿根廷之各省地方制度，并不受联邦政府之干涉，阿根廷宪法第一百〇五条，此大可为言自治者之师资。若熊氏等草案，谆谆申明各省之立法权，不可触背民国宪法。又以畀诸各省者宜为立法者之一部分。此无论民国宪法犹未成立，何能先防其触背。而主权既为人民所固有，岂得预有划分。是虽欲为中央政府有所保留，实则于地方人民之主权有所剥夺，诚顾虑过多之失耳。且今日之国势，必地方先组织完备，而后统一政府，方能成立。必各省自治法已次第施行，而后联省宪法方能实现。此非倒末，而为本实。于事实上不能不用此累土成台之法也。

我湖南筹备自治，既已经年累月。道旁筑室，卒未有成。近且龂龂于附南附北之争，反置此根本问题于不顾。则放弃责任之咎，为我全体湘民所不能辞也。夫自治之前提，首须铲除依附之性。此时湖南无论依附何方，皆足为自治之障碍。假定依附甲方，则乙方更可大张旗帜，用武力以相责难。而内部主张依附乙方之人，又必纷纷竞起，接以短兵。而当局者将日日对付之不暇，有何余力足言自治乎。依附乙方其害亦同况。所以不得已而谋依附者，不过欲假力以为援耳。今则无论何方，皆有自顾不暇之势，捉襟肘见，有目共瞻。一与提携，非徒无丝毫之益，而且有丘山之损。抑何事汲汲惶惶，蒙羞自荐而不知自尊人格耶。须知甲乙两方之实力，目下援助湖南则不足，扰害湖南则有余。左右各袒之主张，目下自治湖南则不足，自乱湖南则有余。湖南诚欲自求安固，仍惟有闭关自守，返求诸湖南立之本身而已。且迩年全国之变化，恒视湖南为转移，而海内自治之呼声，辄惟湖南为震烈。今何必不自求多福，反致失万方之瞻仰乎。

  总之，湖南能闭关自治，则屹然为天下之重心。湖南不能闭关自治，则立时为全国之战场。然默察负责任者之心理，大有宁使湖南为战场，不愿湖南为重心之趋势。此贞瑞、克家所为遥瞻桑梓，而不禁流涕太息也。所愿我湘父老兄弟鉴之勿令，贞瑞、克家之言不幸而中，也可。

光和先生暨德配莫孺人六旬晋一寿言[①]

大丈夫创立家室,上复先人之绪业,下作儿孙之规模,未有无贤内助而能光大门闾者。观夫懿氏卜妻敬仲,其占最吉,是谓凤凰于飞,和鸣锵锵,和之云者,吉之谓也。慈祥在抱,正直不欺,心之吉也;父慈子孝,夫和妻柔,家之吉也;言语忠信,交涉公平,行之吉也;积善余庆,和气致祥,人事有然,天道不爽。吾于光和先生中外信之。

敝族迁自临武,贵族来自江右。余龆年受业于焯卿老夫子门下。虽分门别户,居址相距四五里许。凡贵族读书人士,与余契好者甚多,光和先生亦自幼年相识。阿母方太孺人,中年遽失所天,矢志苦守,成就膝下三人,家无宿哺。先生略就蒙养,年甫成童,即外出经纪。与余相值于邻邑,傤居一室。见先生于契串印折,往来书札,过目明晰,具此异禀。其于人所弃者,每从而取之;人所急求者,每从而缓之。事前知几,事后适意。宜乎始有少有,渐臻富有。人曰生财之道,未可强为,有莫之致而致者,予亦领之。

自是判袂,三十余年不图一面。今奉北省差遣隐身来此星沙省垣,查核公务。适与石茔兄相遇,邀入茶肆清谈,讯问故里耆年旧友,并及光和先生近状。石茔称光和族兄家道隆起,实由莫孺人得力随夫。远贸客来问讯,夫

[①] 辑自衡阳县渣江镇井塘《陈氏五修宗谱》。

主外出，应对尤为详善，烹茶温酒，必清必洁。片楮寸塍，存为有用之物。凡蚕茧蛛丝，蚁封蚓结，朝夕检束，靡不精心。自享惟荆钗裙布，款客杯盘从丰，真贤淑也！

今岁六旬晋一，夫妇齐年，戚族共谋制锦称祝，烦老兄锡之嘉言。适值族谱告成，登诸家乘，以为光宠。余不能在此久住，轮船如飞，不数日间，又及数千里外。弗嫌谫陋，今灯下成此速就章，可乎？抑又思之，余游历日久，所见亲朋幕友，持筹握算。在官司事者，得意之日，食必珍味，衣必文锦，顿改前日真面目。未有如先生，自视欿然，过人实远。

昔年之贫困，不以为忧；今日之丰亨，不以为乐。知足恒足，终身不辱。古人所以谓平为福也！况少君卓荦不群，异日曰老、曰耄，北海开樽，南陔洁膳，何幸如之。余继悦弧良辰，捧觞遥祝，颂上南山之寿，是为序。

前清廪膳贡生候补训导愚弟墨溪陈贞瑞拜赠
民国九年岁次庚申冬月穀旦

覆谢光焯等公函①

敬覆者。昨日本会开会，熊审查长主席适接诸公联署来函，当命秘书宣读一遍，始知诸公相率未曾出席，并恍然于日前对于规则忽生异议，实缘借题发挥。惟时已足法定人数，本可开议草案条文。但既有一部分人之疑难，同人等为尊重宪法前途，融洽各方意志，不能不加讨论。多数表决，乃改开协议会，谨将同人研究之结果条答如下：

来函称自开预备会以来，恒有少数人挟路界之见云云。同人愚昧，素未尝有路界之见存。即有一二人偶挂口头，然大多数心里，要皆认为不合。乃查昨日不出席诸公，即世俗所称为中路人者。即此足见诸公之自生界画，已属百啄莫辞，而反以之坐罪同人耶。所有三事诘难，皆由于此浅狭之意而出，今请为剖析陈。

一、省议员名额，以人口为比例，此原则同人固亦承认之。但从前选民调查之不确，实三尺童子，咸能知之。况所谓人口调查，尤不止于选民。是非待户籍法、登记法施行之后，无从定其标准。而户籍法之实施障碍发生，尤非仓卒数月间所能办到，故起草员诸君，知人口比例之骤难实行。因有附则之规定，起草员多中路人，而未尝挟有此项陋见。盖其斟酌于前后之情形者深也。

至谓宪法总投票在即，不先将人口调查完竣，不能举行。此间观察，于事实上甚为误谬。宪法总投票，不系于

---

① 辑自1921年6月19日、20日、21日、22日湖南《大公报》，与他人合署。

人口之多少，而俱以投票可否之多少决之。

又谓依元年之选举成例，或暂以田赋为标准。元年选举册之污糟，尽人皆知，无庸驳辩。田赋之说，情节滋多，更难准据。专制时代，君主视其土地为私有，遂有五服赋纳之别，盖欲羁縻之使不离畔，故为轻其贡赋。如对于苗蒙回藏是也。此在未开化时代，特别疆理之作用。

今我湖南同隶于宪法平等待遇之下，而谓可援引非共和时代之办法，据为定案乎。即谓不出代议士，不纳租税。代议士原于租税而生，而租税所包至广，决非仅以田赋一端所得而专之也。同人但知力求其平实，未尝有何偏激之主张。即有限制大县之说，要皆参取各国之法意而出。如德国参议院代表，每邦之票数，不得超过全票数五分之二。在委员会中，不得有多于一人之发言权。英国联合区，一人而有十二票投票权者，要不能在十二票以上。

此种成例，难自枚举。何莫非于特别之中，略寓限制之意。然同人为顾全大局起见，已拟牺牲其说，善善从长。至于最小之县，亦得出议员一名。德国及瑞士联邦与其各州皆有此相同之规定，而况我湖南交通梗塞，甲县人多不明乙县之情形，乙县人非有议员一名，即无异视同欧脱。况各国多有两院，两院性质截然不同。今我湖南混二为一，于人口比例之中，参以区域之分配，亦理所宜然。然此幸承诸公察及，不令独陷偏枯，实属钦威之至。其所以未及表决，而保留于附则合并讨论者，实以当时争执激烈，无从解决。而于合并讨论之时，求平情之法。仇副审查长屡屡言之，诸公亦盛赞成之。其坚持不允保留者，大多数属之西南两路人。来函乃指为同人硬要保留，不亦于事实大相违背乎。

二、省长选举，应采直接，应采间接，各有理由，只能视其国情自为去取之标准。我省之不能直接选举，尽人明之，无俟赘论。前所商订者，间接之法。应采如何之形式耳，来函所述种种，同人不必深辩。但有一极明显之事实，主张行直接选举者，周跂琨也；主张由省议员选出候补人，交由公民决选者，曾毂、方维夏、龙纳言也；主张由县议会决选者，段峨、彭旭等也。段峨为中路人，而不主总投票。周、曾、龙皆西南两路人，而主总投票。其连署又大多数为西南两路人，一出大公，都无成见，提案具在，可以证明。

除此以外，诸公对于总投票并未有具体之主张。查当日通过张君鉴煊之提案，胡君迈曾有以县议会为一权，成以县议员每人为一权之质询。而起立赞同者，胡君迈即其一人也。即在诸公中亦起立不少。又查当时仇主席以省长是否用总投票选出为表决之要点，并宣告总投票否决，则专就以下非总投票议办法。为日无多，当能记忆。速记具在，无可讳言。乃诸公事后寻思，不知具何理由，乃忽欲打消前案，而反卸罪同人，公理固如是乎。

三、改订审查规则，始于五月十六日。当时以三分之二出席，三分之二表决，屡致议案不能成立，妨害进行。大众为促成宪法起见，提议修改。此全基于共同之心理。查议事录，是日开会时，只有审查员一百零二人，距三分之二人数，尚欠二人。仇主席宣告三分之二人数，是用以修改宪法，并非修改审查规则。从前制定审查规则，均用过半数云云。及修改前第四条为三分之二出席过半数表决案，宣告多数通过，大众引为庆幸，并无异词。至六月九日之修改规则，仍与五月十六日之修改手续无异。是日出席审查员一百人，较前少二人，距三分之二人数尚欠四人。仇主席提议审查规则，已有十人提议成立，及修改案多数可决，主席乃宣告开会。所谓多数者，即不准据三分之二表决也。所谓开会者，即开讨论宪法之会也。其与修改规则会之性质，截然不同，不能混□为一。是六月九日之修改规则，与五月十六日之修改规则，同一不是三分之二开会之人数，同一多数通过。何以五月十六日之议决为有效，六月九日之决议为无效，岂以五月十六日之人数较多二人乎。抑以五月十六日之议决，诸公心中承认，六月九日之决议，诸公心中不承认，而遂失效力乎，同人等诚百思而不得其解者也。此其一。

且审查会规则制定之初，何来此三分之二规定。屡闻仇主席宣告，制定议事规则，当然不适用审查宪法开会之人数。故全部审查规则，皆以过半数出席人数成之，断未有制定时不用三分之二，而于修改时乃用三分之二者也。此其二。

审查规则第四条，本会非有总额审查员三分之二出席，不得开议者。本会二字，乃指宪法审查会，非指修改审查规则之会。开议者，亦指议宪法条文，非指议审查规则条文。此其三。

世界各国，议会之于普通法规，莫不以过半数出席人数成之。除弹劾案、覆议案等之重要案外，从未有限制为三分之二者。试问审查规则，普通法耶？重要案耶？此其四。

审查规则之附则，明明规定得由审查员十人以上之提议公决修正之，并未规定适用本规则第四条之明文。此其五。

诸公不加思索，反谓同人违法。诸公试静思之，不亦哑然自笑耶。即谓各国制宪通例，概取严重手续，然其成立，依于宪法会议而止。而吾湘制宪，照制宪筹备规程，经过本会审查之后，尚有总投票一层决诸人民总意，何等郑重，何等庄严。如使人民不与可决，虽以我全体审查员之起立表决，亦属徒劳。遑言三分之二区区人数，而诸公乃谓同人视制宪如儿戏，抑何不思之甚也。

总之，路界之见，同人中不能保无一二人之慎疑。而实不若诸公，阴张旗鼓，结为一体，以示破裂。同人细看诸公之出此举动，致此长□，表面之理论虽多，而骨子实不外争议员名额一事。故欲多加花样，装点门面。同人敢正告诸公，宪法上权利，但求稍得其平，决不敢希冀优异。诸公试一常思，政治上权利，孰荣孰枯？近水楼台，何求不得？而必于区区议员名额而不予，以从长之协商乎。

奉劝诸公，勿为激宕之行，勿持偏陋之见。姜家大被，同覆子反之床。祖逖中流，共鼓诞登之楫。促成大法，发为国光。倘诸公到底坚持拒不出席，同人只视为极少数操纵之意见，决不敢视为四十六人相同之意见。只视为一部分之意见，决不能视为全体人之意见。三占从二，今古咸同。同人为尊重宪法，代表民意，仍宜竭力进行，不敢松懈。以此安良心，以此对国民，以此忠国家，以此质天下。谨此汇陈，曷胜忧恤。

审查会请发夫马伙食费[①]

昨省宪筹备处致函总部云,顷准审查会函开,顷据审查员陈贞瑞来函:□计宪法□□告□,尚须逾月。自审查开始之日起算,洽付五月之期,而夫马伙食两项,非按月各发六十元,决不足维持同人之现状云云,等因,准此。查省议会议决湖南制定省自治根本法筹备章程第八条,审查会会员取无给制。故敝处总制预算,初只开例伙食费每人津贴四十元,旋因时月延长,又两次酌请贵部署加伙食费洋一百二十元,连前总计伙食费洋一百六十元。现在此项伙食费尚有五十元未发。

各审查员旅省日久,支用浩繁,所称种种困难,均属实情,自应函请贵部署迅予发给,以济眉急。至所请自开始之日起,算按月各给六十元一节,数虽超乎预算,尚属实情。而政府目下财政支绌,敝处亦所深悉,究应如□理之处。相应抄录原函,函达贵部署。烦请查照核夺见复,是所至盼,云云。

[①] 辑自 1921 年 8 月 12 日湖南《大公报》。

介绍良医①

长沙张季卿先生,系名医清武公之后裔,少习岐黄,深得家传秘诀。凡内外各科,无不精邃,起死回生。现寓省城高井街第六号。受泽者特登报介绍。

仇　鳌　王克家　粟戡时　胡　曜　陈贞瑞
谢光焯　贝纪猷　胡　迈　唐承寿

---

① 辑自1921年12月15日湖南长沙《大公报》。

蓝山陈氏衡阳渣江毓秀村支谱序[①]

我族肇祖曰伯环公，本江右太和籍，于北宋天圣间，始流寓蓝山三广头。历六世，光卿公于南宋绍圣时迁临武儒风。又历十二世，曰应聘公，于清顺治末迁衡阳三合桥。

聘公子三，一居长乐乡，一居太和冲，一居毓秀村。虽同一县境，而居长乐者，当时即失联，合旧牒仅录两世，今历二百余年，其似续不可访求矣。居太和者，式微亦甚。而仕学农商，并有恒业，在衡阳犹称望族，皆居毓秀村者也。

迁衡以后，谱牒仍与临武合修。如于清康熙己丑、乾隆丙午、道光乙未、同治戊辰，四次均由本支遣人偕作。惟光绪甲申后，我王考通奉公续修于长江水师湖口船政局，次独赀缕版，冀垂将来，因远征临武齿录，久而不完，迄未付印。临武继有两修，本支亦未参与。湖口嗣经兵燹，原版尽毁而无存，力瘁事虚，良可太息。

本支鉴于合修之难也，民国三年，遂谋分修，创议于亡弟月西，编纂于先从叔漾纶及其二子：如砌、胎白，襄助者为叔弟远西诸人，朞月蒇事。以聘公为始祖，定名曰：衡阳毓秀村陈氏。民族历史，是编图表，明备义例，皆出漾叔心裁，大体优良，为家乘中之所未有。然去取详略，间亦失当。而词法轻靡，不免如刘彦和所云，浮文弱

[①] 辑自《陈氏通谱》，写于 1942 年。

植，缥缈随俗。虽胎白弟素即超逸，其序文一首，后此每自病而欲去之，则内容之犹须商榷。可知已。

予少谋革故，老尚奔驰。宗族敬修，深渐阙漏。岁甲戌，留滞北平，如砌弟代本支致词，速予归理谱牒。始如倦飞之鸟，日暮知还。乃偕弟侄之能文者，续为次修。冀完前美，首更谱为名《衡阳毓秀村陈氏族史》。以家谱本方志所取资，而方志又国史所取资也。于是，旁搜远采，不敢掉以轻心。而人事纷纭，竟未能集中精力专务此役。无何胎白弟逝世，本支文化骤受摧伤，而予尤如折一左臂。岁月荏苒，坐是无功。

客岁夏，蓝山大宗啸岚司令等倡修本族通谱，函达环公裔之散处各邑者，克期并行，联此万殊归于一本。诚所以奠民族主义之基，愿力洵为宏大。然涣离千载，心志久歧，仓卒询谋，齐一非易。本支受此迫促，遂于客秋先成齿录，其图表、文艺、传状、规约等，亦粗完于今夏。而心所欲言，十犹未得三四。虽以之合刊于通谱，亦仅示肇祖有此余裔，略同民籍之登记，而谓于国史有具体之微，则距离远矣！

昔曹子桓称："文章为经国之大业，不朽之盛事。"谱牒亦文章之一，必进之可为国族法式，而退之具有卓立精神。然后可言经国，可言不朽。此岂一得自矜、胸无今古者所能妄意窥测哉。忧患余生，学荒智尽，匡我不逮，更待来兹。

迁衡世祖应聘公传①

公讳朝知，字应聘，明赠振威将军，杭汀二镇总兵，讳泰才第三子。其先十三世，由湖南蓝山迁临武儒风，故为临武人。生明万历三十年，幼即雄杰，卓然有大志，弱冠以精弓马入武庠。

崇祯初元（1628年），公故丈曹祖经为荆州府学教授，摄江陵县事，公往容之。会荆州营都司觅材武过人者为队长，曹以公荐，任事数月，擢千总。陕北饥民肇乱，高迎祥起为闯王，张献忠、李自成、罗汝才等群称闯将，自秦晋而豫楚，谓之流贼。荆州水陆康衢，尤擅形胜，奸民遥相应和，或为贼谍。公诇察严，随时诛剪。贼失耳目，十年不敢至，荆地方克全无害。积是资劳，累官副将。

十三年（1640年）夏，张、李等七股尽窜入蜀，由大昌、达州犯巴州、广元，直抵绵州，成都东北属邑，无不被其蹂躏。阁部杨嗣昌驻荆督剿，檄公率所部西征，战于开万间，独以火器破贼，诸军惊异。惟杨驭将无术，复不扼贼归路。群贼下夔门，毫无阻遏。献贼昼夜走与房山中，袭陷襄阳，断襄王首，尽戕宫眷，云欲使杨以陷藩伏法。

十四年（1641年）三月，杨自缢于云阳。监军万元吉率部将尾追，察知公最可恃，奏荐为杭州总兵，以固江浙饷源。

---

① 辑自《陈氏通谱》，写于1942年。

十六年（1643年）秋，调福建汀州总兵。公距贼愈远，而贼势愈炽，祸遂滔天矣！

越二年，乙酉（1645年）夏，隆武帝即位福州，以公宿将赐额曰"两朝柱石"。两朝谓崇祯、隆武，欲倚公以为用也。时南安侯郑芝龙及其弟鸿逵挟拥戴功，专横无臣礼，兵事机宜悉。芝龙为政，借口恢复敛兵全闽，汀镇兵亦在檄调中。公欲留备非常，争不能得兵，既集芝龙，悉以自卫，不遣一卒出境。潜通款于清招抚使黄九熙，大学士黄道周愤其所为，自请□师西行，卒败于婺源以死。

十二月，帝移驻建宁。明年正月，芝龙知物议不平，扬言出师，以鸿逵为左军出浙江，郑彩为右军出江西，各拥众号数万。鸿逵过仙霞即留驻不进，彩行百里而还。帝知郑氏叵测，拟赴汀就公。因入赣为湖广总督何腾蛟声援，二月发建宁。芝龙不欲奇行，令军民数万遮帝，遂止延平。六月，清军陷金华，全闽大震。芝龙尽撤防兵回泉州，安平镇守关将士皆从之。仙霞二百里间空无一人，鸿逵驻关外闻惊，徒跣疢走三日而抵浦城。清兵长驱直入，各地相继迎降。八月，帝自延平幸汀，先是公闻帝决来，以汀州无兵不能卫帝，亲乞师于故举主万元吉，时方督师赣州也。未及而返，汀州遽覆。芝龙已自安平入朝于清。鸿逵、彩均遁入海矣。

公悲痛国艰去职，崎岖山谷，将有为而未获伸。及永历建国，公不复与，心终不忍忘隆武也。又越二年，归途犹梗，乃以逸民流寓杭州，学韩王之驱骑湖上。清顺治末，始由浙返湘，过衡阳，乐岣嵝潇湘之胜，结庐邑西三合桥。康熙十七年（1678年），吴三桂僭号于衡，特以侯爵饵公，冀收物望。公喟然曰："我岂耄年反臣事国仇耶？"三桂惭而止。二十三年（1684年）卒，年八十三，子嗣详谱系。

赞曰：郑芝龙之降清也，其子成功不从。因明授位号拥芝龙旧军，纵横闽海，延隆建之正朔十余年，如五季时晋岐吴之称，唐天祐史册美之。公心迹与成功同，而未能为成功之所为者，以镇兵为芝龙所夺也。然则功名之际，殆有幸有不幸乎！虽孤愤幽思，积久无所白于天下。而暮年之拒伪命，亦足显不降不辱之素矣！《诗》曰："潜虽伏矣，亦孔之炤。"其斯之谓与。

中华民国三十一年夏
九世孙祯瑞谨述

曾祖王父泰文公传[①]

孟子有云："闻柳下惠之风者，薄夫敦，鄙夫宽。"以风俗不可无人移易也。顾春秋时所谓薄鄙，在今日犹为敦宽；今日所谓敦宽，在春秋时已为薄鄙。若我曾祖王父之懿行，则诚古之敦宽，而非今之敦宽矣。敢不郑重称述，冀于习俗有所转移哉。爰以畴昔所闻于先王父者，追忆而传之曰：

公陈氏，讳世宁，字泰文，生于乾隆甲寅。岁考曰：茂如以孙贵，赠朝议大夫，累赠朝议大夫。公赠阶同，秉性温良，与人无竞。少虽失学，而修身齐家，悉符经训，家贫躬耕，然量宏胞与。某岁比户不登，公遣长子籴米郡城，往还二百里，仍以所得十九，分给邻族，与妻孥各啜一盂粥。曰：天灾流行，吾何能不自警惕而敢饱食乎！由是一乡皆称长者。当岁暮归，自郡于邮亭拾布囊，启之，见白鉼百数十金。自忖，伊谁年终遗此，必有非常心意。瞀闷所致，设为他人所拾，力必无幸。据囊坚坐，以待良久。有踉跄泣涕而来者，称其父以讼系狱，非二百金莫解。多方称贷，顾犹未足。姑先以此呈官，希出其父度岁，竟匆遽失于途，反求不获，死无地矣。公诘其数符，起座举囊授之。其人惊喜，若庆再生，函请以百金之余奉公。公笑曰："吾苟利焉，奚坐待为，且已不足，而更损之君事焉。"济遽麾之使行。乃曰："公德若是，祝公代有

[①] 辑自《陈氏通谱》，写于1942年秋。

肖子贤孙，以昌大门闾。"稽首而去。长沙王葵园文集，有楚南陈公传，即纪此事。二者虽公一爪一鳞，而具体可以概见。

晚年，尝语公亲曰："吾生平志在济人，力薄，徒存虚愿。惟不敢涉于邪僻，口不妄言，身不二色，勉以清白自守而已。"呜呼！非所谓吉人为善，惟日不足者欤，其视世俗之薄且鄙者，又何如耶。以同治壬申卒于兰芝堂新第，年七十九。配氏曰颜，清封太恭人，晋封太夫人，淑慎庄诚，妇德咸备，先公七年卒。子二名，业皆盛，次子即予王父，已立专传。

赞曰：我族居衡阳三百年，食指犹未盈二百，殊不繁衍。而我曾祖子姓已踰百人，实有全族三分之二，文学恒产亦萃本支，其故可深思已。范史袁宏传论曰："仁心足以覃乎，后昆子孙之盛，不亦宜乎！"则本支之较有声誉于时者，皆长养苏息于我曾祖之荫余也！而我昆弟子侄，其可不兢兢业业，敬宗法祖，以免为我曾祖之罪人哉。

王父维之公传[①]

公讳大源，字维之，生清道光己丑。父曰泰文，德行已详本传。公幼因贫废学，稍长，从父兄习耕贾，遂通书算。太平军起，远近骚然，慨然有干国栋家之志。

曾文正治水军衡阳，彭刚直首佐之，公以刚直亲故往从。初典军饷，继领偏师，出入惊涛骇浪十年。积功由广西迁江县尉，晋阶广西补用知府，赏换花翎，终未之官。刚直既以水军定东南，中兴清室，乃上起荆州，下至崇明，亘五千里江面。与文正奏建经制水师，置汛官近千员，设船厂于汉阳、吴城、金陵三地，而以公主吴城厂，旋即移湖口，任职不迁，垂三十载，晚岁以老谢事。计前为军官，后则督造战船，竟未一日离水师。

盖襟怀与刚直公不异故，出处略同也！天性孝友事亲，人无闲言。居父母丧，哀毁几于灭性。逢诞忌，亲洁膳羞，洋洋如在仰呼"阿父阿母"，声与泪俱，不胜孺慕。祯瑞习睹于童时，初因冥然罔觉，迨长与祀事，乃不自知泣涕之何从。回忆耳目所及，更未见有祀先之敬且诚足与公比。庶几事死如事生，事亡如事存欤。自行役以来，禄人咸共之于兄。

公兄字涵之，经纬家庭，举无遗策。同光之际，门第焕然。湖口为南北要冲，过客终岁不绝，公务令得当以去。或有称贷，必俾如愿偿否。听客之所为千金之负，数

[①] 辑自《陈氏通谱》。

见不鲜。朋友旅死，必助之归。曾有宦舟沉没，公悬赏获宦，殓之，恤其家口使归。姻戚刘长景赴京述职，没于清江。公曰，于我殡而远归其丧。新宁慈善公益，惟力所能。湖邑偶旱，历察僻乡，尤急者周之。贫苦族人，年终恒有馈赠。南京之建湖南会馆，长沙之建衡清试馆，衡阳之建漕仓，各输数百金以落其成。赠衡清士子科试卷费，至于屡次，为数不赀，居恒最。

以不学为耻，故列课读为家政第一，对馆师尤致敬尽礼。束子姓极严，有过不宽假。藏书达万卷，皆缘祯瑞幼而能读所置。训祯瑞不惮谆谆，暇辄呼至左右，或称述先德，或征引名言，内而养生修己之要，外而处世治之之方，剀切周详，悉符典则，其期祯瑞为尤殷。

综公之生平，不官不隐，有守有为，执德至宏，见义勇赴，可谓有古君子之风矣。暮年颐养家居，仍以坐客常满，尊酒不空为娱。以光绪庚子十二月卒于湖口寄庐，年七十二。配我王母陈夫人，温惠慈祥，克明厥德，后公六年卒。

生我父，字曰芗颇。祯瑞弱龄失怙，赖我王母抚育成立。于我王父母之德，皆欲报罔极也！我庶祖妣冯孺人，生我诸叔五，均详谱系及公墓志。

赞曰：德性由于天命，文学贵有师承。公德性咸全，而师承不至，然挥金结客，所交多为文人，如长沙王葵园祭酒、同邑胡江亭主政、清泉陈谦山中书，并欢联缟苧以兄事。

公从军初授武职，洊至守备，忽薄而弃之，更转文阶。故尝不偿劳，官止太守，使无此转已专阃矣，均足为公右文之证。惟公至中年，公牍手札，率敷畅条达，绝胜乡曲。迁生殆思之，思之鬼神通之欤。乃广聘名流，多贸方册，冀子姓或以文学知名，而尤系望之。祯瑞竟湖海浮沉，空悲老大，进不能当机决策于危难，有所转移；退不能饬纪整纲于族党，资具表率。著述已伤才尽，遗书未尽保存，负祖训为何如哉！珥笔传公，自觉戾积山岳矣！悲夫！

中华民国三十一年秋

长孙祯瑞恭撰

国民革命军少将陈贞煇事略①

君陈氏，衡阳福安乡人，名贞煇，字志周，予从祖舅弟也。少予十七岁，幼失怙恃，两兄皆贫，备历孤苦。先子苧颇公躬教养之，命与余诸弟同师。君尤颖悟，不数年，即谙为文法理，识代数门径。

清季，湖南编练新军，统军者为余执友俞氏明颐。君时年十八，先子因命其入伍。先是湖南军校，相继立别之，曰武备、曰兵目、曰速成，皆俞主办。俞知君为余弟，特拔入速成校，以最优等卒业。由湘抚咨送陆军部讲武堂，受训期满，归补步队排长，是为君任军职之始。

民国成立，为炮兵协军校、为队长、为二等参谋、为防营营长、为湖南第二师第三营营长。广州建国，先后为攻鄂军参谋长，革命军第六军交通处处长，第二方面军总指挥部交通处处长，第四路军总指挥部军法处处长，皆所历军职也！其治军善恤民，作战尤勇。

辛亥反正，鏖战汉阳、江夏，得血战勋章。明年率防营驻武冈，饥民肇乱，立戮其魁匪，风遂息。

谭延闿再为湘督，命赴湘阴、平江各县清乡。至新市，见藉军索饷者，诇知其虚，乘其不虞而解散之，商民大欢。驻军平江、浯溪数月，诛除积匪。民不知兵，匪不敢犯，军纪至肃。傅良佐率北军入湘代谭，湘西师长陈复初离军，部下多溃变，惟君一营独全。

---

① 辑自《陈氏通谱》，写于 1942 年。

及赵恒惕长湘，君不为用，入粤依军政部程部长潜。总理逝世，滇军将领谋据广州，湘粤将领联军讨逐。君奉程令，助以偏师，桂（滇）军遂全溃。革命军再征东江，程为第二路指挥，攻河源未下，君率三千人从间道趋五华袭敌后，夜与敌将刘志陆二万人遇，乘月色奋击，大破之，东江遂平。其后，随程军北伐，首入江宁，次下武汉，继入湖南，师行无滞。由君长交通之力为多，皆所建茂勋也！

从军之余，以饷粮所出。尝长岳阳城陵矶厘局，广东平海盐场知事，财政部江南造币厂务，皆洁己以济军，则所兼别职也！其授官仅至少将衔，陆军上校止。未尝据高位，拥厚禄，视少年时之同学同官，如鲁涤平辈，瞠乎后矣。然君之知止足，不矜伐，又未必不可为军人范。当陈复初之弃师也，君在桃源，乱兵散枪纷欲从之，或劝君速予收编，扩而成师，设险自守，可据湘西而有也。君以筹饷必大扰民，且已由贫窭而得自给，不欲更觊，非常坚拒，弗应仍随谭。赵退居湘南，周则范、蔡钜猷、陈渠珍拾其弃余，遂相继雄长湘西，集资巨万，迄今未尽覆亡。君固不以周等为善取而己为善让也，其志趣约如此。夫军人无欲，洵为美德，尤其所被，受福无疆。

今日世界大战，以倭人侵略中国为戎首。中国之被侵略，以频年内战为引导。内战所以不息，举属军人权利之争夺。燎原之火起于星星，然则军人多欲，其祸可胜言哉！

君自北伐功成，即优游田园，不复与闻军事，恬退亦可风矣。以民国三十一年二月寝疾，三日卒。妻魏氏，治家课子均有法度。子三，伯凤祥，湖南大学工硕士，原任兵工署第十一工厂营缮课课员，现任军事委员会空军第九总站工程员；仲鹤祥，大麓高中卒业，前任资源委员会运务处阳江办事员；季穑祥，成章初中肄业。女三，长元祥，湖南大学化学系肄业；次仲祥，湖南第三师范肄业；三细祥，区立高等小学肄业。及年者已夙夜在公，未及年者均孜孜向学。则君生平之进不避险，退不希荣，阴德在民，其名隐而显者，宜乎？克昌厥后矣！特掇君大凡，以告当世大人。君子或不以为私，其所亲之言而能宠锡鸿文，以彰之乎！从兄贞瑞潜斋氏述略。

《三湖王氏荫棠世泽集》序[①]

衡阳望族，首三湖王氏。王氏时贤，首王子况裴。况裴多才多艺，善学善教，有守有为，可仕可止，固皆贤矣！而予尤贤其修先代之矩矱，能发之弥光也！乙酉秋，神州底定，百废待兴。况裴乃出所编《荫棠世泽集》属序，旨深哉！荫棠者，其祖居故宅。世泽集者，辑其七世祖浑斋先生之《青草诗存》，而以六、五两世祖及高祖诗附之；又辑其曾祖冠丞先生之《梅坞诗草》，而以若祖父及本身诗附之，谓之内编；更辑青草以下累叶所得名人投赠之诗文若干首，谓之外编，合而梓之，以风当世。

予薰沐展诵，作而叹曰："况裴之先德其盛矣乎！"古者学出王宫，官皆世守。故典章文物延于世家。战国以还，家学替矣。君子之泽，例有代终。四库集部中，求父子祖孙各有著述，如宋筠州之三刘家集，明长洲之文氏五家诗，清攸县之陈氏淇园四世诗帙，殊不多觏。至萃八世之美，共见于一编，予犹未之前闻。岂徒流芳王氏家乘已哉？故诗犹是世泽之一斑也。

青草生六月而孤，母苦节抚之成立。遂长恋慈闱，绝意仕途。行年六十，以事病母过劳，竟先母十二日而卒，可称大孝。终身而慕矣。书画与文，并为世重，自谓文不如诗，书不如画，画较诗又过之。近人以之并太仓诸王，况裴之多才多艺，青草导其源也！

---

① 辑自《风范长存》纪念文集。

梅坞于古文词并有深造，尤致力经世之学，以诸生从军，累职太守，晋皆通奉，三世同荣。然不乐吏事，内就舍人，奉讳而归。服阕不出，唯广罗方策，著书满家以老，亦不汲汲于禄位者。况裴之可仕可止，梅坞垂其则也。青草、梅坞之德行，卓卓如此，固不必赖诗而传。然诗之关系亦大。青草冲澹清逸，纯然彭泽风度，读文如见其人。梅坞沉雄高远，所作有"北海胸襟余耿介，临川心迹最光明"之句，足观寄托。其余附列诸诗，抒写性灵，言各有当。虽吉光片羽，靡不足珍。

况裴上承七世风雅，情动言形，辄悱恻缠绵，眷怀国是，少陵放翁之习也！三百篇大序，称先王以是成孝敬，厚人伦，美教化，移风俗，诗其可轻言乎？予唯孝敬之成，尤中华立国之本。孝者，亲亲也。亲亲，仁也。仁之为义弘矣。孔子曰："君子笃于亲，则民兴于仁。"又曰："慎终追远，民德归厚。"果人民皆兴仁归厚，自然教化美而风俗移。讲信修睦，共乐时雍，而国家将为和气所凝，何至令残贼惨酷之风弥漫宇宙？此凯风陟岵诸诗所由，以教孝为先也。泰西亦有伦理学，然其父子之间，大率与墨氏之道无异。笃亲非所解也！近既不笃，远何能追？不仁不厚，所以弱肉强食，习为固然。迩岁率土积骸，环瀛泛血，良非一朝一夕之故。使早以温柔敦厚之诗教救之，其庶几可胜残去杀乎。况裴恳恳属序兹编，或亦此意。

夫青草以至孝立范，德莫厚焉。虽高尚其志，不事王侯，实不出家而成教于国也。梅坞进诗礼之胄，为衣冠之族，立行扬显之义也。况裴表彰先德，上及七世，追远之诚也。皆孝也。孝于亲斯忠于国。其学优则仕，一试于皖江，膏泽即下于民，及可去而去。皖民勒功以石，建德以亭，称为刚直第二。（吾衡彭刚直抚皖，民到如今颂之。）有守有为，事实昭昭。且有子心练，亦登高能赋，可为大夫，门第方兴未艾也。由青草而至梅坞，殆传所谓五世其昌乎。由青草而至况裴，殆传所谓八世之后，莫之与京乎。故予尤贤其修先代之矩矱，能发之弥光也！今祸难虽平，疮痍未复，水火衽席，出入在人。矧政府将还政于民，桑梓敬恭，尤无旁贷。老夫耄矣，况裴之齿未也。回溯二千年来异族之入居中国，均为中国所同化，以流风善政、常存于故家遗俗也。

王既望族，君又故家。所愿推阐青草至孝之行，梅坞经世之道，以化民成俗。自乡邦而及全国，自全国而及天下，永销兵气，日进祥和。而王氏之世泽，亦将绵于无穷，此即世界大同之基，非仅乡邑偏隅之幸也。明德之后，其勿妄自菲薄哉。

中华民国三十四年双十节同里弟陈贞瑞墨西氏谨序，时年七十有七。

船山故居沿革及坟墓①

第一部分　船山故居

节录清同治十一年《衡阳县志·承水篇》

白马坳水,出县北高汉山中羊头坑。依界南流十里,迳洪灵寨西,稍迤东流,届曲兰东麓寨西,其北五六里为石船山。明永历时,行人王夫之隐居于此。山形郶娄,以夫之名显耳。初创庭宇曰湘西草堂,子孙世居之,后建为祠,林廷式知县事时为置祀田。正室曰仰苎堂,有夫之自题柱联,及近岁安化陶澍、寿阳祁寯藻与廷式皆有题赞。西偏为败叶庐,旁有梅冢,夫之幼女瘗焉,自为作墓志,略云:"女七岁而死,神识不乱。"夫之于子女罕所称忆,盖此女幼慧,比于扬童矣。

墨西按:征求地方故实,以志乘为重要根据。清同治中,王湘绮闿运所修《衡阳县志》,尤有盛誉于当时。余考索船山故居沿革,首于此中取材,宜也。顾上段《承水篇》记载,对于船山故居,实涉混淆。余又不能不取有力证据及目击情形,为之一一指出。盖船山悲痛黍离,崎岖久无宁岁,追求致命而不得,遂专一闭户著书。岁庚子(清顺治十七年),始避地于衡西之金兰乡,卜居于"茱萸堂"(船山诗中堂作塘,本无屋也)。初造小室曰"败叶庐",次筑"观生居"于茱萸堂上。越十二年,再徙石船

---

① 辑自《船山学报》1985年第一、二期。系陈墨西受湖南省文物管理委员会委托,以湖南省人民代表身份,于1954年12月调查衡阳县王船山故居及坟墓之后所写的调查报告。

山下。去"观生居"二里许,筑"湘西草堂"。因避滇氛,泛宅数载,后复归草堂,隐居著述十七载,至岁壬申而终。此船山季子敔《湘西草堂记》中所说明者也。而上段记载,则谓船山"初创庭宇曰'湘西草堂',子孙世居之"。

余本月二日亲至草堂查询,则王氏无一人居此。又谓正室曰"竹岂堂",余所见草堂庭宇,仅三开间一进,别无所谓正室也。又谓西偏为"败叶庐",余所见草堂,整齐三间,更无所谓西偏也。又谓"旁有梅冢,夫之幼女瘗焉"。余在草堂之旁,绝不见有此种遗迹也。及余出草堂西北,行二里许,至船山初居之茱萸堂,今谓之竹花园,而船山之后嗣多居于此,故上记误谓世居草堂也。竹花园有正室、有偏室,故上记误以为草堂有正室偏室也。竹花园即竹岂堂,花岂音近,故转为花,不称堂而称园者,其地素产丛竹,望若园林也(今则砍伐将尽矣)。其西偏犹有故墙一堵,遗族称系"败叶庐"之残壁,虽未必真(王敔记"败叶庐"曰:蓬檐竹牖,编篾为壁。今墙系青砖,不应为船山之旧,当系族人修改"败叶庐"之所留)。然可证"败叶庐"固在此,而不在湘西草堂也。败叶庐之西,有观生居故址,已犁为田。竹花园之西,梅冢犹有片石为志,凡余本月二日所亲见亲闻如此。湘绮不知船山在筑草堂之先尚有故居,遂举故居所有建筑名称,概以属之湘西草堂,以继建为初创,合两地而为一,致两地咸失其真相,此又证实船山故居沿革所宜纠正者也。虽然求船山故居之沿革,固宜以茱萸堂为先,而言船山故居之保护,要宜以湘西草堂为重。盖草堂为船山终老之地,且自前清道咸以来，经陶澍、唐鉴诸名人之题赞，湘西草堂已名闻全国。而前之茱萸堂，今之竹花园，其名犹未出于里邑，且久为船山遗族之私宅，国家可不复置议。故余在湖南第一届全省人民代表大会提案，专请恢复湘西草堂，并饬地方永远保护，而此下所提供船山故居材料，皆属湘西草堂沿革云。公元一九五四年十二月十五日。

船山记
王夫之

船山，山之崖有石如船，顽石也，而以之名。

山冈无木，沟溪常涸，其少有之木不给于荣，其草稀疏散乱而恒若凋，其田纵横相错而陇首不立，其沼凝浊以停而屡竭其濒，其前交蔽以遮远眺之目，其右延展平芜而不足以深幽，其良禽过而不栖，其狰狞之兽与人肩摩而不忌，其农习视其垄畴之坍塌而不修，其俗越百世而不知琴书之号。

然而予之历溪山者千百，其足以舒心怡神者往往不乏，顾于此阅寒暑者十有七，而将毕命焉。因曰："此吾山也。"

古之所趋，而不能推之于今；众之所欲，而不能适之于独。居今之日，抱独之情，何为而不可终于此山也？古之人，其游也有选，其居也有选。古之所趋，夫亦人之所欲也。是故详视乎方圆，而尤佳者选出；而蜷缩天倾之处，伛偻地崩之所，扶寸之土不能信为吾有，则虽欲选之而不得。

驱其不欢，迎其无愁，江山之优美，与愉恬之志相若则相得；而固为愁苦，地不足以容其不欢之隐，则虽欲选之而不能。

仰天而无憾者，则俯地而无愁，是宜得林峦之美荫以宣之；而一抔之土，不足以荣吾所生；仙丹之炼，不足以崇吾所事。堵户以丛棘，布路以繁霜，犹超溢吾分也，则虽欲选之良地而心犹不忍。

赏心有同伴，咏志有知音，望道而有共谋，怀贞而有相助，相遥感者，必其可以随影沿滨，长歌互答者也；而茕茕者如斯矣，营营者如彼矣。春之晨，秋之夕，则户牖自封以丸泥也，则虽欲选之而何以为？

夫如是，船山者，即吾山也。何为而不可也？无可名扬之于四远，无可名传之于末世，偶然谓之，旋即忘之，老且死，而船山者仍还其顽石。严子陵隐之浅滩，司空图避之山谷，林和靖逸之湖山，天与之清美风日，地与之丰洁林泉，人与之流连追慕，非吾认可者，吾不得而仿也。吾终于此而已矣。

辛未深秋记

墨西按：姜斋先生继筑湘西草堂于船山之麓，潜修十七年，成书数百卷，遂终老于草堂，实终老于船山也。先生殁于壬申正月初二日，此记作于辛未深秋，相距仅三月余，殆自知其将与船山永相依附，有合无离欤！故曰："船山者，吾山也。"又曰："吾终于此而已矣！"盖自从游者称先生为船山先生，而船山之名，遂不复为山之有，而为先生所专有，顾先生专船山之名，又实船山之幸。不然部娄之岑，安能名远？况先生所记船山之草木习俗，无一不觉其陋。然正惟习俗之陋，益足显君子之居。人杰而后地灵，岂不然哉！今船山之名，久震于天下矣，更次而永崇之，则此一拳石之多，何难与泰岱争高，南山并寿乎！由此可证，形势之轻微，无害于精神之远到，凡志坚而力果者，其前途皆不可限量也。余搜寻湘西草堂沿革，而先之以船山，因先有船山而后有草堂也。故录先生此记，亦循流溯源之义耳。

湘西草堂记

王敔

先子《船山记》曰："船山者，吾山也。"敔今之记湘西草堂，亦谨记之曰："湘西草堂者，先子之草堂也。"先子自前崇祯癸未，张献忠陷衡阳后，湘岳之间，三十余年，羔币踵接，终全志节，闭门撰著。迄岁庚子，乃徙居于湘西之金兰乡，卜居于茱萸堂。初造小室，名之曰败叶庐，蓬檐竹牖，植木九柱，编篾为壁。次筑观生居于茱萸堂上，易以茅堵窗楹，少容几杖。越十二年，再徙于石船山下，去观生居二里许，仍里人旧址，筑湘西草堂。因避滇氛，泛宅数载，自后复归草堂，定经诠，辑闲吟。迄壬申而先子奄背，敔仅固遗书于屋右个，而火灾虫蚀之害，其惊震怵惕者不一次也。因聚徒课业于其中。迄敔年六十，从游者数十人，醵金为余寿。余受其金授子婿曾生重建草堂，易瓦以苇，支椽以栌，炼砖以砌。敔年老病羸，以余年读书于其中，而从游之有志及戚友有力者，续捐赀刊先子遗书数种，藏板于右阁。敔手植刺松、侧柏、红梅、碧桃等树成荫，篔筜幽篁成林，而草堂益为都里所共式。逮敔年七十，诸生复醵金如旧，为余刊《小草》百篇。《小草》者，先后所成时艺。此不足传而愚之不却者，亦以诸君始终培植草堂之意不可忘也。余尝至黄州，见王公讳禹偁之所作记之竹楼，今千余年矣，仍岿然一竹楼。岂有此不蛀不坏之竹楼乎？亦存乎人心之不没不朽而已！故举一竹楼，而其他为名贤之遗迹不可胜举，岂非人有同情，有陶令之吾爱吾庐而人亦爱其庐焉！但念徐文长诗云："门前几竿青青竹，禁得倪们几斧斤。"今敔七十有五矣，盼新竹之娟娟，而恐放其良心者，亦如牛山之旦旦而召斧斤也。拔毫为文，付诸子孙，读之者当如读鸣鸠而三复也！是为记。

又记

王嘉璋

尝见桑田变迁，不足为达人所系恋，因其地之珍重而系恋之，作为文以贻后人，则不得视为具文也。余今读蕉畦公草堂记，而知草堂之宜世守，盖亦言之谆谆矣。虽然，不待蕉畦公言之，抑船山高祖先自言之矣。曾见于残篇得与李治尹夜话句云："闲宵半吐伤心字，他年莫问草堂荒。"固不恃其可知者于人，而听其不可知者于天。然未尝不冀天在人中，不自泯殁。讵意蕉畦见背，芸者继亡（芸者为蕉畦长子，早死无后，谱牒中有墓志一首，甚惋惜之），房内兄弟，互相管守（初属武昭公分授，继系文明公接买），越及今日，竟属豪右。族内故交，闻者莫不伤叹。璋父不忍先人遗迹一旦坐视泯灭，奋然称贷，故旧王仲孺、朱继舆向豪赎回屋宇及周围园土、上下堰塘，虽家贫力薄，田不及管，而微存遗迹，如睹商山而知四皓，仰首阳而识孤竹。后之子孙尚庶几有思继绪不忘者也。时续修家谱，纂辑家型而及此，故谨识之于右。

又记

王承佺

湘西草堂者，乃船山祖著述之旧地也。所遗田塘山岭，陆续典卖，几无复有存也。幸赖其旋公出，多方筹画，向人赎回，重加修葺，以授后嗣管业。于嘉庆癸酉、乙亥两载，振扬、惟学兄弟出售与蓄园祖四房后裔，公作祠堂，颜其额曰船山祠。然先人之遗迹虽复，而前后两契约二百余金，其何以取资焉？于是共商设策，旋将各处祀产出典与人，以楚契价。倏遭房内不轨之辈，强踞屋宇，而山林田土日以损伤，俎豆馨香日以泯灭，此诚人人之所共愤者也。迨孟冬挂扫，佺至其地，不禁恻然而心伤。遂于道光四年甲申岁，纠合房众，呈请县宪帅，蒙准示禁。即经族戚邹致远及天禄王培元理论，比退另佃，复修祠宇，重立祭祀，永禁山林。后世子孙，有能念先人之草堂者，尚其培护之哉！六代孙承佺述。

墨西按：上记三篇，阅之可知清道光以前湘西草堂之大概，而以王敔一记，尤为明晰。敔为船山季子，亦清康熙时衡阳宿儒，凡船山道义之能显于时，与其著作之能传于后，皆由敔所致力。船山晚年，敔筑"蕉畦室"于草堂之侧，课徒养亲，从游者称蕉畦先生。船山殁后，草堂被灾，敔重建之，记中所谓易瓦以葺、炼砖以砌，是也。及蕉畦室亦被灾，敔遂专居草堂，传仅三世而无出，遂转属他房，又渐转属异姓。王嘉璋记中所谓"蕉畦见背，芸者继亡，房内兄弟，互相管守……越及今日，竟属豪右"，是也。嘉璋，字霜枫（有传录后），为敔兄敳之曾孙，曾佐其父永萦赎回草堂，其记中所以郑重言之，事约在清乾隆四十年之后。永萦字其旋（有一跋录后）。故王承佺记谓"幸赖其旋公出，多方筹画，向人赎回，重加修葺，以授后嗣管业"，是也。承佺者，船山六世孙，王湘绮《船山传》谓其善事继母，奉叔惟谨，能守其家训，亦船山遗族之良者。其记中复称嘉庆癸酉后，如何转移而作船山祠，如何赎回祠产及修复祠宇、重立祭祀等有关草堂的重要过程，皆约言之。至请禁樵采，又承佺所倡者，时为道光甲申岁。计船山初筑草堂，约在康熙壬子，至尔时已一百五十五年。草堂之变迁，约略如此。

湘西草堂图记

王德兰

湘岳之西，有山名船。先祖船山公依于山麓而居，建土室，署曰湘西草堂，著述毕世。闲观升沉，历二百余年，不禁感慨系之矣！船山公生明末，世居郡城南，避兵氛，跳窜四方，所居无常处。张献忠陷衡，公走岳后莲花峰，伏草舍间。闻父被执，刺肢体往救，父免。返岳峰，始营续梦庵。迨父逝，营厝毕，犹系心明室，驰扈从王，奔窜闽粤，以图恢复。及满清势张，明藩畏逼，退避海澨，势日不振。公抗疏奸邪，几被陷害，遂返斾，一意栖林谷。迨壬辰，孙可望征聘，公因可望挟君戕相，不欲往，乃屏迹幽岩，侨居濗、浯、耶姜、西庄源，栖迟留寓，浪迹所至，人士慕从，公不欲身隐文显。迨顺治庚子，更自岳阴之金兰乡，卜居于茱萸堂，初造小舍名败叶庐。居十秋，因林塘小曲，于南窗外筑观生居。越六载（王敔湘西草堂记，称船山于庚子徙居茱萸堂，初造败叶庐，继筑观生居，共居十二年。此记称造败叶庐居十秋，于南窗外筑观生居，越六载，是共居十六年矣，与王敔所说十二年之数不符。大约王敔以泛宅数载属筑湘西草堂之前，而德兰以之属筑湘西草堂之后耳），再徙于湘西草堂，于此笺注终年，栖迟以老，计历寒暑十有七稔矣。公存时，其子虎止公筑蕉畦于其侧，示生徒经业；公殁后，虎止公因蕉畦被焚，旋居草堂，诵读其间，且醵金修葺，宜乎地以人传，名迹不朽。居无何，茱萸败叶，颓废无迹，观生居仅存故址；区区此地，前人所纪，初系虎止公分受，至孙武昭公转售文明公。公子六吉兄弟，因家业萧索，挈眷长安，将屋宇田塘售与刘首固。时其旋公不忍先人著述之所属他人，率子奉莪控县辕。县令曹公断退塘屋，田园未备原价，欲赎未果，刘恐后累，转售朱姓。咸丰辛酉，朱炳恒戕伐堑树肇讼，经县宪林断回田四亩，书有捐契，并详载案牍，子孙永不得典卖。噫！式微凌替，不敢回思。幸赖重道崇儒之宪令，得保全先人之遗址，以贻来兹。今者，海甸馨香，朝野矜式。风人才士，访名迹而特献诗歌；搢绅先生，慕道德而敬将蘩苹。兹值族谱编辑，右列图式，视枫马绿竹，上下阴翳；绿村溪水，前后映带；东岳石船，屏障左右；刺松侧柏，青葱四时。船祖虽言其俗不知琴书之号，而论其地亦聊足供幽人之趣。上稽轶事，演为图说，亦犹读竹楼兰亭之序，知缔造不朽，颂峋嵝岘山之碑，识古迹长存。余不揣固陋，握管胪陈，愿云礽景仰,共知守之勿替云耳!民国二年癸丑仲夏月八世孙德兰撰。

墨西按:阅上录三记,知草堂虽由王其旋赎回,然只赎回屋宇及园塘,而田犹未赎回也。阅此图记,知附草堂之田,初由王售刘,继由刘售朱。至清咸丰十一年,因朱砍伐堑树肇讼,经衡阳县令林廷式断归草堂田四亩,由朱书立捐契存案,并王氏子孙永不得典卖。于是草堂屋田复完,直至清末而无变更。此又言湘西草堂沿革者,所不可不知也。

湘西草堂题额跋

李顺翼

乾隆岁次乙卯季夏月吉旦,恭庆旋翁先生重修草堂并八秩晋一荣寿

湘西草堂(横书四大字)

旋翁老戚台乃船山先生之令曾孙也。船山明壬午孝廉,研精理学,博通经史,构草堂著书充栋。制军李屡造庐焉,题其额曰湘西草堂,志不朽也。传今百有余岁,不无栋折榱崩。翁曰:有举莫废,古志之矣。遂复修之,焕然一新,落成之时,适当翁八秩晋一之辰,众戚友拟新原额称祝,而属余书后。余谓以翁之纯孝,光大先人之遗泽,固可寿之百世而继述之,善其休声,尤与湘水同流,衍于无涯,又奚假谀词,漫诩善颂而善祷也!

丙午科举人大挑儒学教谕年家眷戚晚生李顺翼顿首跋

墨西按:此额此跋,余在草堂所目击,就而录出。第

一行为上款,中横列"湘西草堂"四大字,下为跋语及下款。所谓旋翁,名永翚,字其旋,船山曾孙也。其就祖宗之堂额,庆子孙之寿辰,事殊不伦。而跋中"制军李屡造庐焉,题其额曰湘西草堂"等语,此处又绝无根据。以船山之高洁,生平不接清室贵人,何得有李制军造庐之事?草堂名本船山所自定,何得谓为李制军所题?殆以事隔百余年,传闻本多失实,遂以齐东野人之语,谬为引证,而不察其真伪乎!然额为乾隆乙卯所题,乙卯为乾隆六十年,距今又百五六十年矣。余所见草堂故物,除玉音遗像外,仅有此额。且其旋之于草堂,又有收复再造之功,虽李顺翼一跋,词多可笑,欲明了草堂沿革,其中亦有不可废之言焉。

霜枫公传

刘贵举

公姓王氏,讳嘉璋,字奉峨,号霜枫,郡庠生。先世详家乘中。高祖船山先生,以理学节义名天下。曾祖讳敔,号蓄园,国初处士。祖生苍,邑文学。父永翚,字其旋,生子二,公居长,承先代遗泽,耽志诗书,弱冠后补弟子员。其旋翁念门祚衰薄,祖宗邱墓之墟有为人侵夺者,毅然以恢复为己任。公遂先意承志,竭力以佐之。东洲王衙山先坟垒垒,被豪强盗葬,并混占祀产,讼经十余载,始返其田、扦其棺,而茔屹然以安,其旋公得无遗恨焉。又湘西草堂,为船山先生著书所,田墉稍裕,考槃自足,叔曾祖蕉畦先生席其旧。迨乾隆年间,有暗售他姓已成。其旋翁闻之,讼于县,以原值赎回草堂并塘一口,田则有待。既而草堂就圮，公与父商，重构之焕然一新。蕉畦房孙支凋谢，数代神主尽置公庄，其旋翁黯然神伤，命公迎归草堂奉祀，今则属蓄园公房，为船山祠，实旋翁父子挽回之力也。而岳后双髻峰下有续梦庵，船山避兵读书处，失管数十年。迩来仍返故主，亦公之力居多。草堂既成，旋翁因曾太母已逝，鳏居寂寞，爰率一二童孙，栖息草堂，优游以娱晚景。公亦课读其中，得时亲色笑。旋翁八十一诞辰，咸友新其原额，而跋其后以志祝。维时堂前鹤发，膝下采衣，真有天伦自得之趣。越一二载，旋翁精神疲矣，公宛曲劝返竹花园，左右就养，扶持抑搔，罔有不谨。旋翁寿八十四终，扶榇归王衙山，丧葬尽礼。……子媚邑庠生。

刘贵举敬撰

墨西按：王敔以下各篇，皆从王氏五修族谱录出，其旋、霜枫父子，于湘西草堂沿革，皆有重要关系，故于录湘西草堂记及图记之后，兼录此父子两人一跋一传云。

清官府保护船山故居禁令

（一）衡阳县知县林廷式告示

照得邑乡贤王船山孝廉，明季隐居九都一区，筑湘西草堂，著述三十余年，集凡百几十卷；学宗张横渠，洵楚南之儒宗，非仅为蒸湘之哲匠也。殁葬高陵町，子孙即其草堂为祠，祠前历有祀田十余亩，环植竹树。讵后裔式微，不克负荷，陆续将田典卖与朱姓，余存无几，不足供祭祀及修祠之用。而朱姓身列成均，罔识崇敬名儒，非但谋买，尤肆侵伐。据王梦祥等呈控，经批示票奉，兹据邹鼎臣等以颁示保祠等事具禀前来。查盗卖祀产，大干例禁，知情谋买，应与同罪，除催集究追外，合亟示谕。为此，示仰王姓族裔及该处士民人等知悉：尔等须知，祖有遗泽，全赖子姓护培；乡有前贤，实为间里矩矱。嗣后乡贤祠墓祀田树竹等项，务宜共相保护，倘敢再行盗卖侵伐，定从重治罪，决不宽宥。仍由该处公正绅耆等查明原置祀田若干，盗卖若干，现存若干，田亩是何丘段，佃户是何姓名，逐一开具清单，呈候照例分别着追，另派妥人经管，慎勿徇延，是为至要。切切，特示。咸丰十一年八月□日示。

（二）衡阳县王知县告示

出示严禁事。案奉巡宪谭札开，案据该县附生王绍先、王之端等以先人故址恳颁示禁事。禀称：窃先祖姜斋公始隐南岳之双髻峰，终居蒸左之石船山，筑土室曰湘西草堂，盖先祖著书处也。其后即因以为祠堂，背有山，山侧有一堰水环绕而下。每当春涨之时，堰或冲溃，乡人辄就该山取土筑堰。奈生等寡弱，理谕之固不听，力阻之而取土者凶势焰焰，几酿巨测。年复一年，该山挖去大半，界基颓废，周垣倾圮，蔓草荒烟，郁愁无极。过而访者，莫不感慨系之。伏念先祖品行学问忠孝廉洁，至今啧啧人口而未能已。崇祀乡贤，入祀两庑，国家之褒赏也爰若，则其旧庐遗迹，当亦如柳下惠之垄而不许人樵采者。乃乡人无知，不存公心，图彼私便，挖数仞之山，塞一港之水，虽风水之说，儒者不言，而于国家尊贤之典，则大相悖谬矣。至先祖所厝葬之虎形山，距草堂八里许，荫翳林木，历年被人砍伐，虽年经宪台筑庐置田，而盗砍强伐者毕竟不免。在宪台尊崇儒学，为乡贤发潜德之幽光，而生等悉属支裔，先人故址，坐视侵蚀，其何以体宪德乎？兹并禀明，是否允协，磕恩批饬衡州府札行衡阳县出示禁止，勒石刊碑，发房存案，保全乡祠之墓土，培植古坟之树林，上以永杯圈之留遗，下以起桑梓之恭敬，实为德便。上禀等情。据此，除批禀悉，查姜斋先生为一代名儒，其故居坟墓所在，理宜护惜，以示尊崇。候如禀札饬衡阳县分别存案示禁，该生并将县示刊立碑石，永资遵守，此批牌示外，合行札饬，札到该县，即便遵照分别存案示禁，以资尊崇，毋违。此札。等因奉此，除饬房存案外，合行出示严禁，为此仰该处附近居民人等知悉：尔等须知，姜斋先生为一代名儒，无论何人均应尊敬。其故居坟墓所在，理宜护惜，断不容任意就该处取土筑堰以及砍伐树木，致伤坟茔。自示之后，倘敢仍蹈前辙，一被禀告，定即立予带案，从严惩究，决不轻恕。其各凛遵勿违，特示。宣统元年五月。

（三）衡永郴桂兵备道胡告示

为出示泐碑永禁私挖事。案查衡阳县属洪罗庙九都地方先贤王船山故宅虽废，基址犹存。前此附近居民在该山取土筑堰，经前任道谭札饬衡阳县永远示禁在案。兹本道访闻，该处乡民仍敢于在该山取土筑堰，刨挖泥土，任意损伤，实属玩违禁令。现经委员前往勘明，并据生员王绍先等具控邹春生等毁示强挖各情，已经委员提讯不讳。本应严加惩办，姑念一经委查，即据乡绅及邹姓族长邀集两造，书立封禁字据，声明以后不得再至该山取土，并据邹春生等出具愿遵封禁切结，由该委员禀赍前来，姑宽既往之咎。用特出示,泐碑严禁,以免日久玩生。为此,示仰附近居民人等知悉:须知该山业经永远封禁,无论何人,不准在该山刨挖泥土,并责成团保随时稽查保护。倘该乡民不遵禁令,仍前挖毁,准其指名禀县严拿究办。该团保如敢徇纵,一经查出,并予严究,决不姑容。其各凛遵勿违,切切,特示。宣统二年十月二十日示。

墨西按:上三首文告,皆清官府保护船山故居之事实。此与道光四年甲申衡阳帅令之出示培护船山坟地;光绪三十四年戊申,衡永郴桂谭巡道启瑞之修理船山墓庐(二事皆录在船山坟墓篇),皆可见其尊崇船山之诚意。顾王胡二示之颁布,则在宣统元、二两年,并勒有石碑,立于湘西草堂门首,乃不逾年,而清室遂亡矣。是清室之尊崇船山,实与其国祚相始终,而船山固终身不臣服清室者也。清室犹尊崇如彼,然则中华人民共和国之尊崇船山,并清室而不如,可乎?

湘西草堂题咏

(一) 像赞一首

孝思恬品　霞灿松坚

墨西按:余在湘西草堂,见旧藏船山画像一轴,题此八字为赞,篆文遒劲,确系名手所书。惟八字正中篆"玉音"二字,初昧其由,询其嗣人亦不明了。及阅王氏谱牒,并复查《船山遗书》,见王敔所为《姜斋公行述》,知上四字系明永历帝对船山诏旨有"可见孝思,足征恬品"两语。故王敔从而节出此句,下句虽未见有何记载,然与上句同称"玉音",必系永历与船山另一旨中语无疑。且知此像当为王敔所制,今传至三百年,自宜珍重,已嘱其遗族新加装裱,妥慎保存矣。

(二) 船山自题画像念奴娇词一首

孤灯无赖,向颓墙破壁,为余出丑。秋水蜻蜓无着处,全现败荷衰柳,画里圈叉,图中黑白,欲说原无有。只应笑我,杜鹃啼到春后。

当日落魄苍梧,云暗天低,准拟藏衰朽。断岭斜阳枯树底,更与行监坐守。勾搭指天,霜丝拂项,皂帽仍粘首。问君去日,有人还似君否?

(三) 扁额四字并跋

岳衡仰止

衡山王船山先生,国朝大儒也。经学而外,著述等身,不惟行谊介特,足立顽懦。新化邓学博来金陵节署,言其后嗣谋梓遗书。喜贤者之后,克绍家声,因题额以寄。

道光十八年四月望总督两江使者前翰林院编修安化后学陶澍敬题

(四) 楹联六首

天下士非一乡之士,人伦师亦百世之师。

安化后学陶澍敬题

气凌衡岳九千丈,心托离骚廿五篇。

道光二十五年夏六月谷旦寿阳祁寯藻敬题

痛哭西台,当年航海君臣,知己犹余瞿相国;
羁栖南岳,此后名山述作,同声惟许顾亭林。

道光乙巳夏六月后学钱塘许乃普敬书

自抱孤忠悲越石，群推正学接横渠。

而农先生几筵，不能窥之万一。谨节录先生自铭语以为献。道光壬寅六月既望长沙后学唐鉴敬题并书

忠希越石，学绍横渠，在当年立说著书，早定千秋事业；

身隐山林，名传史乘，到今日征文考献，允推百世儒宗。

咸丰八年夏卓异升用府知衡阳县事后学林廷式谨识

自滇池八百里而下，潇湘泛艇，岣嵝寻碑，名迹访姜斋，风月湖山千古；

孕衡岳七二峰之灵，挥尘谈兵，植槐卜相，雄才张楚国，文章经济一家。

南皮后学张之洞拜撰并书

墨西按：草堂旧有上项额联，皆题者亲书寄献，情辞既挚，字亦可珍。顾今日堂中原物，只字不见，殊可叹息。惟清光绪中，衡阳程穌祥曾钩摹陶额及陶、祁、许、唐四联，另刊坚木，悬于长沙前衡清试馆船山祠中。事又六十余年矣！长沙屡经兵燹，余已廿年未入斯祠，未知程氏所制，犹有存在否耳。

（五）长沙前思贤讲舍船山祠联一首

笺疏训诂，六经于易尤尊，阐羲文周孔之遗，汉宋诸

儒齐退听；

节义词章，终身以道为准，继濂洛关闽而后，元明两代一先生。

墨西按：思贤讲舍者，清光绪中，湖南绅商捐资课士之所，性质等于今之私立学校，膏火之优，仅亚于当时官立校经堂。主持者为郭侍郎嵩焘。郭生平最崇拜船山。思贤者，思船山也。因于讲舍中建祠祀之。右联为郭特撰，并书悬于祠中。余六十四年前曾肄业讲舍，故能终身诵之。鼎革之后，此联想已无存，惟郭在清时，有书家第一之称，此联万一或能寻求，亦文委会所宜保存之物也。

（六）墨西拟联

湘水衡云留正气，楚辞孤竹证同心。

（七）补录王闿运衡阳东洲船山书院联一首

海疆归日启文场，须知回雁传经，南岳万年扶正统；

石鼓宗风承宋派，更与重华敷祍，成均九奏协箫韶。

墨西按：此联系用彭刚直名义，故首句云云。东洲船山书院，本刚直积资所成也。

诗五首

（一）壬午游湘西草堂有感而作

老屋三间丹垩新，先贤前此久栖身。

叹嗟今日风光换，想见当年著述频。

甲子自书陶靖节，庚寅谁吊楚灵均。

我来无限蓁荟慕，欲向船山荐藻萍。

后学常大淳拜题

(二) 游湘西草堂

孤忠自抱在衡湘,劫后惟余一草堂。
枫马至今悲故国,石船何故卧斜阳?
满山云影迎愁乱,几处波声送恨长。
莫道西台堪痛哭,眼前事物有沧桑。

光绪乙卯夏后学夏绍笙题

(三) 湘西草堂题壁

知公誓不帝秦皇,万劫犹留一草堂。
抗节气凌衡岳峻,著书声托芷兰香。
石船照澈前朝月,枫马凋残故国霜。
今古无端兴废感,停辀搔首立斜阳。

民国辛未冬后学渌江张翰仪敬题

(四) 前题次韵

先生有道出羲皇,想见当年卧草堂。
一代文章宗国泪,两朝禾黍故宫香。
要将正学留天地,独抱孤忠抗雪霜。
明社已墟遗迹在,石船枫马向残阳。

民国辛未后学古罗吴英锐敬题

(五) 甲午仲冬访船山故居湘西草堂枨触余怀感而赋此

各贤故址剩空垣,护宅双碑枉在门。
枫马石船皆冷落,玉音遗象仅留存。
释骚不断怀沙泪,录实难招永历魂。
美富宫墙行就圮,顾瞻那忍默无言。

同邑后学陈墨西敬识

湘西草堂之现状

草堂自王其旋父子于乾隆中从刘姓赎回,并加修理,其后嗣继奉为船山祠,不复为何房所私有。又自清咸丰辛酉,衡阳林令判回祀田,于是祠产复完。由尔时迄清末,更于清末迄解放以前。近百年来,祠中或有人看守,或无人看守,或由佃人居住,或由遗族居住,未有固定,而大体无甚变更。解放后,于一九五〇年废保为乡,分现今竹花乡地为枫马、石船两乡,并于草堂内设立枫马乡乡政府,草堂不啻无形消灭。迨一九五一年春,初期土改,迳将草堂房屋田地改属李姓。而船山之草堂,在此一时期已告寿终正寝矣。幸一九五二年下期,土改复查,又将草堂房屋及田地之大部分收回公有,犹保留船山祠及湘西草堂之名。又合并枫马、石船二乡为一,易名为竹花乡,将乡政府迁于附近之邹氏宗祠,另以田宅分授李姓,此又草堂最近最大之沿革也。顾草堂虽存,已非解放以前之旧。堑树素多,剪伐已尽。老枫孤立,伏马不嘶(草堂左侧有老枫,其根突出形似伏马,故曰枫马)。画像空留,已伤鼠啮(语详题咏篇)。名人题赠,片木无存。老屋三间,壁上犹署船山祠三字,门左竖立二石碑,即刊清吏保护祠宇之文告者。堂内孤悬一额,即湘西草堂旧额而附寿王其旋之跋者以外,草堂旧物,一无所见。如此凄凉景象,又不得谓非作两年乡政府所造成(原提案中以原枫马乡政府为竹花乡政府,实系传闻之误)。以名贤之故居,遇非常之毁损,鄙人身负言责,素有所闻,所以特在省人民代表大会提案,请求恢复保护。其如何执行议案,则不能不深赖贤明地方政府矣！一九五四年十二月二十五日特识。

略述当地各界对船山故居之意见

鄙人以征求船山故居材料，于本月二日，在衡阳县第十区区公所召集当地父老、文教部门、船山遗族及行政干部开一座谈会，到者共三十人。首由鄙人报告谈话要旨，略谓："我前在省人民代表大会提出，请求恢复船山先生湘西草堂故址，并饬地方永远保护一案，经大会交省人民政府转衡阳县人民政府处理。此次由省文物管理委员会函请我提供船山故居沿革的具体材料，故我今天特邀请诸君前来谈话。我现提供三点，要请诸君讨论：（一）对船山故居沿革，请各举所知，详细告我；（二）对船山故居之恢复与保护，诸君如有意见，可提出以供政府参考；（三）船山遗迹遗著，闻秘藏于衡阳各处尚多，奉请诸君商酌办法，劝令献出，归国家永远保存，事尤重要。凡此三点，希即商得有效办法，以便我回复省文委会，转呈上级处理为荷，云云。余报告毕，全场发言甚多，理论勿庸具述。

结果，第一点，由船山遗族王荫林交出《邗江王氏五修族谱》两大本，对草堂沿革登载颇详。第二点，全场对政府之决定恢复保护船山故居，同声感颂。惟决定："由区公所通知竹花乡乡政府，将现居湘西草堂之李姓从速迁出，责令船山遗族保管，后山树竹，严禁砍伐，新开荒土，尽行收回，以植树竹，期复从前茂林修竹之旧。"此系为政府所可采者。第三点，搜集船山遗物遗著，决议除遗族所藏应自动献出外，其全区各家之搜求，以学区为单位，由三中心小学校长具体负责，通知各乡校校长，并向学生试探，询其家长有无此项旧藏，如得有线索，即联合多人劝导献出。进行以半月为限，定月之十八日，三中心小学校长至区公所会议，将得到之件暂交十区公所保管，由区公所于二十一日通知鄙人，以凭转报，当日议定如是。鄙人于月十五日又函致十区公所及船山遗族，嘱其对此事之注意。今逾二十一之期，业已数日，犹未见两处有何消息，大约前项议条，已无结果矣。此事如欲发生效力，尚非另设特别办法不可，应请政府主持为幸。一九五四年十二月二十六日。

对保护船山故居之意见

一、船山乡名不宜轻废也。名贤居留之地，地与人即共同不朽。尊重名贤者，称名贤常称其地而不称其名，然称其地即知属其人矣。如船山，地也，仅举船山二字，人即知为船山先生，而不以为石船山也。是船山之地与人名，已合为一而不可分离。衡阳设镇之时，称船山镇者约二十年；改乡之时，称船山乡者又十余年。乃缩小乡镇范围时，竟将船山乡名取消，改名曰竹花乡。此虽因竹花园亦系船山故居，遂根据而有此改易。然而竹花乡之名，本乡以外，知者殊少。若船山二字，声誉所播，则上溯三百年，远遍全中国，竟以此易彼，宁非轻重颠倒乎？应请将竹花乡之名，仍恢复为船山乡，庶乎名正言顺矣。

二、竹花、曲澜两乡应合并为一也。湘西草堂及最先船山故居，均属今竹花乡地。船山坟墓则在曲澜乡之大罗山，两地相隔约七八里，分为两乡，则各占船山重要部分之半，仅称竹花乡为船山乡，犹觉有所偏枯，若合两乡为一,称之为船山乡,则名实皆符矣。且两乡之地,合并之亦不过十余里,全县之中,一乡之地逾十里者尚多有之,不能谓此乡之区域过大也。况即合并之后,较前此之船山乡尚小十余倍乎!故鄙意以合并为是。

三、恢复湘西草堂宜扩充建筑也。草堂仅简陋之古屋三间耳,今由公家定作永远纪念船山之地,自非新加建筑,不足以崇观瞻,至建筑应由何种方式进行,尚非省文委会派员审查后不能预拟。惟舆论亦有可以参考者:本月二日开座谈会时,桐梓坪中心小学万校长云桂提议,将竹花乡乡校迁入草堂(该校现有校舍不敷用),似乎亦可。然即作小学,亦非草堂现有房屋所能容纳,且不能喧宾夺主,故当时未将此案决议,仍待政府将来定夺耳。

四、船山墓庐附近宜成立一船山图书馆也。文化之发展,以图书馆为重要机构。中央人民政府前有表示,欲使全国各乡皆有图书馆、博物馆成立,意至美也。而事实竟有与此相反者,如以衡阳县区域之广,人口之多,乃无一图书馆存在,博物馆更无论矣。鄙人曾在省人民代表大会提出全省新成立各县,须克期成立一图书馆之案,意因衡阳县原有之图书馆,已为衡阳市与衡南县分去,故衡阳县无之。欲大会交下此案俾新分治之衡阳县,亦能从速成立图书馆也。不意大会竟将此案交省人民政府参考,而不交省府执行,所以衡阳县无图书馆如故,鄙人不胜太息。船山本衡阳唯一模范人物,今能于船山墓庐成立一图书馆,则所以资观感而兴起者,岂不大而远乎!祈政府即加察核为幸。一九五四年十二月二十七日。

第二部分　　船山坟墓

大罗山图记

王德兰

在衡阳县九都高节里。大罗山起顶蜿蜒而下,到头过峡;起峦头右边,侧出水木体结穴,即船山祖之坟墓在焉。左右护砂,包罗盘结,下关外砂重重,前面河水环绕,朝对诸峰罗列。其山在前清初,船山祖系买朱姓,契载自高脊来脉,骑仑分水为界,至峦头下首右边护砂,凭分水与王建六裔石碑为界;左边上首自高脊至庄屋后茶子山骑干基分水为界,直下至山脚止。除蒋家庄屋后山咀一截,左护砂侧□下田塘外,余无花间。该山上首岭脊下□心内庄屋右边□下,有田数号,塘一口,山脚墓庐门首三角圸正垅田一号。合上计种六斗,为船山公祠祀产。粮在王锡福庄当纳,后嗣不得典卖。前清光绪间,观察谭启瑞修整墓庐,祀粟主其中,发人看守,置墓田六七亩,以作每年祭费及香灯看守之资,属上宪重道崇贤之雅意云耳。民国六年秋船山八世孙德兰谨记。

衡阳帅县令保护船山坟墓告示

本年十月八日,据王承佺、美三、振扬、位登等呈请,恭惟熙朝,崇儒重道,稽古右文。凡兹念典之儒,群沾恺惠,在昔好修之士,亦荷殊恩。民祖夫之号船山,学不干禄,志在传经,蘧躬未习于鞶掌,珥笔思补于徽猷,崇祀乡贤,记载史乘,构书屋于僻静之处,颜曰湘西草堂。由草堂而南，纡徐数里，峦峰回合，森木阴翳，船祖之坟墓在焉。家鲜象贤之嗣，无能负荷析薪；室仍瓢饮之风，乃复远游异地。遂致樵采恣行，豪强侵侮，墓缺乔松，屋无完槛。民等每经祭扫，辄讶凋残，惨焉心伤，潸然泪出，望先茔而绵邈，几莫保一抔之坟，邀邻右以咨询，谓宜悬三尺之法。民等仰体宪德，敢坏祖风，窃思讼则终凶，惟洒泪于颓垣荒草；又念礼不亡本，恐贻恫于幽窀潜扃。兹幸乡先生笃师友世谊，嘉惠先茔，出力培护，只得泣恳垂念斯文一脉。当准示禁，锡以煌煌宪令，丕警凶徒，勒诸灿灿贞珉，长存德泽，庶采樵永扞，保柳墓于千秋。榷桷常留，绵书香于一线。尘泉共赖，衔揭曷穷。上禀等情，并据士绅常大淳、陈玉清、黄正心、常大湘、刘学先、伍桂、陈品鹤、胡畑、刘流荣、欧阳庄、常英藩、王心等禀，同前由。据此，除批示外，合行出示严禁。为此示，仰该处保甲及居民人等知悉，查高陂町山场，以葬王先孺坟墓，理宜培护，其坟地一切树薪，不得肆行樵采。自示以后，倘有故违，一经查实，许其随时具禀，以凭究处。各宜凛遵毋违。特示。道光四年十二月。

对船山坟墓之陈述

余之谒船山墓，系与赴湘西草堂同日（一九五四年十二月一日），赴草堂在午后，谒墓犹在午前。墓地旧属衡阳九都金兰乡高节里，一称高陂町，今属十区曲兰（县志作澜）乡，距湘西草堂约八里。由曲兰西北行三里，至草堂；东南行五里，则至大罗山墓地。墓系东向，前临大路，白马水环之，树木成丛，风景优美。循路下山，稍左，墓庐在焉，为清光绪戊申年，衡永郴桂谭巡道启瑞所重修。房屋五间，谭题额曰："明王行人之墓庐"。今为船山遗族王迪光兄弟三户所居。惟墓道久未修理，墓址亦不稳固，神道等碑未见竖立。墓上刻石字已模糊。尊重名贤，似不宜熟视无睹。昔展季之垅，樵苏有刑；信陵之坟，守卫不缺。凡保护名人墓地，历史先例极多，况船山之贤，实足侪乎展禽，超乎无忌耶？则船山坟墓之应保护，又何疑乎！本省名胜古迹保护暂行办法第二条第二项云："凡有关革命历史文化之陵墓碑表（如古代著名陵墓及革命烈士坟墓之类）及其附属物，皆应保护。"船山之学说，处处见革命精神，满清之覆亡，大都为船山教育之推动。

是船山不仅为一大哲学家，实一革命文学家。则根据本省法令，而船山坟墓亦不能不保护矣。

余最近接湖大教授马宗霍来函，略称"先生提议恢复湘西草堂，某极表同情，不惟草堂，即高节里大罗山船山所葬之地，某十余年前亲往拜谒，顾墓庐虽存，墓地已有崩剥之象，其时某尝向当道谈及，请加整饬，竟无注存之者。此次若得与草堂同加修理，则一举两成，尤胜事也"云云。此外以口头向余申说，并劝余再提此案者尚多，难以具述。是征诸一般舆论，船山坟墓亦宜修理也。

余谒墓时，闻船山遗族云："在翁未提议案恢复草堂之前，省文物管理委员会曾派员来此察勘，已有修理船山坟墓之拟议，惟未明白宣布耳。"是省文委会早知此事之应兴办，当有具体计划，不日实现，又可断言矣。余提案请恢复湘西草堂时，并未提及修理坟墓，初由未明坟墓情状之故，现既明了情形，觉此非为一人之事，在势必须并行,两地又相距不远,自可并为一案办理,由文委会设计报明上级处理时,添此一层,必被核准,即可图功,以餍众望,此吾对船山坟墓之拟议也。

船山墓上刻王湘绮联二首,一曰:"前朝干净土,高节大罗山";一曰:"世臣乔木千年屋,南国儒林第一人"。二联写尽船山生平,非湘绮不能道也,惟刻字完全漫漶,非有家乘载此,几不知墓上有此二联矣。

近人张翰仪亦有墓联一首,题于墓庐,曰:"故国剩金碗玉鱼,青冢独崇高节里;遗迹览石船枫马,丹心长照大罗天。"亦有意义,然较王联,逊之远矣。坟上无他文字,余拟题墓七律一首,附录于后,诗曰:"坚贞西北推孙李,宏博东南数顾黄。桨涧各修千古业,姜斋实集四贤长。大罗撮土辉南国,高节遗民类首阳。七尺虽埋人永活,年年天许荐馨香。"款曰:甲午仲冬谒高节里大罗山王船山先生墓,同邑后学陈墨西敬题。上诗请当代大诗家教正之。

船山残稿题跋五种案记

右题跋五则,为九年前友人姚子仙所抄示,余曾编入《衡阳文献》中,兹将录附船山学术篇后。用见船山手泽,虽残纸只字,人人皆珍若拱璧。更由姚氏之说,又可见证船山遗著,秘藏衡阳各地者,必犹甚多,但藏者每不肯承认耳。以余所闻,尚有数处藏有船山手稿残本,现正函托友人代谋,均未得到答复。或藏者之态度,亦如姚氏所说之刘安世乎。安世之先人,即王湘绮传船山末所称手录船山书数十万言藏于家之刘介之。今姚氏已亡,介绍姚、刘相晤之王、曾二君亦故。安世是否犹存，余尚不知。其人即存，或因他变将原书毁坏，亦不可知。若人书皆犹无恙，拟俟省文委会派员来此调查时，合力宣布政府之德意，或可设法取出。如果有效，则船山遗族及他家之所秘藏，亦将不致于沉埋矣。一九五四年十二月二十八日。

附：衡阳马宗霍先生承教录所问各点具答予下

一、船山学社向未参加，现存几人，无从探问。前岁船山先生生日，曾举行祭典一次，某亦被要与祭典，后亦未得通知，不审尚举行否？

二、船山遗书，上海太平洋书屋有排印本，现金陵刻本，多古诗、唐诗、明诗评选及湘宗络索数种，此亦旧有单行本，非别得秘抄也。某往者尝获见邵阳曾氏所藏船山五世从孙手抄船山《读通鉴论》《宋论》《春秋家说》《春秋世论》原稿。凡金陵刻本之缺字、讳字、脱落之字皆在，其异同之处亦多，疑为邓湘皋校刻时，邹汉勋所窜改。玩味原文，实视改本为胜。某当即借得对雠，识以朱笔，观止从事辑录，别成校记，拟付印行，庶船山此数书真面目，沉霾三百余年者，得与海内共见。

三、船山为吾乡先贤，其著作之多，识见之卓，思想之伟大，实在顾、黄之上。旧有刘毓崧、王之春两人所作年谱，皆不能得全，颇欲重撰一编。虽不敢望白田之谱晦庵，或庶几石洲之谱顾阁。然蓄意虽久，迄未著笔，盖惧夫学力不副也。

四、省文委会曾得船山《宋论》手稿数纸，确为真迹？乃知南岳图书馆前所印行之船山手书，实传写之本。非其真也。

附：关于王船山故址处理意见的覆函①

你局②一九五五年二月十八日（55）文社字第三〇四号函收悉，省人民代表大会代表陈墨西先生为纪念王船山提出的一些建议，我们除同意你局的处理意见，即船山墓庐附近文化不算发达，目前无条件成立图书馆，可将今年新成立的衡阳市图书馆更名为船山图书馆，作为纪念，湘西草堂暂无扩大建筑的必要外。至于竹花乡与曲兰乡（即所称曲兰乡）合并问题，因该两乡户数人口过多，不宜合并（普选人口调查时，竹花乡有九百七十四户，三千六百七十八人；曲兰乡有六百四十二户，二千五百七十一人）。惟竹花乡名称在征得当地群众的同意后，可改名为船山乡。

湖南省人民政府
一九五五年三月十一日

---

① 据湖南省档案馆有关档案辑。1954年8月，陈墨西先生在湖南省第一届人民代表大会上提出"保护船山故址"提案，被登记为"五五八"号。提案受理单位省文化局作出处理意见，并向省人民政府汇报。"关于王船山故址处理意见的覆函"，是省人民政府对省文化局的回复。

② 湖南省文化局。

一九五五年上期视察工作报告[①]

湖南省人民委员会公鉴：

我于本年六月七日接到衡阳县人民委员会转来您会五月二十五日发出的电报，内容系您会根据全国人民代表大会常务委员会最近决定，请全国人民代表大会的代表，抽出时间到原选举区、或原籍、或其他地区视察人民实况的精神。您会因于五月二十日第五次会议决定，请本省人民代表大会的代表同样进行这种视察，并将把这种视察作为国家领导机关联系群众，调查研究的一种定期工作制度，以便正确地、及时地了解和反映各地人民的意见和要求，更好地贯彻国家的各项政策。您会这种决定真是力赞中枢，勤求民瘼，沟通上下，联为一家，实在是中华人民共和国政府绝好的措施。

我本人接到这个电报，忠心极表赞同，极端拥护。就我的年龄来说，本可依照您会电文的指示，年老体弱及确实不能离开工作的代表，可不参加。但我有种种的理由，决不能置身事外，请先对您会加以说明。

（一）我虽年近九旬，除两足无力，路逾一里，即非舆行外，然耳目心思犹未全废，起居饮食，幸复如恒。仅坐论所见所闻，尚非不可能的事。

（二）我虽有省文史研究馆馆员的名义，政府并未责我以职务，惟安息家庭，坐食月薪等国老之养于上庠，此

[①] 据湖南省档案馆有关档案辑。

身仅有空间,不比其他代表之难离工作本位。

(三)衡阳县区共选出省人民代表大会代表七人,有五人原非衡阳县籍,现均不在衡阳工作,与衡阳不发生若何关系。其属于本籍的代表,惟我和屈子健两人。而屈又在衡阳市有重要任务,终年不到衡阳乡村,于农民实际情况亦属隔膜。我若不加入这种视察,则衡阳本县的农村,就没有本籍的代表视察了,这是我心里大不安的。

(四)虽说有别区的代表,可以到衡阳县来视察,但以过客的身份,作短期的观瞻,恐所见不过是走马观花,所闻只等于道听途说。岂若我自解放之期起,迄今已满六年,除三次赴西渡县府开会,两次赴长沙省府开会外,余日皆未离开衡阳乡村。试问我和外来人的见闻,是哪个比较详确呢?

(五)您会这次请省人民代表大会的代表到各地视察,重点在了解和反映各地人民的意见和要求,以便更好地贯彻国家的各项政策,我见您会这一表示,尤感兴奋。因我平日每觉农村实在情况,多少未能上达。如我县去岁上年沿蒸河所遭大水,虽政府已有救济,而山区地带,自去岁九月至今三月,连七月未曾下雨,以致杂粮大大歉收,而报纸上却全无一字登载。可见农村实际情况为中央与地方政府所未了解的。必犹不少得您会这种措施,今后上下可无隔阂。趁此明盛的时期,助泰山增加些土壤,又岂能不响应您会的号召吗?

我有此五项理由,所以,自接到您会的电报后,次日即招致本乡农民分别谈话。初九至十一日三天,便由人扶持,徐徐步行至左右前后近邻,与老农详谈近况。十二日便乘舆到西渡衡阳县府,距舍间约七十里,和他接洽,请他协助。适值衡阳专员公署,请出湖南省人民代表大会的郝胜、屈子健、李震林、彭仰吾四代表前来衡阳县视察,已先行到达。专署对我未来通知,大约是以我已年老,不在参加之列。我系自行响应您会的号召,故对衡阳专署亦拟不去声明。

十二日遂和他们四代表商定,他们视察的地点,由他们四人共同报告,我所视察的地点,由我个人单独报告。于是十三日,他们便赴距西渡十里的阴(英)陂乡视察。我也赴距西渡二十里的台元(源)区(最近以前称为衡阳县第五区)和台元(源)、九市、爱吾三乡视察,共约两日。

十五日仍返西渡,十六日便又和他们四代表在衡阳县府交换视察概况。十七日清晨,他们便由西渡乘汽车去视察衡南县地区了。计他们在衡阳县不过六七日,视察惟在西渡区一个区公所和西渡区(最近以前称为衡阳县第一区)阴(英)陂乡。但是衡阳县有十七个区二百五十三个乡镇。他们大约以为西渡为衡阳县人民政府所在地,可以代表其他二百五十二个乡镇吧!

我于十七日也折转到渣江区(最近以前称为衡阳县第十二区,距西渡五十余里,距舍间却只十二里),途经花江、江山、文昌各乡,顺便视察共约两日。至于渣江区所属白马、官埠两乡,尤与我家逼近,等于同在一乡。其实在情形,固未在这次视察而后知的。

十九日,我由渣江转回我的本区三湖区(最近以前称为衡阳县第十一区,距渣江十二里,距我家二十里),除一区公所接洽外，又视察龟石、福民两乡情形。

二十一日，由区公所返舍，经过鼓峰、碧峰两乡，又绕到永安乡，都有微词。这是我离家九日的纪程，还垫有款项，须要请求开支。不能不叙述明白。至于我的视察报告，则事或在前、或在远、或在后，是不以这九天的见闻为范围的，请您会鉴核为幸。

（一）本年蒸水的概况

衡阳全县皆蒸水（县志称承水）流域，近年连有水患，尤以一九四九年夏和一九五四年夏为最大。然一九四九年大水的时候，衡阳尚未解放，地方实受了严重影响。一九五四年的大水，接连涨了七次，却不久都克服了，影响是很轻微的。解放后这类好处，是人民都能了解而又说服的。今年蒸水河涨水，是在五月二十七八日两天，就是我视察的前半月，在普遍插了秧的后九日。据衡阳县政府的报告，说此次受到损害的田亩，亦复不少。我所视察的地区，上至三湖区龟石渡，下至西渡区附近，迂回八九十里，经过十多个乡都是在蒸水的两岸，所见田亩伤痕不一，大率都已恢复正常。不徒挑沙换泥的工作全已做好，并已补上了秧苗了，间有受损较重田已搞好尚未补秧苗的，那是最少的部分。计自涨水退水和恢复田亩，总共不过半个月，而能表现此种成绩，这可见各乡干部督耕的努力，和互助合作的好处了。

十三日早晨，我和郝、屈等四位代表犹在西渡，已有阴（英）陂的干部赶来向我们代表（队）报告整理受损田亩情形，实在是费力不小。他们乡干部说，是郝、屈四代表同听到的。这是阴（英）陂方面的事。想郝、屈等已有报告到了您会，不必待我复述。但我十九日尚在福民乡视察，蒸河又二次发水，渣江那一天不能过河（渣江石桥去夏被大水冲断，预计明春才能修复），我恐已整理的田亩，复被水伤，幸一日即退，犹无大碍。依我所见，惟花江乡河边有一处水势甚陡，和爱吾乡的第四村地势极低，都是我上说田搞好而未插秧的地方，兹又二次被水淹，田功必难完全恢复，当有少数个别户吃亏的，但决不至牵涉全局。又十六日我和郝、屈四代表在西渡交换视察情况当中，他们也说："蒸河自阴（英）陂以下水道，将来尚有问题。"不知他们对您会有何建议没有？这种水利建设事宜，也是国家的要政。我向来对这个无甚研究，不敢有何意见参加，我只能说明今年的蒸水，不会成灾罢了。这是可就现在的气候来做保证的。去是从十九到今日又有十天，农民又迫切望起雨来了。今年水灾虽可免去，总要不再天旱才有增产丰收的可能。

（二）各区乡统购统销的大概

衡阳县今年在春耕的开始，多数农民即感到粮食恐慌，其主要原因，由于去年全县各区乡镇，普遍减产，春夏雨水过多，山洪泛滥，故沿蒸（武）水低地连遭七次水灾，稻禾损失惨重，而丘陵地区，亦因久雨涝，禾苗成长不正常，害虫尤多，故一般减产到百分之二十以上。而去秋统购时，除沿河灾情较重地点减轻任务外，丘陵地区较常年定产反而增加。故这些地区每人所留口粮，实际上未达到供应指标，至今年五月以后，情形渐趋严重，人人相见，只谈粮食问题，愁苦的声音，随处可以听到，现象如此。因而促成我出发视察的决心，但我在未视察以为，和在既视察之后，时间虽不过一月，认识却完全不同。

由于我久居农村，从不与闻农事，又以艰于步履，未曾轻离家庭，惟特辟一书楼，终日与书报相接（自订《新湖南报》《人民日报》两报），和外人谈话时间甚少，外人来我家亦复寥寥。尤其是乡政府干部人员，他们终日忙碌，总未同我见面，所以他们的工作真相，我全不明白。但自统购统销以后，人人对他们喷有烦言，到今年三四月间，说得更厉害。并不是说统购统销的政策不好，也不是不拥护这种政策，只是说乡干部的作风不好而已。有的说干统购统销工作的，只图完成自己的任务，好邀奖励于上峰，却不管农民的生活，甚至要把主粮购尽而后罢休。有的说，干统购统销工作的人，多从他的本位出发，和他有关系的，或不应供销而供销了；和他有嫌怨的，或应供销而不供销，或应供销而少供销，或应速供销而缓供销。上下其手，惟意所为。更或借他人的名，暗地供销自己这样的事，也常有的。

诸如此类的话头，早填满于我的耳内，我素无具体的考核，便对乡干部不免有了"人云亦云"的批评了。这是我视察前的态度，但我在视察的途中，心理已逐日改变。如上文于恢复沿蒸河被水淹的田，已说明各乡干部课功的迅速，嗣连赴十来乡的乡政府访问，白天都未遇见一主要人在府治事，都只留一通讯员在府应门，问主要人何在，都说是田功正忙，做他们的领导工作去了。有几处是夜晚才和他们谈话的；有几处是在田畔和他们谈话的。这可见兼任乡政府的干部，比普通农人工作更为繁重，其应付普通农人更为困难。他们的受怨话，我悟到是被极少数不良分子所牵累。

所以我在家时，所听到批评乡干部的话，在外面反而无所听到。又觉得这么多洁身而苦的乡干部，正是社会主义过渡时期的基石，不能不特别重视，这是我对乡干部的新认识。

我视察的三个区，是先往台元（源）区的。当我到达的时候，正值秘书在接电话，见他耳挂听筒，口作答语，目注小册，平写来言，经过快两小时，电话方才完毕，这样五官并用的能人实在不可多得。他区的党委，一面和我详谈，都是条理清晰；一面应付群众，都是处理适宜。这样措施裕如的党员尤非深受共产党的训练，不能有此成就的。所以他区各乡的粮食问题，虽也有人向我诉饥诉苦，不过是几个劳力不足或身带疾病，暂时供销未派到的人，都是容易解决的。惟区干人员夙夜无休，要政咸举，和未解放时的员司有霄壤的分别，这又是我对区干部的新认识。

至粮食在我视察前已形紧张，而在我视察期间，却渐趋平静，这又有几种原因。

（一）我视察尚未归时，衡阳县府已续销一批粮谷到各乡，即我下面所表出的缺粮户，除最后的两人外，多少都已得到补销，可以为例。

（二）人人都感觉粮食艰难，视米谷为至宝，颗粒都不敢浪费，总是节缩而又节缩，缺粮多的，或用蔬菜及其他物品，掺以少许的米末，煮以充饥，实行"生产自救"的办法。

（三）有明了政府对粮食分配计划必须精密，在分配尚未完备时，叫呼亦无益处，便都隐而不言，静听一切，以待命令。

（四）有多数劳农，抽出田里的时间用肩足为公家转运货物，匀出其本身的粮食以养家口。

这四项都是衡阳县六月来缺粮空气稍平的缘由。

在社会主义过渡时期，本有多少困难，这几种也是磨炼人民克服困难的方法。惟衡阳县当粮食紧张的时候，并未发生过统销混乱，像报纸载江西、山西那样的过程。这又全赖执政得力，中共衡阳县县委书记黄道奇，监督县政，领导有方，对于掌握粮食不过紧，也不过松。就是谣啄纷来，他能镇定处理，不为动摇。故各地粮食供应，殊少偏差。尤其夙夜在公，开会曾无间断，足见他的勤劳。现在粮食紧张空气，虽说渐平，然而犹在青黄不接之际。最早的新出，都还差一个半月，不能谓此事已无困难。但根据黄书记平日的措施，料必能安稳度过，这又是我对黄书记进一步的认识。

综合上项情形来说，是衡阳县今后应讨论的问题，重点不在统销，而在统购所发生的问题，都是定产时所给闹的。事先若不详加讨论，纠正错误，到秋收后就照产征购，那衡阳县所存在的粮食问题，就难得解决了。

去年十二月二十一日，中国人民政治协商会议全国委员会委员杜润生在第二届第一次全体委员会上说得好，他说："统购统销制度，缺乏调查统计工作基础，全国购销数虽大体合实际，但当分配到下边时，区与区不平衡，户与户不平衡，总难免不发生，尤其是估计具体农户数字时，难以十分正确，容易发生脱离实际情形。"他又说：

"部分农民对统购统销政策,有某些抵触情绪,这并不表明他们的经济利益同这个社会主义新措施有所抵触。而且是表明他们自身习惯,自发趋势,同这个措施有所抵触。这种抵触情绪是可用适当方法帮助他们消除的,否则是不利于党和政府对农民的团结。"他这些话说的事实一点不差,理由尤其正确,和您会要将政府和人民联成气的意思是一致的。我特根据杜委员和您会的意思把这次所闻本地老农的经验话,酌述概略,并引据事实证明五四年定产之未合实际,加以我个人的建议分别说明如下,以备您会计划秋后定产征购的参考。

(一)五四年二次定产不合实际,从前田亩的计算,是以产量为标准。好田一亩的产量,坏田要两亩才抵得上。所以田亩越坏,面积越宽。自五二年丈量田亩,尺度归于一样,于是产量的标准以土质好坏分为若干等,所定产量,虽有因丈量不确,分片不细而发生畸轻畸重的情形,然大致与实际尚少出入。

五四年统购时,以每一土质相同的片,选出一产量最高的田作为标准,将所有其他同等田的产量,不按实况,都普遍提高到此标准,因此一般的都是赶不上规定产量。何况评定标准田时,产量也有所提高,加以五四年天灾虫害较烈,故衡阳各乡水稻收成就远不及五四年定产指标了。如我乡高桥乡共十一组,除一至四组及十一组土质较好,灌溉较便外,其余大部分组都是红泥地带,土质不良,灌溉也不便,所以稻谷产量最低。

五四年县评产量时,高桥乡四等田定量五百八十斤,其余逐等,较五二年定产加八十至一百斤不等。全乡平均定产高于五二年定产百分之五十以上。这实际上是超过了现有产量标准。

至于红土地带的杂量,也是施工施肥要多而产量总少。去年春夏久雨,秋冬久旱,红薯收成竟不到常年产量的百分之三十,荞麦等至全无收成。今春小麦虽收也不多。去年衡阳县区所留每人口粮标准是五百斤谷子,而以各乡所产杂粮多寡,为减少所留主粮标准,高桥乡被认为是杂粮收入较多的地区,故每人每年口粮只留四百三十斤谷子。

由于上述情况每人尚未达到此数,故此为我乡缺粮的因素。其余我所视察的各乡,均可以高桥乡为比例,是衡阳今年发生粮食恐慌,不得谓与去年定产缺少严密的调查作基础为无关系。另外,定产时对于土性的辨别,必须细致。土色不同而土性不同,这是通常的道理。也有土色全同而土性特异的,这或因地址相隔较远,土性不同还是常事。却有地址毗连在一块而土性大不相同的。如高桥乡(属三湖区)第七组的上段和官埠乡(属渣江区)第十三组的下段,田亩紧紧相连。土色全然一样,而高桥乡组内的田,禾苗在平年总是长得正常,官埠乡组内的田,表面比高桥乡组内还好看些,田水也是充足,禾苗初发育也很茂盛,但到孕谷时便不同了,禾尾也不壮了,结果收数较高桥乡组内三成要差一成。这是官埠乡一个七十多岁的老农向我说的。在一个地方的田,同土色而不同土性,其原因何在,似应加以研究。五四年定产似乎注意。到此,所以我不能不向您会说明。

(二)施肥未能因地制宜,也会影响生产。去年衡阳县各地普遍减产，田中缺乏肥料，也是一个原因。肥料所以缺乏，政府对商品肥料的调剂不匀，也是一种原因。如渣江区的官埠、杉王、瓦铺、水东、白马等乡，适合菜枯麻枯；银溪区的银溪、界牌等乡，不需要菜麻等枯。而合作社去年分售枯饼，不问需要，只按地区分配，所以渣江区要多售菜麻枯而不足，银溪区要少售而有余。以致插田后一二个月尚有渣江区的人往银溪区去买枯加肥，而枯饼过期，又失去肥效。更有有枯而无钱来买的，又有有钱而无枯可买的。所以说肥料的缺乏，合作社未摸清底，分配不匀，也要负一部分责任。这种情形，我若不参加这次视察，由各地农民说给我听，是永远不会知道的。现在已经知道，也不能不对您会说明。

（三）陈述我一愚的建议，请求您会核夺。我所视察的三区，大多数农民均以五四年标准产不能合到，致征购以后，主粮缺乏，引为深忧。而消极之人产生情绪，尤为锐减。他区我虽未到，情形想必略同。此种现象正是杜政协委员所说，是不利于党和政府对农民的团结的。决不可不顾适当的方法帮助他们消除。在政府提高标准的用意，一面是激励农民增加生产；一面是支援国家发展工业，也是建设社会主义国家必要的过程。且不是必不可能的事，如五四年所定标准也有最少数农民合到了的，可以为例。但是也只有最少数农民合到罢了。若要普遍都合到标准，那就非将全部不良土质一律由科学和人力去改变不可。在目前的条件，还是不可能的。所以标准定可达到，时间却有问题，拟请您会今秋定产，仍照五二年规定的方法办理。五四年这样的标准，展至五七年实行。鄙见如蒙您会采纳，我可决定衡阳县农民必欢欣鼓舞，歌颂您会功德。同时并将努力赴功，期望迅速完成国家所交代的任务，而各县各省亦必闻风兴起，社会主义社会不难实现的。即希您会核夺为幸。至您会电文所指明各项，我无深刻认识，概不提及。

　　此致
敬礼

湖南省人民代表大会代表陈墨西
公元一九五五年六月三十日

一九五五年秋后视察工作报告[①]

湖南省人民委员会公鉴：

我于十一月下旬，才接到由衡阳县人民委员会转来你会及政治协商会湖南省委员会关于省人民代表及政协委员秋后视察工作的联合决定。由于我的年龄关系，不便远行，我只好就近视察。我所居住的地方，是属于衡阳县三湖区，而与我最邻近的一区，则是衡阳县渣江区，所以我决定以这两区为我的视察范围。而视察的内容，则以农业合作化为主。

自从毛主席在召集省委市委及区党委会议上，作了"关于农业合作化问题"的报告后，广大的农村干部和农民群众热情高涨。农业合作化运动，迅速地发展起来。毛主席说："农村中不久就将出现一个全国性的社会主义的高潮。"这已成为事实，农业合作化的高潮，已经来到了农村。

农业合作化运动，是社会主义改造的一个最重要的环节，是引导农民走上共同富裕的唯一步骤。我以将近九十的高龄，能亲眼看到这一伟大的社会改革，诚不胜欣慰。这也就是我择定以农业合作化为我唯一的视察对象的理由。然而我对于农业问题，素不在行。此次视察，又不全面，故仅以所见所闻，略为叙述。

我接到省府通知后，即分别函告渣江三湖两区长，与

[①] 据湖南省档案馆有关档案辑。

之取得联系,并要求奖以协助。十二月九日至十一日,为我实地进行视察期间。我因年老体弱,超过二三里路程,则非肩舆不可,而书写不便,又非有一能操笔墨之人同行不可。故视察一日之费用,较他人为多。然念及国家力求民隐之善政,不敢因噎废食,但为节约计,仅就两天时间,参观五个乡的农业生产合作社。对于一般情况,尚有所窥,兹就个人观感,综合各乡运动之发展,次第叙述于后。

一、从我所参观的几个原有的农业生产合作社来看,运动的发展,基本是健康的,这几个社大致是去冬建立起来的,领导骨干都较强,党团员能起核心作用,社员成分纯洁,贫农和下中农占优势。如福民乡原有的两个社,共有社员二百三十六人,贫农占一百八十六人,下中农占二十三人。

当我参观福民乡的茶元农业社的时候,他们正在搞积肥工作,人多力量大,很快就完成任务。这使我体会到集体劳动的优点,这几个社在管理及制度上都较健全。对于耕牛农具入社的处理,及地劳分红的标准一般都很合理。掌握了互利的原则,地劳分红是按地四劳六的比例,耕牛农具是采用"私有、私养、公用"的办法,也有及折价归公的办法。对公有的牲口农具,因有专人负责,没有发生不良的现象,我看到社里所畜的牲口都膘肥体壮。由于这些事处理得很好,所以社员的生产热情很高,充分发挥了集体劳动的优越性。大家勤俭办社,努力改进耕作技术。今年秋收都得到丰收,提高了单位面积的产量。如渣江区霖霖乡第一农业生产合作社每亩平均产稻谷四百三十斤,比社外农民每亩平均多产四十斤。高桥乡江清农业生产合作社，今年全社增产七千斤稻谷。由于增产，社员收入普遍增加，每人平均口粮比社外农民多留了一百多斤，还分了不少杂粮，社员生活都得到改善。这个社贫农占大多数，以往大都缺粮，今年不但够吃够用，且大都卖了余粮，全社超额完成了统购任务。由此，足见农业合作化是发展农业的唯一道路。

当然，这些社的发展，不是一帆风顺的，他们是经历了许多困难。初办社时，因缺少经验，有的社曾发生过劳力调配计划不妥和分配不公等问题。但由于农村党组织和干部的努力，及时解决了问题，才有这样的成就。这是党的政策的伟大胜利。这个胜利，鼓舞着农民更有勇气，更有信心地向前进。

二、农业合作化运动，目前在农村中，正如雨后春笋似的发展起来，群众对办社的热情很高。尤其是一些老社创造了成绩，土地增产，社员收入增加。这也就给尚未入社的农民指出了方向，所以多数贫农和下中农都积极要求入社。如高桥乡第八组贫农王大汲说："共产党领导我们翻了身，毛主席给我们指出了好方向，社会主义的道路我们不走，让谁走。"他一定要加入合作社，并带动了其他户。

现在这两个区农业合作化的全面规划都根据实际情况制定了，预计明年将在全区基本实行合作化。入社的农民要达到全区总农户的百分之八十，这个计划是完全能实现的。一方面原建的老社，已经起了示范作用，给运动造成了良好的开端；另一方面这两区的三十一个乡有较好的合作基础。如高桥乡原有互助组二十六个，参加互助组的有三百五十九户，占全乡总户数（483户）的百分之七十。在这些有利的基础上建立新社，是能保证数量和质量的。高桥乡计划今冬要建立六个新社和扩大原有两个老社。在永塘社扩社工作中，就有五十一户农民要求参加。渣江区白马乡原未建社，现正全面展开建社。就该乡三合桥计划建立的一个社，报名要求参加的已七十余户。渣江区霖霖乡报名入社的已达总农户的百分之九十。渣江区霖霖乡原有五个老社，今冬再建四个社，有九个了。现农民都将全部入社，全乡基本上走上了合作化。

三、以目前情况来说，贫农和下中农对合作化的热情特别高，他们特别认识到农业合作化是社会主义的基本条件。要永远摆脱贫困，就必须走这条道路；要发挥生产潜力，实现农业机械化和提高生产，改善生活都必须走这条路，所以他们积极要求办社和入社。而一般较富裕的中农则不然，他们眼光较浅，只看到目前利益，顾虑很多，怕入社后一蔸豆，一蔸茄，都要归公；怕收入减少；怕耕牛农具归公，使用自己没有份。认为自己有牛，有农具，单干一样能生产，所以他们还抱着观望的态度，不愿入社。如高桥乡第十组上中农龙理顺说："我硬不加入合作社，我有牛、有农具一样生产，让他们搞一年看看，我再加入不迟。"由此可见，毛主席所说的依靠贫农和下中农，首先吸收贫农和下中农入社的指示，是绝对正确的。

四、在合作化运动大量发展过程中，目前有些地区是感到社的领导骨干不够，尤其是感到会计人员缺乏。有些社甚至找不到适合做会计的人选，社的领导力量强弱，是决定社的好坏的，所以对办社的骨干，必须大量培养。或在区的范围内作适当的调整，从力量较强、人才较多的社，抽出些骨干到力量较弱的社里去，使一般都能巩固起来。

从视察中我感到正确地在社员中执行自愿互利的原则是很重要的。互利原则执行得好，贫农、中农大家有利，大家满意，社员的团结就能巩固。能互利才能自愿，取长补短，互不吃亏，生产热情自能提高。

五、从会计人员缺乏这一问题中，深令人感到提高农民文化，扫除文盲，是为当前急务。我国农民由于在旧社会中得不到识字的机会，所以文化落后。文盲占绝大多数，这对我国农业的发展和社会主义的改革是很不适宜的。实行农业合作化的目的在提高生产，提高生产则必须改革技术，逐步使用机器，以达到农业机械化。欲达到此目的，则非提高农民文化不可，我国农村文盲约占农民的百分之八十以上。

由于最短期间，扫除此大量文盲，改变农村文化落后状态，实非轻而易举的事。然而在目前农业合作化已有大量发展的情况下，是有利于扫盲工作进行的。一方面农民参加合作社后，生产时间有一定安排，学习文化可形成制度化，不致互相影响；再则，农民已经组织起来，不再散漫无绪，学习文化的热情也有提高。并可利用其组织使文化学习逐渐正规化，以收到更大的效力。合作化必须在农民文化水平提高的条件下提高。而农民文化的提高亦有赖于合作化的发展，二者互为因果，适宜结合进行。

我以为在已建立的农业合作社中，一律要办一所业余学校和一所社内图书室，既可调剂农民生活，又有利于扫盲工作，一举两得，简而易行，其效果更可预期。

六、我在视察期间，接到农民关于"三定"的报告三件。

（一）三湖区高桥乡贫农凌春复陈述区委王大宣在他组工作种种不合法令。

（二）渣江区白马乡贫农龙善嘉说明他所耕的田定产未符合实际。

（三）渣江区官埠乡第十三组互助组副组长陈得悌说他组所定的余粮户实际是有缺粮的。

我接到这三件报告后，已根据全国人民代表大会常务委员会第二十次会议通过的关于代表视察工作办法第五条的决定，将原件转交衡阳县人民委员会处理去了。并说明我于事实真相，未深入了解，毫不参加意见，惟嘱彼会核实酌情处理，合法裁决，以便农民人人悦服，各能安心生产为要。其余无他报告，特此函达，并致，

敬礼！

湖南省人民代表大会代表陈墨西
一九五五年十二月十四日

一九五六年下期视察工作报告[①]

主送湖南省人民委员会，抄送衡阳县人民委员会。

视察日程：我于十一月初接到省人民委员会关于一九五六年下期省人民代表大会代表视察工作的通知。我年已九旬，精神虽能支持，而身体究甚衰弱。然而，响应政府深入基层征求民意之宗旨，故不避程途虽难，仍决定在原选举区衡阳县渣江点所属渣江、三湖、唐福、甘泉、官埠及界牌镇进行视察工作，乃致函衡阳县人民委员会嘱其向上列各乡予以介绍。

经县人民委员会致复后，遂于十一月十五日乘舆出发，并携带随员一人以便整理资料。于当日中午抵甘泉乡，在该乡人民委员会及附近农业合作社视察两天半。于十七日抵三湖乡，十九日由三湖乡至渣江乡，二十日至唐福乡，二十二日至界牌镇。二十三日归途中，又至唐福乡之石桥片、龙田片各合作社及久佳堂小学视察。二十五日，我至官埠乡视察，经过渣江又约二日。

我出发视察衡阳县各乡时，正值筹备进行基层选举。在视察进行中，我已当选为三湖乡第二届人民代表大会代表。乡人民委员会曾通知我于十一月二十七日出席该乡第二届一次乡人民代表大会。故我于是日又匆返至三湖乡出席大会。会议共约两日，我又被选举为出席县人民代表大会代表。至十一月二十九日视察工作结束，前后共计十五

[①] 据湖南省档案馆有关档案辑。

天,而报告视察日期只列十三天。因我出席乡代表大会的二十七、二十八两日,在三湖乡人民委员会另有开支,故列入视察日期之内。现将在各乡视察情形综合叙述于后。

一、关于各乡行政工作及统购统销工作情况

我到各乡人民委员会一面与群众接洽,听取他们的意见;一面与乡干部商谈,了解他们的工作。衡阳县在今年七月完成了撤区并乡工作,现有乡的面积约比原有乡大五倍至七倍,乡主要干部都是由原有的乡干部中选拔的,大都有丰富的农村工作经验和工作能力。但现有乡行政区扩大,乡人民委员会代管原区公所的全部工作,成为上级政府与群众中的桥梁。乡干部一般都感到领导大乡是工作繁重,经验不足。因此,他们一致要求举办干部业余学校,加强干部文化及政治理论方向的学习,以提高工作能力。

另外,农村电话设备不足,不但多数农业社没有电话,就是有些片组也无电话设备。如渣江乡四个片,只有两个片有电话。因此,在全乡面积大、干部少的情况下,行政领导薄弱,上面指示不能及时下达,下面情况不能及时反映,对工作是有影响的,召开一次会议也有困难。

目前,各乡的建制上分工还较细密,文书、财经、文教、圩镇及各部门均有专人负责,所以各项工作尚能做到有条不紊。在我进行视察工作时,各乡粮食统购统销均已接近完成。

今年统购统销工作是在去年"三定"基础上进行的,结合灾区实际情况进行深入宣传,查实产量,纠正偏差,所以一般群众认为今年的购销工作,做得较好,因此任务完成较快。如甘泉乡统购工作,仅半个月全部入库,且超额完成任务二万斤。只是各受灾社应核减的任务没有适当核减，留粮过低，群众表示不满。如三湖乡原杨柳社每个人只留口粮三百四十斤，兴隆社每人只留三百五十斤，又鼓峰片第九农业社每人只留口粮三百六十斤。而这三社因天旱过久，红薯等副食全无收成。且入冬以来仍未下雨，旱象继续发展，所种小麦等冬作物不可全部指望，现留口粮将行告罄，社员认为生活问题解决不了，生产情绪降低，势必影响来年生产。这一点希望省县人民委员会研究解决。

我认为国务院虽曾指示灾区粮食供应指标应适当降低，这是鉴于灾区粮食不足供应，需由外来粮食调剂的情况而决定的。如果各社实际产量虽因灾害减少，而仍能分配社员必实际需要的粮食，似无减低留粮标准的必要。因此，我对衡阳县对农业社减产不减统购任务而减低留粮标准的做法，是有所怀疑的。

二、抗旱救灾及群众生产自救情况

衡阳县境自入夏以后，久旱不雨，各乡遭受程度不同的旱灾。就我视察各乡所知灾情，如渣江乡受灾面积六千五百六十三亩；唐福乡受灾面积一万七千零五十七亩；甘泉乡受灾面积四千八百八十八亩；官埠乡受灾面积八千三百三十八亩；三湖乡受灾面积一万六千二百亩。其中以上各乡全无收面积四千一百亩。一般减产在百分之三十到四十左右。

今年旱期之久为百余年来所仅见，而减产情况较以往旱年为轻，甚至有些地区还略高于常年产量。如渣江乡各农业社增产的达十二个社之多，保产社五个，减产社十五个；甘泉乡增产社十个，保产社十四个，减产社十个；界牌镇增产社四个，保产社二个，减产社一个；官埠乡增产社二个，保产社六个，减产社八个。

灾情减轻，固然是与去冬修建水利，政府大力领导抗旱分不开的，但最主要的是农业合作化优越性的具体表现。在抗旱救灾中，各乡涌现不少典型事例。如甘泉乡永安片红岭社为抢救受旱八十天的山田，出动三十八辆水车，将河水车过四十余丈高，使十五亩田全部丰收。唐福乡大沆社用二十一提水车车上一华里的陡坡。甘泉乡一个六十岁的梁老婆婆，一连车水六十天。在她带动下，许多妇女积极参加了抗旱。官埠乡白马片五社社员在垅中蚌泥田中打了一个大井眼，抗旱三十多天，救了三百二十多亩田，得到丰收。官埠片十二社在河中挖了二十多个水坑，抗旱三十多天，救出了三十多亩田，得到丰收，并种上双季稻。其余如挑水救禾等事实数之不尽。自十月初迄今，在各农业社领导下，农民积极进行生产自救，大力播种冬作物。如三湖乡兴隆社将所有旱土及可耕水田都种上小麦、豌豆，现已播种小麦一百零五亩，豌豆一十五亩。官埠乡成立生产救灾委员会，领导群众生产自救，现已全部种小麦一千九百四十三亩，豌豆五百六十亩，大麦九十亩（包括旱土、水田）。如果按时下雨，则预计明年能解决社员部分生活。但依现在天气而论，此种希望未必可以实现，这是群众所深忧的。

三、农业合作化情况

衡阳县已于今秋基本实现高级合作化，所有初级社都已完成并社升级工作。现在加入合作社的农户，我所视察的六乡镇均已达到总农户的百分之九十八,各社大致是一百五十户到二百户左右。在农业合作化过程中,一般是稳健的,没有什么偏差。只是有些社对经济问题还未处理好。如三湖乡原繁荣初级社,在并社时,账目不明,又不公布,个别干部作风不民主,社员意见很大。在森林入社方面,顾虑没柴烧,不大赞成。此外较普遍的是会计业务水平不高,工作上感到困难。对劳力支配方面也缺少计划。目前各农业社已转入生产,为接受今年天旱的教训,各社都展开兴修水利工作,挑塘修堰,群众热情高涨。如三湖乡鱼波社,官埠乡官埠塘社,各修筑一中型水库,社员出工率达到百分之九十八。目前各社存在的问题主要有两个。

（一）肥料问题。由于天旱,水田开坼,不能浸冬,来年需肥特多。尤其是一些红土瘠地更需肥料,而土肥肥源缺乏,各社不能保证增产。要求商业部门供应商品肥料,满足需要。

（二）劳力缺乏问题。实现合作化后,许多社感到劳力不足。如三湖乡兴隆社,平均每个劳动力要担负八亩七分田的耕作任务,许多社员都认为负担太重。最近衡阳县修筑西界公路,向该社配工一千二百六十五个劳动日,平均每人要担负十五天,而社内兴修水利,需工四千四百个。在这样情况下,劳力不能敷用,对生产上及社员生活都有影响。希望衡阳县对此问题予以适当解决。

四、基层选举工作

在我未视察以前,衡阳县各乡选举工作尚未开始,故我曾向衡阳县人民委员会函询。及至我进行视察之初,各乡已积极筹备选举工作。视察结束时,基层选举已大致完成。在选举过程中,首先成立了选举委员会,召开各系统会议,广泛开展宣传,发动群众参加选举。同时进行选民登记及审核工作。此次普选,除少数未改变成分之地主分子及反革命分子外,均获得选举权。故选民绝大多数都参加投票,在选举中充分发扬民主作风。如兴隆社选乡人民代表时,群众对一个曾姓候选人有意见,要求改选。选举委员会接受群众意见,另提群众拥护的戈时银为代表。群众反映说:"如今是真正当家作主了。"

五、关于文化教育方面

此次视察工作中,我除了参观各农业社及乡人民委员会外,并在三湖、文峰、渣江、唐福、银溪、久佳、官埠等完小及界牌职工学校进行考察。

几年来,衡阳县教育工作有很大的进展,在学生数量及教学质量上都有所提高。尤其是接受了苏联的先进经验,改进教学方法,收到显著效果。此为行政领导及教育工作者积极努力的成就。我到各校视察,都有一种朝气蓬勃、生生不息的感觉。

由于教师们认真负责,学生成绩普遍提高。如久佳堂完小等优等生占全额的百分之三十四,劣等生不到百分之五;三湖完小优等生占百分之四十,劣等生只占百分之三;唐福完小优等生占百分之三十六,劣等生只占百分之四。其余各校情况大都相同。但教育工作中也还存在一些困难和缺点。

主观方面:如教师业务水平还跟不上目前需要,有些教师文化水平低,需要给予进修的机会,或举办函授学校以解决之。个别学校教师不团结，如官埠完小就是一例。该校素有不团结之名，这也必须得到纠正。

客观方面：解放以来，党及政府非常重视教育工作，再三号召提高教师地位，然而目前轻视教育工作，不尊重教师的风气仍然存在。如原银溪上塔乡校校长罗渠至银溪桥食品公司购买猪肉，该公司之邓竹英主任竟声色俱厉地说："你们教员养多少猪，你也想吃肉，我有权不供应你们。"其无理一至于此。最严重的是，任意占用学校校舍。如银溪完小，校舍本已狭小，不敷应用，而银溪桥粮管站又占用中厅及住房各一间，作为仓库及保管室，以致学生上课无教室，活动无场所。该校校长屡向粮站交涉，该站罗主任不但不允，反严加申斥："你们吃不吃饭，你说出这种话来谁能接受。"

又如渣江完小校舍为何隆片和睦农业社占去楼房三间，以作仓库。不但每次分谷时，人声沸腾，影响学生不能听课，且房屋倾斜，有不稳固之虞，对儿童安全毫无保障。同时将耕牛养于学校大门之内，豆壳、麦秆、稻草，随时堆放校中，对学生健康妨碍至大。

又如界牌职工业余学校经费问题，曾经县教育科、工会等部门决定，由工厂按人数每人每月提充二角以解决之，而工业科竟加以阻拦，以致该校经费长期无着落。工业科李科长又时常占用学习时间开会，使学校不时停课，学员意见很大。该校校舍三处亦分别为供销社及农业社占用二处。

此种任意侵占校舍，不重教育工作，歧视教师之偏向，是极其恶劣的，应即予纠正。有些学校校舍过于狭隘,如文峰完小有学生四百一十一人,仅有民房半栋,教室及活动场所极不敷用。如遇雨天,儿童只能蜷缩在狭小之教室中,且与民居杂处,牛栏、猪厕,罗列前后,对儿童身心,不无影响。至于设备问题,一般都不够应用,都有添设之必要。

上面这些问题,都亟待解决。我特向省教育厅及衡阳县人民委员会提出几项建议。

(一)银溪完小座落于衡阳县工业重心界牌镇,将来界牌瓷业大有发展前途,目前西界公路正在修建,该镇的繁荣自在意料之中。为适应客观环境的需要,使人口集中的工业市镇,必须有较完善的小学,对银溪完小重点办理。而该校现有校舍太小,又为粮仓占用一处。我建议省县教育行政部门立即责令银溪粮站退还所占校舍,并另拨款修建必不可少的新校舍。现在是社会主义建设的时期,地方业务一日千里,闻衡阳县教育科已有四年未派员到银溪完小视察,似对于工商业重心的教育计划尚未注意。

(二)三湖乡文峰完小校舍亦应该设法解决,我建议帮助现居该校之民户迁至邻近刘祠(原为乡府,现仅为合作社办公室,空屋尚多),将现校址的全栋房屋划归学校,另辟附近园地以作操场,并扩建教室三间,此事如能取得当地农业社之帮助,不难解决。

(三)界牌职工业余学校之经费问题,应按原县教育科及县工会决定办理,从速解决。该校为供销社及农业社占用之校舍应令退还。渣江完小之校舍,亦应动员和睦社退还该校。

以上三条是我对整理该三校的建议。此外其他建议:

(一) 学校不能兼作仓库，已作仓库者应一律令其迁出。

(二) 农业合作社不宜在学校办公，致因农业而妨害学业。

(三) 应教育行政干部及群众重视教育工作，爱护学校，尊重教师，提高教师地位。

(四) 衡阳县对食油供应，曾规定干部每人每月十二两，教员每人每月八两，显示教员地位低于干部，致一般小学教员深感不安。此等不合理之规定，应请省教育行政方面立即纠正。

以上四条系衡阳乡村小学普遍之现象，于事理均不相宜。故我特建议于省县教育部门，希望采纳，以免对教育前途发生影响。

六、扫除文盲工作情况

扫除文盲是实现我国文化革命的重要步骤。进行社会主义建设事业，需要广大人民具有一定的文化水平、科学技术和知识。劳动人民中存在大量文盲，这同生产建设的要求形成了矛盾。因此，应该积极开展扫除文盲的工作。衡阳县原计划五年内扫除文盲，这一任务是非常艰巨的。去冬衡阳县各乡曾掀起个向文化大进军的高潮，民校纷纷成立，农民学习情绪高涨。然而高涨过后渐至偃旗息鼓，毫无声响，以致前功尽弃，复盲现象严重。如兴隆社总人口七百八十八人，青壮年四百六十三人，现有文盲三百二十人。现已进入冬季，各乡民校至今复课很少，当前应立即行动起来，抓紧这一有利农民学习的季节，迅速做好全部青壮年入学的宣传和组织工作。我认为扫盲工作，应注意下面几点。

（一）以农业社为单位，根据实际情况，订立计划，分批分期进行扫盲工作，不可贪多图快。且必须建立机构，全社设校，大队设分校，小组设识字班，由专人负责。

（二）一定要巩固民校成为常年制，坚持每天学习，注意巩固成果。否则，仍然会发生复盲。

（三）动员一切识字的人都参加扫盲工作，提倡互教互学。

（四）书店应及时供应农民读本，现在衡阳县很多社买不到书，这一问题要速急解决。

七、关于界牌瓷业的情况。

界牌镇为衡阳县内唯一轻工业区，是重要的土瓷产地，为了解瓷业生产情形，故我特至该镇视察。

界牌瓷业生产单位有二十一个生产社，五个合营厂，共计职工二千二百二十六人。公私合营厂包括资方从业人员共一千零二十六人。界牌瓷业工会建立五个基层工会，有不脱产干部九百七十五人，现有窑厂共四十八座。

界牌瓷业生产在未改造以前，生产无计划，盲目经营，形成粗制滥造；旺季开厂，淡季散工，造成生产不经常的情况。解放以来，略有转变，自今年六月进行社会主义改造，实现了全行业的公私合营。在短短的几个月中，改变了界牌瓷业生产的面貌，走上了计划生产，在生产上涌现了许多先进生产者。如今年第一次开展先进者运动中，出现了一百二十一个先进生产者；在第三季度，先进生产者达到一百五十八人，较第一次增加了百分之三十一，质量也迅速提高。第三季度与第二季度比较，甲级增加百分之八十，丙级降低到百分之八，现在平均每天出产三千对。现在西（渡）界（牌）公路已开始修筑，运输条件即将改善，龙头河水电站也在动工兴建，将来可以用机器代替劳力操作，界牌瓷业发展的前途是无可限量的。

在社会主义改造中，执行了和平改造的方针和赠卖政策，对资方人员给以适当安置，使他们有职有权。现资方从业人员中有三十七人，担任厂长或经理等领导职务，资方人员表示要积极劳动，争取改造。

界牌的瓷泥质地，据说较醴陵瓷土为好，然目前界牌所出瓷器远不如醴陵产品，这大概是技术问题。希望工业部门加以研究，或能使界牌瓷器成为上品。

对工人福利方面，厂方及工会还未很好解决。如没有职工宿舍，到了夏天工人住在又矮又小的房子里，空气肮脏，疾病流行。如今年盛暑时，有百分之四十的工人感染伤寒等病，严重影响生产，以致不能完成国家计划，希望有关方面加以注意。

八、视察期中所得到的群众意见

（一）关于农业合作社干部作风：农业合作化，社干与社员是一气分不开的。近来干部多逢政府颁布一种中心运动，他不深刻研究上级政策须适合当地情况，总以干部协商会议原则，急取最高类型，多有不实在。开社员会时，只宣传政策一遍，尚有好多社员没有听得清楚，并未体会其中底蕴。偶有一二知识社员提出意见，若不符合他的协商原则，就不理会；纵然理会，又要众社员附议，才能生效。终归不得采纳。倘或多说几句，他就以破坏大帽子扣到头上来了。致令社员不敢作声，不知埋没了多少优良的主张。像这类的话，我平日早有所闻，这次听到的更多。我以为这是硬性执行政府法令，未能融和群众意见，恐于社务前途不无影响。

（二）关于农业生产方面：去年成立的初级社，有多数社干，没有丰富办社的经验。在订各种计划时，只以自己信心，响应政府号召，未曾深刻征求社员各方面意见，图争取最高类型，以致把本社瘠地与别社肥地同等估计。又不考虑本社水利、肥料等条件，只有增产信心，全无增产把握。故今年有好多社，如三湖乡鼓峰片第九社、兴隆社等社，均以当初计划插双季稻太多（百分之八十），都把初季稻水利、肥料扯薄了。加受旱灾威胁，不但双季稻全无收获，就是初季稻，多半原是迟禾田，变更尽插红脚早。可是在田日少，肥料不足，发育不大，故今年减产较重。推原其故，半由旱灾威胁，半由干部当初计划主观太重，不采纳群众意见带来的。

（三）关于农业社分配粮食方面：今年实行高级社，取消土地报酬，每人口粮，试分言之，有从土地生产的，如红薯、荸荠、萝卜等，都可以代替主粮一部分。今土地一概归公，共同生产，按劳取酬，很是合法。但劳力有多的，有少的，有全无的。社有受灾的，有未受灾的。如今年受灾社，以红薯抵作主粮计算，未受灾社红薯不计主粮。两相比例，受灾社，如鼓峰片第九社，口粮谷每人三百六十斤，合三定数额尚欠一百二十余斤；红薯每人只分十五斤，折合口粮若干外，下欠不知从何补足。未受灾社每人口粮有四百三十斤的，有四百八十斤的不等，反得一大部分红薯，每人分二百斤，或三百斤之多。此种粮食政策，似乎太未持平。

（四）关于畜牧生产：如养生猪、母猪方面。照三定后，继续有猪一头，政府配给每头饲养谷八十斤或一百斤的，订购猪每头配给谷八十斤。可是有个别社干部或将养生猪饲料扣留不发，或将送购猪谷扣留一部分移作别项饲料，不发给本人。令养猪的人信心低落，不肯继续养猪，减少肥料，影响生产。这种干部是不少的。

有从劳力生产的社员，如在合作社做加工的，在国家做土工的，有挑脚的，有伐竹的，所得工资，作为妻儿口粮杂用，干部须个别技术和经济许以劳工时间以外，救济生活。有个别社干不深刻体会社员经济情况，一直抓紧社员在社里苦干。虽有闲空日子，不许向外发展别项工作，纵有人找，干部犹不肯打迁移证和发口粮。这种作风，岂能谓之适当？所以社员社干，多有貌合神离，处处发现松气景象。我虽确有凭证，暂不直接指出，拟请领导当局特别注意为幸。

以上八项，是我根据今年下期省人民委员会对省代表视察工作通知中之要点及群众之意思，并将我个人的见解和建议加以综合阐述。虽对某些问题的看法可能不十分全面，然皆为现存事实，绝无空谈，希望有关方面加以注意。

一年以来，在我国广大土地上，各种工农企业，皆以一日千里的姿态，突飞猛进，衡阳各地亦复如此。我此次视察与本年上期视察时间，相隔不及半年，而农村面貌又已焕然一新。各乡已实现完全社会主义农业合作化，工商业亦经改造完成，乡村公路，水电设备，已着手兴建，到处欣欣向荣的景象，社会风气亦随之转移。我虽景迫桑榆，而能亲睹接近大同之气象，快慰岂能言宣。惟是少壮奔驰，耄犹未息，百年空逝，贡献无多，惭憾将无了期。所幸生平，最知廉耻，从不稍贬人格。赴义必先，谋划必后。十年前有遣怀诗二句云："涉险投艰非我惧，高官厚禄让人先。"区区一节，或可告无罪于人民。此次报告所述观点，适当与否，殊不自知，仍请你会鉴正而指示之。

　　此致
敬礼

湖南省人民代表大会代表陈墨西
公历一九五六年十二月四日

一九五七年上期视察工作报告[1]

湖南省省长暨省人民委员会列委员公鉴：

我的视察到本期已是第五次了。此次还照前四次一样进行，就近在选举区（衡阳县）各乡视察，兹将所得情形分别写明如下。

一、视察日程和项目

我是从五月十五日起，由舍间乘轿出发，随带记录员一人。在西渡镇两天，英陂乡一天，杉桥乡两天，集福乡两天，花江乡一天，渣江乡一天，官埠乡两天，三湖乡两天，共旅行十三天。视察是以农业生产、文教概况为主，其他为辅。文教方面，视察中学两所，完全小学十一所。农业方面，视察高级社三十所。还家后，和记录员整理材料，并由他抄写文件又六天，合共二十天。这一视察任务和报告才草草完成。

二、文教概况

全县中学两所。先说县立中学。

此校原名光华，为解放前数年届代表子健所创办。校址在渣江赤石寺，建筑简单，设备不完，学生不足二百人。解放后，衡阳县划成三处，原有之县立中学则专属衡阳市。及至衡阳县政府固定在西渡后，才于一九五二年，迁光华中学于西渡附近。自迁移至今不过四五年，现校舍已有百余间，学级共十三班，学生六百五十八人，发展可

---

[1] 据湖南省档案馆有关档案辑。

谓迅速。但亟待解决的有几个突出问题：

1. 毕业班对升学就业问题。本期毕业共有九十九人，绝大部分同学坚决要求升学，对就业方面思想上有很大的抵触，认为回农村生产是丢人的事，毫无前途。社会压力很大，家长也要责备，形成各种状态。平时成绩好的同学，则埋头复习功课，争取升学。平时成绩差的，则终日苦闷，怠于学习，诚愿降留校，保存学籍，以图明年再升学。

经学校当局加强思想教育，利用节日活动、课外活动、专题报告，并根据刘（少奇）委员长对学生代表讲话精神，提高他们的政治认识，及召集附近的学生家长谈话，现在思想上稍有转变。

2. 校舍问题。学校地势太高，又无树木，冬天太冷，热天太热，四季大风，且房屋散漫，不易管理。教室光线，均系反光，现有很多学生患近视眼。又无围墙，常常失窃衣服。地高风大，做篱笆围墙是无效的，非做砖墙不可。尤其是教员宿舍不够，一间房子隔作两小间，每小间要住三个教师，挤得无法工作。而教师眷属住房更坏更小，家口多的七八口人，住一间小房，吃饭便溺睡眠都在一起，必不可长久如此。

3. 光线问题。因学校地址太高风大，不能用油灯，即煤气灯也常被风吹灭，亟须装备电灯。

4. 设备问题。该校饮水，以前要走一里之远去挑的，最近在校附近塘内发现水井一口，县府已批准开挖费一千元。但群众很有意见，说开了井即废了一口塘，妨害水利，尚须县人民委员会对群众解释。

5. 交通问题。学校至西渡镇有两华里，此路又窄又烂，若到冬季雨雪，即泥滑不能行走，须县府发动群众大家修理，作为县道。

6. 其他问题。

（1）全校师生反映，我县无一高中，教育发展不平衡，最低限度请求在县立中学添设高中班。

（2）教员对学校领导有意见，因为对教员生活照顾不够，这是教育当局应注意的。

（3）该校同学雨天无课外活动的地方，这也是设备上不可少的。

以上问题，都是亟须解决的，其余次要问题，暂且存而不论。

次言新民中学。

此校创于一九二一年，到现在已有三十六年的历史。校址原在衡阳市区，抗日军兴，迁于台源乡十余年。一九四七年建校于现在地点。一切草创，设备未完。解放后学校面貌一新，教育性质已起了根本变化。现有三年级四个班，二年级七个班，一年级六个班，共十七个班，学生八百五十五人。男生七百零一人，女生一百五十四人。今年毕业生一百七十九人。教师三十人，职员十二人。其中党员六人，民盟一人。

以前校舍大部分是土墙，现在都已改建为砖墙了。虽然在数量上极感缺乏，不能满足需要，但在质量上已好多了。图书和仪器已较前增多，体育卫生，都有改进。

教师和学生的思想情况。近两年来，经过思想改造，特别是去年肃反运动，和学习周总理关于知识分子的报告，教师们提高了思想觉悟，工作积极了。绝大部分教师要求把课教好，并希望党和政府对他们加强思想工作，教师集体正在形成巩固团结。但学校领导与群众之间，尚存在一些矛盾。

当前大部分学生要求进步，申请入团，能响应学校号召，劳动观点逐渐树立。惟一年级学生纪律不太好。目前突出问题，是毕业班学生一百七十九人中，大部分要求升学，不愿意参加农村生产。他们认为去年招生计划太冒失了，降低了质量，把原来在农村的初中毕业生都招去了，对教育事业造成巨大损失。今年招生比例太少了，初中毕业生有绝大部分不能升到高中，是极不应该的。与其大部分要回农村生产，当时何必招考那么多初中毕业生呢？他们认为初中毕业，回农村生产，太可惜，是浪费，没有前途，太丢人了。有的认为升不到高中，是逼迫他们再没有道路可走。有的说回农村都可以，但是社会压力很大，党和政府是不是会大力支持他们。有个别的甚至说考不起学校要自杀。大部分对回农村都有抵触情绪。

毕业班学生对升学问题，也有错误看法，影响学习积极性。有的还对工人农人（民）生活作比较，认为工人生活太好，农民生活太苦，说刘（少奇）委员长说工人农人（民）生活差不多，是不合事实，没有根据的。对农村粮食和食油供应，也有意见。学校方面对此问题已做了很多工作，如加强政治思想教育，利用真人真事、专题报告及课外活动，提高他们的认识水平。现在情况略有改变。

学校亟待解决的问题是房屋太少。和县中一样，有些教室是临时腾出来的，两个教室之间仅一板之隔，音波发生太强，影响学生听力。学生宿舍太坏，教室也不足。寝室空气不流通，光线不充足，一到天气稍热的时候，室内即会发生一种熏人气味，尤以女生寝室为甚。教师寝室拥挤，三个人住一间小房子，根本就不能工作，不能学习。家属房屋尤坏，夏天如蒸笼，冷天似凉亭。人多的家口，吃饭睡溺也都在一间房内，生活条件太不适宜。闻衡阳专员公署已请省教育厅筹添教室八间，应请您会从速核准交省教育厅执行。则该校添了八间教室，可以减轻一部分的拥挤情况。那是早一天有早一天的好处的。我希望省教育当局特别注意为要。

合观两个中学的现状，彼此大率相同。学生的数量、质量都很发达。教员遵照政府规定，教学方式一面教、一面学，均苦，惟日不足，青年教师尤为努力。这都是良好的现象。但两校最急切的问题，就是房屋太不够。县中教员对领导有意见，大约是由房屋不够所发生。新民中学已议定添筑教室八间，我希望政府在本年暑假期内，便将建筑款项核发下来，从速动工，克期告成，这于衡阳教育前途是大有关系的。

又衡阳县人口近七十万，算是湖南第一个大县了。既是第一个大县，却没有完全中学，岂不是文化的一个缺点吗？现在县中已表示要成立高中班，我的意思，不徒县中要准它添高中班，新民中学更要令它添设高中班。因为新民中学在解放前已办过高中班好几年，解放后才专办初中，形成教育退步的痕迹。这是与新政府突飞猛进的建设不相符的。所以我并望新民中学恢复原有的学级，和县中同时都设立高中班，这是按照各方情势来向您会说明的，想您会可以采纳吧!

下面再说各乡镇的完全小学。

(一) 西渡镇完全小学。西渡现为衡阳县府所在地,故该镇完全小学发展最速。该校在县府未迁西渡以前,校舍只有房屋一进,学生一百人。现在校舍扩充七八倍,教室光线合度。其余各室俱全。学生高小九班,四百六十二人;初小五班,二百六十二人,共七百二十四人。其他设备方面应有尽有,仅仅四五年间,而发展至此,实足令人惊异。但这也有几个原因。

1. 经过政府指导,农村生活改善,人人都愿送子弟入学。

2. 县府在近呼应较灵,办学职员都感兴趣。

3. 教员二十人都经过思想改造和学习周总理对知识分子讲话精神,都能团结一气,都希望办好学校。

4. 学生受到良好的教育,学习情绪都很热烈,纪律亦好。

5. 县教育科近在咫尺,时时可以监督,故该校全部师生对本身课业皆无片刻松懈。

这五项条件,除第二、第五项为该校所特有外,其余三项在他校或办到或办不到,都无一定,而该校竟能全备。此种成绩,真不愧为全县的模范完小了。惟学生中今年高小毕业班二百人,思想极不安定。他们认为年龄小、体力弱,不能参加农村生产,坚决要求升学,回农村生产,社会和家长都看不起他们。教师们针对此一问题,已加强政治教育。并组织读报小组、家庭访问,利用课外活动和时事学习,提高他们的政治认识。这都是正当办法,必定渐渐可以转移学生家长的心理了。

我这回视察教育情形,是从这校开始的,及见到一切内容,都能令我满意。我感到国家文化的前途,人才的造就,虽非常遥远,但心里很畅快。尤其是一大群优秀小生,见我皓首龙眉,来到他校,好像见了一个异人,环绕相依,良久不去。我略用勉励的话头训诰他们,便皆大欢喜。又视我如他们的亲爱尊长。我向来是一个"不独亲其亲,不独子其子"的人。本身直属卑幼,又都长久远离我的膝下,在该校见到他们学生的态度,我仿佛见了直属卑幼一样,心中更觉安慰。这是我视察西渡完小的情形。

(二)英陂乡完全小学。全校十三个班,高级七个班,初级六个班,共计学生五百八十三人。教员十八人,原有二十一人,因精简编制已减少三人。今年毕业班有一百五十一人。学校发展亦大,在一九四九年只学生七八十人。现在教室不够,地下教室太潮湿,楼上教室太热,雨天学生无活动场地。厕所太小,亟待修建。全校教师反映教学水平及政治水平,均赶不上实际需要。要求政府加强他们的思想和政治教育,请求装置广播器,加听政治报告。他们感着工作太重,挤不出学习时间。

今年毕业班学生思想极紊乱,大部分坚决要求升学,不愿回农村生产。十七班毕业生赵思,并将升学被服行李添制好,现在埋头复习功课。有的学生家庭特为子弟升学,在困难中也喂了肉猪,为他们做升学学费准备,不希望他们回农村生产。现在学校老师正对他们做政治教育和社会宣传,开家长会议和进行时事学习,以提高他们的思想。效力如何,还看将来。至学生对我的态度,大概和西渡完小相同。

（三）板桥乡鸡窝山完全小学。全校六个班，高小三个班，初小三个班，共计学生二百八十一人。今年毕业班六十四人，教员八人。该校校址地势太低，一到雨季期间，学校就进水三尺多深。全校六个教室有五个无楼板，冷天太冷，下雪时满教室是雪。窗户太少，且均系反光，又无操场，无器械，办公费也不够。毕业生六十四人，思想紊乱，学校虽加强他们的政治教育，是否有效，尚不可知。合观该校全部情形，实未具备完小资格。即改办初小亦不相宜。是日我到该校，已在午后下课的时间，未与学生见面。

（四）板桥乡呆鹰岭完全小学。全校八个班，高级二个班，初级六个班，共计学生三百二十八人。教员十一人。教师教学水平低，提高教学质量不够，编制人员过紧，致教员体质不良。尤其是宿舍不够，三个人住一间房子，影响工作和学习，所以学校要求政府对教师加强政治领导和思想领导。毕业班三十四人，坚决要求升学。因为他们均系工商户和医院子弟，无处参加生产，学校教师已对他们做了不少政治及动员工作。但学生方面未发生若何影响。我到该校那一天，恰值星期天，也没有和该校学生见面。

（五）板桥乡金乌井完全小学。全校十个班，高级六个班，初级四个班，共计四百人。男生二百三十二人，女生一百六十八人。今年毕业五十二人。教员九人。教学及学习，都很认真，又能团结。学校房屋宽，设备全。惟今年毕业班思想情况不一，学校正在对他们加以教育。这事在今年说来，毕业生方面，是普遍的要求。教员遵照政府的指示，对毕业生加以解释，也是固定的办法。只要办法做到，就是已尽到责任了。至于效力如何，将来会有一定的趋势。该校教员的责任，算是已尽力了的。我视察该校完毕将行时，其校长忽出一横纸条，请我留题。我字迹本极恶劣，不愿作此献丑的举动，未遽许可。而一群天真活泼的童年，环绕共求。我见他们意出至诚，便不顾一切地写了几句话如下：丁酉夏视察板桥乡金乌井完全小学，英英优秀，环集乞言，老怀欣慰，书十六字勖之："精勤学业，爱惜景光；磨练身体，为国栋梁"。潜斋老人陈墨西，时年八十有九。写出便出校了。这是我视察金乌井完小的情形。

（六）集福乡完全小学。全校八个班，高初级各四个班，共计学生四百六十八人，教员十二人。该校在一九五〇年只有学生九十多人，发展很快，全校教员工作很忙。每日自早上五点钟起，至晚上十时方能休息，影响自学时间。各教员身体健康也受到影响。然老师教学热情极高，艰苦建校的意志很坚定，且有个别老师虽在病中，仍坚持工作。学生学习也很认真。该校全体教员的服务精诚，实足是令人感欢。至于毕业生的升学要求，教员等的指导尽责，已成各校照例的文章，不必深论。但我到该校时，学生正在下课休息，一大群学生就环绕着我，一间房子容纳不下。校长便命令他们整队集合操场，听我训话。学生迅速地去后，校长教员遂陪我到操场。

我本是一个极不会说话的人，在任何会场只用书面发言，这时候也不能不简单地来说几句。我说："人生最宝贵的就是光阴,古人说,一寸光阴一寸金,寸金难买寸光阴。这话是很有意义,光阴是一去不回的。若把光阴任意虚度过去,那便很可惜了。青年的光阴,比中年的重要。童年的光阴,更比中年重要。在童年时,能够不抛弃分毫光阴,从此日进无疆,无论任何学问,任何艺术,都可登峰造极。所以人生的学识事功,是以爱惜光阴为基础。又个人的身体,都要善自养卫。养卫的方法很多,而以日习劳动为最有效。我的亲故子侄中,素来文弱的,因劳动而发育身体,增加精力的有好几个。可见身体越练越好。有强壮的身体,然后有伟大的事业。这个磨练身体,也是童年的时代就应该注意的。我现贡献你们同学的只有八个字,就是'爱惜光阴,磨练身体'。完了。"我说毕后,全体欢悦。当时校长对我说:"您老的训话虽不多,但我们全校师生都有感动,对您老的印象是很深的。谢谢您老人家金言。"我在该校总共不过三四个小时,然而我已和该校长同声相应了。

(七)集福乡白石园小学。全校七个班,高级三个班,低级四个班,共计学生三百二十八人,教员十人。全体教员政治和思想水平都很高,他们认为要坚决搞好教学工作,并订有教学工作计划和学习计划,内容很丰富,又详尽切合实际。有的老师每月有二十二节课,最少的也有十八节课。工作负担虽重,仍能坚持自学和教好学生,全体老师对政治和业务很认真。惟学校房屋太不够用,教室太少,光线太差,窗户少,空气不好。三个教员住一间小房子,又无办公室,无用具,各种文件都无处安置。

学校房屋不敷,原因系粮仓占用正房四间,农业社占用两间楼房。粮仓每逢卖谷之期,吵闹不休,影响学生学习甚大。要求政府从速设法将粮仓迁移。不然不特房屋不够用,学生功课也要受到很大影响。查该校是一祠宇改造。该祠只一进两横,左横在土改时,已改为人民的住宅,右横为粮仓和农业社占去,只就一进房屋内建成三百学生的校舍,何能适宜。不过以地段和人口的关系,此地附近初小的学生要升高小,则前后左右的完全小学,都距离较远。惟此地比较适中,所以在此地成立完小。既有此种情形,则粮仓和农业社应迁出该校,是毫无疑问的。拟请您会饬衡阳县委召集各方当事人解决此一问题为要。

(八)渣江乡完全小学。全校十三个班,初中两个班,一百零七人;高小六个班,三百二十二人;初小七个班,三百三十九人,全校七百六十八人。教员二十二人。毕业班一百五十九人。该校初中及高小六年级各班,设在赤石寺,离母校二华里。该处房屋不够,学生宿舍不多,又无澡堂。初中学生对粮食和食油供应有很大意见,经校方加强教育、解释,已有转变。毕业班对升学的情绪和各完小全同。但在开学的时候,学校已注意这个问题,做了很多工作,如家庭访问、个别谈话、开班会、开家长会等,通过各项活动,现在情绪稍为安定。惟教师们都说功课负担太重,影响自学,并且尚要协助各项中心工作,精神感受痛苦。又对公费医疗有意见。

这个完小,我去年下期视察过一次,并有报告说:"渣江完小校舍为何隆片和睦社占去楼房三间,以作仓库。不但每次分谷时,人声沸腾,影响学生不能听课,且房屋倾斜,有不稳固之虞,于儿童安全毫无保障。同时将耕牛养于学校大门之内,豆壳、麦秆、稻草,随时堆放校中,对学生健康妨碍至大"等语。今年再来视察时只有耕牛未养于大门中,其余依然如故。我想去年和睦社的社址,尚系设在校内,他不知道是学校,只知道把粮谷、豆壳等都积存社内,还可以是这样说。今年他社已在渣江街上建成了社舍,而粮谷仍然存于校中,并于仓库出空时,将仓库加以封锁,豆壳、柴、农具等照旧任意堆积。这样的作风,真令人莫名其妙。我去年所报告该校情形,只算废话罢了。

(九)官埠乡完全小学。全校八个班,高小四班,一百九十六人;初小四班,二百零一人。毕业生一百人,教师十一人。对升学就业问题,都和各完小一样。教员的处理亦同。学校内也设有粮仓,且仓库多在教师楼上,谷子已将墙压坏了。在售粮时候,群众吵闹,有时学校不能上课,对学习有很大影响。若能将仓库迁出,则学校图书室和团队办公室,都能有地方办公了。教师现在都能团结,对办好学校的热情很高。

这个完小我去年下期也视察过的,虽无具体报告,但报告中有两句话说的是"个别教师不团结,如官埠完小素有不团结之名,便是一例"。现在教师已能团结,这是该校的进步。至于该校设有仓库,我去冬报告虽未提及,然我报告中有其他的建议四条:"上两条说学校不宜兼作仓库,已作仓库的,应一律令其克期迁出。农业合作社不宜在学校办公,致因农业而妨害学业"。这个事理是明明白白的。现就该校和渣江两校来说,足证我去冬上面这些报告,全未为省县行政和教育当局所注意,

（十）三湖乡完全小学。全校十一个班，高小六个班，学生三百一十九人；初小五个班，学生二百五十六人。毕业班一百五十一人。教师十五人。毕业同学的情绪和教师应付，都同各完小一样。全校教师感觉工作太重，对进修有妨碍，不能实现个人计划。尤其语文教师，因教两个班，卷子太多，精神很感痛苦。学校困难情况，必须解决的，如课桌坏的太多，校具缺乏。去年向乡人民委员会所拨操场，三方面临水，亟须加筑围墙。教师无宿舍，粮仓逼近学校，对学生学习有大影响。教室不合用，有两个教室四方当风，又在楼上，太窄太长。上面又无天花板，热天太热，冷天太冷。教育工会无办公房屋，学校侧旁虽有一间空屋，曾向乡人民委员会交涉，拨作学校应用，而合作社说要关鸭子，不肯交出。

这些困难情形，都是由学校兼作仓库和农业社混在一起发生出来的多。只要两方能交涉好，那些都容易办的。三湖是我的本乡，我去冬视察时，因无突出的问题，所以未有专条报告，现在加以说明，以后的整理，就是县教育当局的责任了。

（十一）三湖乡文峰完全小学。全校九个班，高小四个班，二百零六人；初小五个班，二百零六人，全校共四百一十二人。毕业班一百人。教员十二人。该班的情态和教员的应付，还和各完小一样。该校房屋太少，教室不够，又无礼堂，无教员澡堂，无操场。楼上教室，热天如火，冷天当风，对学生的养卫大有影响。教师们自经过工资改革，并学习毛主席对处理人民内部矛盾问题的讲话，教学热情均已提高。党群团结，更加亲密了。惟有部分教师对工作负担太重，感觉不安。

该校是我本乡第二个完小，离我家不过三里，我最关心。该校有四百一十多个学生，只有民房半栋，教室既不足用，又无活动场所，一遇雨天，儿童们只能蜷缩在狭小的教室中。且和民居杂处，牛棚猪厕，罗列前后，对儿童的清洁卫生亦不适宜。

至于设备问题，一般都不够应用，都有添设的必要。上面这些情形，我都对您会报告过，并抄送报告到衡阳县委会的。报告中，我有一条建议说："三湖乡文峰完小校舍，亦应设法解决，我建议请衡阳行政和教育当局，帮助现居该校的民户，迁至附近刘祠（原有高桥乡人委会，会址现在空出），将民户腾出的房屋，全部拨归学校，另辟附近园地以作操场。并拓建教室三间，方合乎完小两字了。此事只要当地农业社赞同，不难协助解决的。"我去冬虽是这样报告，在学校方面，并未发生何种影响。省县教育当局，对我也没有一个字答复。

我去冬视察各乡的教育，共是七个完小，除这上面一连四个完小外，只有唐福、界牌、久佳三个完小，今年未去，不知情形如何。若就渣江、官埠、三湖、文峰四校来说：只在渣江校大门牵出一条牛，这一条牛，要九十岁老代表提议，省人民委员会的交办，县人民委员会的执行，然后从门内将它牵出门外。不然它还不会动身的，你看这头牛的能力大不大呢？我写到这里，不禁狂笑不休，便成口号四句，现在写了出来，请您会大家也笑笑吧！

视察自嘲（渣江完小原系彭刚直家祠）："耄年辛苦有何求，冬夏奔驰不自休；视察莫言无效果，彭祠牵去一头牛。"

总合我此次所视察中小十三校而言，都是要增添房屋为第一义，两中校房舍情形，上面我已说明，无容再叙。十一完小的房屋，惟西渡完小为最完善，其余十校都有问题。尤以白石完小和文峰完小，房屋问题最大，都是以四百多个学生，挤在半栋房屋里面。我上面所建议的办法，似乎可行。应请您会呕函教育厅转衡阳县教育科办理。

关于各校教员工作负担太重，过于劳苦，集福完小校长对我说："每日除无自修时间外，每晨五时起，要到晚上十一时止，才得安息。只能睡眠五六小时。"我想这必应予改善，否则将来教员因苦劳而累死必多。即如我的胞侄陈槐殿，在官埠乡瓦铺小学任教员，在今年四月，因积劳累死，年仅四十岁。我现在尚感着痛心。我此次视察教育方面情况，对此两项主要问题，急盼政府从速予以解决。

三、农业生产

（一）西渡乡情况：全乡有二十一个高级社，参加农业社的农户占总户数的百分之九十二点四。去年双季稻面积三千九百亩，今年计划要到九千亩。全乡总田亩共计三万六千零九十八亩。去年扫盲工作，都普遍展开，因社会不够重视，宣传力量太弱，在春耕农忙之时，全部停顿了。莳插之后，仍未恢复。

西渡乡三田农业生产合作高级社情况：全社总户数四百四十户，共计人口一千九百六十七人；男全劳力者二百九十五人，半劳力者一百四十七人；女全劳力者一百一十三人，半劳力者一百五十人。总计田亩二千七百八十八亩半。双季稻去年种五百一十亩，今年计划要到一千三百亩。

去年有晚稻三百亩，均干坏。全社私养母猪五十一头，公猪一头，肉猪二百一十二头。计划搞十八种副业。尚有十八户单干。社中缺一个月口粮的有九十户，缺两个月口粮的有四十六户。缺粮原因，仅去年车晚禾水多吃一些，又因人口多的家，也要多吃一些。有民教二十一所，在春耕时仅存三所。

（二）英陂乡情况：全乡户数三千六百九十八户，人口有一万四千一百一十二人。有田二万五千八百八十八亩。有十八个高级社，入社者有三千五百九十户。入社的田有二万四千三百五十亩，尚有单干的一百零八户。生产计划，粮食作物到二万五千八百八十八亩。去年平均产粮每亩有三百九十一斤，今年计划每亩平均产粮到四百五十六斤。去年双季稻面积有五千八百零九亩，平均每亩产一百三十斤；今年计划面积要到八千二百七十五亩，平均每亩产二百一十斤。去年红薯面积有四百四十二亩三分，平均每亩产二百二十斤，今年计划面积要到八百六十亩，平均每亩产二百五十斤。去年泥豆面积有六千二百二十六亩二分，平均每亩产一百一十九斤，今年计划要到九千七百亩，平均每亩产五百五十五斤。全乡粮食尚有问题，已发动群众节约食用，多种早熟作物和蔬菜外，尚希望政府予以补助。

英陂乡合计农业生产合作高级社情况：全社有三百三十二户，计合人口一千三百七十四人。男全劳力者有一百九十九人，半劳力者有八十人。有田二千四百二十二亩三分。去年种双季稻面积有五百亩,今年计划种八百九十三亩。去冬及今春修塘四十口,费工二千多个。现在塘仍漏得很。去年受旱灾严重。社中私养猪比去年增加百分之三十。目前粮食仍有问题。

(三)板桥乡情况:全乡有五千五百四十户,计人口二万二千一百六十二人。入社农户占总户数百分之九十二。有民校八十二所,有田四万零五百七十二亩。有三十六个高级社。去年种双季稻有九千多亩,今年计划要到一万三千亩。去冬及今春补修水利七百八十处,费工六万多个。现在全乡已搞副业计有养猪、养鱼、养鸭及小麦加工、运输、种花生及苎麻。扫盲工作惟桥市社成绩最好,社会帮助少,群师又全系义务,干部多未参加学习。在春耕忙时,仅板市民校未停止,其余现在尚未恢复。

1. 板桥乡板市社情况:全社有一百一十八户,计人口四百八十五人。男全劳力者九十人,半劳力者五十人;女全劳力者只三人,半劳力者二十八人。有田七百二十八亩,尚有单干者八户。去年种双季稻三百亩,今年要种五百三十亩。去冬及今春补修塘堰共费四千多个工。去年所种晚稻三百亩,完全损失。前年平均每人口粮六百五十斤,去年只分五百六十斤。今年平均全社尚欠口粮二十五天,社员对此很有意见。全社平均每户有一头猪,最多者有养三头的。该社扫盲工作做得很好,二十岁以下的人无文盲。中年人尚有百分之四十不识字,民校在农忙时也未停课。现在全社搞副业有养鱼、养鸭子等。

2. 板桥乡民主社情况:全社有二百四十三户,计人口一千零二十四人。男全劳力者有一百七十八人,半劳力者五十人；女全劳力者二十五人，半劳力者七十六人。有田二千零二亩九分三厘。去年因受旱灾，副业失败。经切实调查，全社尚欠口粮六千多斤。种双季稻九百六十七亩。副业有公养母猪九头，平均每户私养猪一头。其他副业有养鱼、六碗鱼苗，养鸭九百多只。

（四）集福乡情况：全乡有四千七百六十四户，计人口一万三千二百五十六人。入社农户有四千五百九十户，尚有单干一百七十四户。有高级社二十六个。有田二万八千零五十九亩六分三厘。去年种双季稻有九千零五十亩，今年计划要到一万一千零三十六亩。有完小二所，小学十四所，民校一百一十所。去年养肉猪一千二百三十九头，今年有二千八百三十九头。去年养母猪一百五十六头，今年有三百一十头。种麻一十亩、花生八十一亩、芝麻一十一亩，种油菜六百三十七亩。养鸭一万五千只，养鱼二百万条。全乡尚欠口粮五万斤。现在发动群众垦复油茶山工作，利益很大。惟经济来源紧张。

1. 集福乡石元社情况：全社有三百四十五户，计人口一千三百八十五人。有田一千八百三十亩四分，油茶山三千六百亩。全劳力者二百四十九人。双季稻去年种七百三十亩，今年种九百二十一亩。种莲子十三亩。社中私养母猪二十一头、种猪一头、肉猪一百四十三头。养鸭二百三十七只，鱼一万六千条。共有油茶山三千六百亩，已垦复一千二百亩，今年拟再垦复一千二百亩。并订有垦复茶山方案，但因去年遭受旱灾，尚有周转谷五万多斤无款买回。社员要求社里贷款购粮，否则饿死在社里。社员尹集新说："我家五口人吃饭，社内把我口粮问题解决，我天天去挖茶山都愿意,并且保证个人垦复茶山八亩。"垦复茶山利益很大,如第一年收一石茶子的山,经垦复后第三年即可收十石茶子。全体社员对垦复茶山信心很大,就只经济问题亟待解决,即可全面展开工作。

2. 集福乡松山社情况:全社有二百六十一户,计人口九百六十三人。有田一千四百五十九亩。男全劳力者有二百人,半劳力者四十九人;女全劳力二十一人,半劳力者六十人。去年种双季稻三百五十二亩,今年拟种六百亩。全社养母猪三头、肉猪八十头。尚有单干二户。有油茶山七百亩,急待垦复。去冬及今春补修水利工一千五百个。去年遭受旱灾,副粮失收。全社尚有六万斤周转粮无款买回,对垦复茶山很有影响。

(五)花江乡情况:全乡总计有四千零七十一户,人口有一万五千九百九十六人。有十八个高级社,尚有单干一百户。共有油茶山一万亩,垦复六千亩。去年遭受旱灾,副业无收。去年种双季稻五千亩,今年种六千亩。去年冬及今春补修塘坝一百九十所,水库一座。共费九万六千个工。现在布置垦复茶山工作。养猪一千八百头,种花生二百亩,种莲子三十亩。已补销口粮十五万斤,尚有问题。

1. 花江乡花江社情况:全社有三百七十四户,计人口一千四百三十二人,有田一千四百三十二亩。男全劳力三百四十五人,半劳力四十二人;女全劳力六人,半劳力二十五人。种双季稻去年有五百一十亩,今年种六百一十亩。尚有单干十二户。私养猪一百二十头。去冬修水利费四百多个工,有抽水机一台。去年遭受旱灾,副粮无收,尚有九千多斤周转粮无款买回。口粮尚有问题。社员出工积极，对增产颇有信心，收小麦七千斤，现在搞运输工作。

2. 花江乡大江社情况：全社有二百零五户，计人口九百一十四人。男全劳力一百八十八人，半劳力三十一人；女全劳力八人，半劳力五十人。有抽水机一台。去冬修水利费四百八十个工。去年种双季稻三百一十六亩，今年要种四百亩。公养母猪一十七头、肉猪五头、公猪一头。私养母猪三十六头、肉猪一百六十头。已收小麦七千斤，油菜籽二百斤。今年种烟四亩，买鱼苗五碗水，小麦加工制面。社员出工积极，对今年增产很有信心。干群关系很好，生产热情高。去年的副粮都是丰收，社员对农业合作化的优越性已认识了。该社财政也比较公开，干部也参加体力劳动。

（六）渣江乡情况：全乡有四千三百零八户，计人口一万七千七百人，有田二万三千六百亩。尚有单干一百零二户。去年种双季稻四千亩，今年有五千亩。搞二十二种副业。有完小二所、初小三所。

1. 渣江乡五四社情况：全社有一百三十户，计人口五百九十一人。男全劳力一百一十一人，半劳力五十人；女全劳力三十五人，半劳力五十三人。有田七百八十五亩。该社去年卖超产粮二万三千斤给国家。去年种双季稻二百七十一亩，今年种三百六十四亩。去冬及今春修水利费工四百五十个。去冬种荸荠九十亩。今年收小麦二千八百斤，收油菜籽九百四十斤。公养母猪六头，私养母猪二十五头、肉猪一百二十一头。今年搞副业，小麦加工制面，荸荠加工磨粉,养鱼苗六碗水,插藕六亩五分,养鸭二百六十只。全社劳力尚有余,干群团结很好,对今年增产节约,都坚忍实行。大家认为合作化给他们带来幸福生活。

2. 渣江乡维新社情况:全社有二百二十四户,计人口一千零三十五人,有田一千三百一十三亩四分。男全劳力一百六十四人,半劳力四十八人;女全劳力三十九人,半劳力九十一人。尚有单干二户。去年种双季稻二百五十亩,今年种四百亩。去年所种新出五号稻七十亩失收。公养母猪五头、种猪一头,私养肉猪一百七十六头。收小麦八千斤、雪豆四千斤、油菜籽三百斤,种荸荠五十亩。现在搞小麦加工制面,养鱼苗十五碗水。账目清楚,干部作风好,社员生产情绪热烈,劳动力有余。

3. 渣江乡和睦社情况:全社有一百九十一户,计人口二百六十四人。男全劳力一百三十人,半劳力四十九人;女全劳力二十七人,半劳力八十二人。去年种双季稻一百八十亩,今年有二百二十八亩。有田一千零二亩。冬季春季修水利费工五百个。私养猪七十六头。去年为供销社留草子种田十三亩,草子无收入,供销社又不负责赔偿。新出五号种十五亩无收。已收小麦九千斤,雪豆一千斤,油菜籽一千一百斤,种荸荠二十亩。现在副业有做伞骨组,但无原料。小麦加工,养鱼苗三碗水。劳力有余,无别的副业可做,全社口粮经济都尚有困难,希望政府帮助解决。

(七)官埠乡情况:全乡有三千三百八十四户,计人口一万三千八百五十一人。有田二万零七百亩。有十六个高级社,尚有单干户一百零四户。去年种双季稻五千四百亩，今年二千一百亩。去冬及今春共修水库大工程两处，小修塘坝八百三十六口，共费工一万六千个。养猪户有百分之五十。副业有小麦加工、运输、养鱼苗、养公猪，现在乡干部有部分已参加体力劳动。

1. 官埠乡井塘社情况：全社有三百一十八户，计人口一千二百二十九人。男全劳力二百二十五人，半劳力九十九人；女全劳力七十六人，半劳力一百四十五人。有田一千八百九十八亩，尚有单干一十一户。去年种双季稻六百亩，今年种二百一十五亩。三定标准口粮四百八十斤，实分得四百二十斤。去冬及今春补修水利费工二千多个。已收小麦二万四千五百斤、油菜籽三百斤。私养母猪二十四头、肉猪一百八十头。副业方面，有小麦加工、木铁二组、烧砖瓦、养鱼、挑脚等。全社口粮尚欠一万五千斤。经济亦困难，干部对参加生产、认为有碍业务工作，不十分起劲。田中缺乏肥料、以杀青为主，幸能培出庄稼。

2. 官埠乡新锦社情况：全社有一百二十五户，计五百零二人。男全劳力八十三人，半劳力二十三人；女全劳力二十二人，半劳力五十四人。有田七百三十六亩。去年种双季稻一百三十亩，今年种五十七亩。私养母猪一十一头、肉猪九十四头。去冬及今春补修水利工四百五十个。春收小麦一万一千斤、油菜籽一百四十斤。三定标准口粮四百八十斤，实分口粮四百二十斤。现在搞副业有养鱼苗三碗水、小麦加工制面。干部均已参加生产，粮食及经济均有困难。因去年遭受旱灾，副粮无收。去年劳动工资，每日只三角五分。

3. 官埠乡官埠社情形：全社有三百六十五户，计人口一千四百六十人。男全劳力一百六十人，半劳力七十人。女全劳力三十人，半劳力一百五十人。有田二千一百五十亩。去年遭受严重旱灾，副粮全无。每个劳动日只分工资二角七分八厘。去冬及今春补修水利费工一万个，修水库一座。三定标准口粮四百八十斤，实分三百九十二斤。私养母猪一十三头、肉猪一百六十五头。口粮除已补销外，尚欠半个月伙食。经济也困难。现在搞副业有小麦制面，又有木工组。干部已参加生产，干群能团结，生产情绪很高。

4. 官埠乡石狮社情况：全社有一百零二户，计人口三百八十八人。男全劳力八十一人，半劳力二十一人；女劳力二十一人。尚有单干一户。有田六百四十二亩。去年种双季稻三百三十亩，今年二百一十一亩。标准口粮四百八十斤，实分四百六十斤。去冬及今春补修水利费工五百个。春收小麦九千四百斤、油菜籽五百斤。私养母猪七头、肉猪二十六头。现有副业养鱼、挑脚等，劳动力有余。去年劳动工资每日三角九分。现在粮食除补销外，仍有困难。经济也无来源。干部基本上已参加生产，认为对工作有影响，劲头不大。

5. 官埠乡江冲社情况：全社有九十三户，计人口三百二十三人。男全劳力五十七人，半劳力二十一人；女全劳力二十人，半劳力五十八人。有田五百四十二亩。尚有单干八户。去年种双季稻八十亩，今年种五十亩。标准口粮四百八十斤，实分四百二十斤。春收小麦六千斤。去年劳动工资每日四角三分。私养母猪四头、肉猪七十头。口粮及经济都有问题。

6. 官埠乡三合社情况：全社有一百九十一户，计人口七百六十五人。男全劳力一百二十九人，半劳力六十四人。有田九百七十七亩。有单干一十四户。去年种双季稻四百二十亩，今年三百亩。去冬及今春补修水利费工二千个。去年劳动工资每日四角九分。去年卖给国家超产量七千斤。私养母猪十五头、肉猪一百一十头。春收小麦八千斤、油菜籽四百斤，公养鸭一百六十只，养鱼苗两碗水。副业有篾工组，但无原料，因竹料均由政府统购。社干均已参加生产，对争取今年大丰收，均有信心。

（八）三湖乡情况：全乡有五千零四户，计人口一万九千四百八十六人。有田二万七千八百七十四亩。有二十八个高级社，尚有单干一百八十九户。去年双季稻种六千五百亩，今年四千二百亩。去年冬修水库两座，补修塘坝四百处。去年遭受了不同程度的旱灾，但对今年生产热情仍高，干群关系尚融洽。

1. 三湖乡三湖社情况：全社有一百九十七户，计人口七百二十人。男全劳力一百五十二人，半劳力三十四人；女全劳力四十九人，半劳力四十三人。有田九百四十四亩，尚有单干一户。去年种双季稻二百八十亩，今年种三百零六亩。三定标准口粮四百八十五斤，实分口粮三百七十斤。私养母猪二十八头、肉猪七十六头。去年劳动工资每日六角一分，去冬补修水利费工三百五十个。劳动力有余。现搞副业有粮谷加工、小麦加工、养鱼苗、养鸭子。去年遭了旱灾，春收小麦九千斤。全社平均摸底尚差口粮一个半月。干群尚能团结，生产热情高。

2. 三湖乡茶园社情况：全社有二百四十三户，计人口九百二十七人。有田一千四百零一亩。男全劳力一百八十三人，半劳力六十人。去年种双季稻六百一十亩，今年种四百六十四亩。尚有单干四户。三定标准口粮四百八十斤，实分得四百零五斤。去年有三十多亩晚禾秧田未插禾。去年新生五号二十四亩无收成，七百二十亩红脚减产。去冬及今春补修水利费工三百三十个。春收小麦一万五千斤，种荸荠二十四亩。去年劳动工资每日六角。私养母猪四十三头、肉猪一百五十头。全社劳动力有余。现搞副业有烧石灰、小麦加工、养鱼苗四万条、养鸭二百只。干部均已参加生产，干群生产劲头很大，争取今年大丰收，颇有信心。

3. 三湖乡马砾社情况：全社有一百九十户，计人口三百二十一人。男全劳力一百二十三人，半劳力八十四人；女全劳力三人，半劳力一十八人。统有田八百二十五亩。尚有单干四户。去年双季稻种八十一亩，今年三百三十亩。去年受严重旱灾，三定标准口粮四百八十五斤，实分得三百七十八斤。去冬及今春补修水利费工四百三十个。春收小麦七千斤，种荸荠三十五亩。私养母猪四十头、肉猪四十一头。现搞副业有小麦加工，养鱼苗一万五千条、鸭子四百只。去年劳动工资每日二角，口粮除已补销外，尚缺粮一万五千斤，经济无来源。

4. 三湖乡中湖社情况：全社有一百六十四户，计人口六百五十三人。男全劳力一百三十六人，半劳力四十五人；女全劳力二人。统有田一千零二十五亩。尚有单干四户。去年双季稻种一百八十亩，今年一百五十亩。三定标准口粮四百八十五斤，实分得三百六十斤。去年遭了旱灾，劳动工资每日四角八分。去冬及今春补水利费工三千五百个。私养母猪三十六头、肉猪八十五头。全社劳力有余。现搞副业有烧石灰及小麦加工、养鱼苗二万条及运输工作。公养母猪六头、肉猪二十头。口粮除补销外，尚有问题。尤以经济问题严重。烧石灰无款买煤炭。周转粮及补销粮无款买回，社员肖翼成因为无款买谷，要牵入社时耕牛去卖。社干均参加生产，但有个别干部作风不好，与社员有意见。但生产情绪仍好，对今年争取大丰收有信心。

5. 三湖乡瑶林社情况：全社有九十八户，计四百零二人。男全劳力七十人，半劳力二十八人；女全劳力六十三人，半劳力一十五人。统有田六百六十九亩。尚有单干四户。去年双季稻六十亩，今年四十三亩三分。三定标准口粮四百八十五斤，实分得四百一十斤。私养母猪九头，肉猪三十四头。去冬及今春补修水利费工三千一百个。去年遭了旱灾，劳动工资每日四角。副业现有小麦加工、公养鱼苗二万七千条。全社劳力有余，社干也参加劳动生产。惟粮食及经济仍有困难，群众生产积极性很高。

6. 三湖乡古峰社情况：全社有二百七十三户，计一千零一十八人。男全劳力一百八十一人，半劳力七十九人；女全劳力三十八人，半劳力一十五人。统有田一千四百二十五亩。尚有单干四户。去年种双季稻三百亩，今年有三百六十亩。三定标准口粮四百八十五斤，实分得四百一十斤。冬修水利费工四千二百个。春收小麦一万二千斤、油菜籽一千斤。去年遭了旱灾，劳动工资每日四角六分。私养母猪二十三头、肉猪一百三十五头。副业有烧砖瓦、小麦加工、公养鱼苗。现在口粮及经济均困难。社员对干部因粮食和经济问题讲怪话,干部对工作松气了。

7. 三湖乡余波社情况:全社有七十九户,计三百四十六人。有田五百零三亩。尚有单干十一户。三定口粮四百四十五斤,实分得四百一十斤。去冬及今春共补修水利费工二千五百个。去年遭受严重旱灾,一切副粮均无收成,只收得田亩谷四分之三。去年劳动工资每日四角五分。春收小麦七千斤。公养母猪五头,私养母猪九头、肉猪三十头。现在副业仅挑脚,劳动力虽有余,但无别的副业可搞。对经济及粮食均很困难,干部均参加生产。惟账目未公布,社员有意见,干群关系不太好。

8. 三湖乡茶岭社情形:全社有三百五十四人,为三十一户。男全劳力四十六人,半劳力十八人;女全劳力五人,半劳力十三人。去年种双季稻八十亩,今年种五十七亩。口粮标准为四百四十五斤,实分得四百一十二斤。去年劳动工资每天三角四分。尚余单干一户。去年遭受严重旱灾,副粮全无收益。公养母猪三头,私养母猪十二头、肉猪三十四头。春收小麦五千斤。去年只五分之一的田有全收,故现在口粮及经济均极困难。财政又未公布,社员有意见,干群关系有矛盾。

9. 三湖乡六一社情况:全社有二百三十四户,计九百三十一人。男女全劳力四百人,半劳力二百一十人。有田一千二百一十八亩。种双季稻二百五十亩。三定口粮为四百四十五斤,实分四百斤。去年遭受旱灾,副粮失收。冬春共补修水利费工六千个。春收小麦一万二千四百斤、油菜籽二千斤。全社除已补销口粮外,尚欠六千斤。经济别无来源。私养母猪十四头、肉猪一百五十头。副业养鱼苗二万条及小麦加工,干部对参加生产认识不够。

10. 三湖乡塘坳社情况:全社有二百七十三户,计一千零七十五人。男全劳力一百九十四人,半劳力七十人;女全劳力十四人,半劳力四十人。有田一千五百八十二亩。去年种双季稻一百五十三亩。三定口粮为四百四十五斤,实分三百八十斤。去年劳动工资每日五角六分。春收小麦九千斤,油菜籽二千九百斤。公养母猪十六头,私养母猪二十六头、肉猪一百五十头。副业搞小麦加工,干部已参加生产。

11. 三湖乡兴隆社情形:全社有一百八十七户,计七百八十八人。男女全劳力一百四十一人,男女半劳力七十人。有田一千二百六十三亩。去年种双季稻一百二十亩,今年种八十亩。三定标准四百四十五斤,实分得三百四十斤。去年遭了严重旱灾,一切副粮无收益。去冬及今春补修水塘六十口。春收小麦九千四百斤、油菜籽三百五十斤。私养母猪十九头、肉猪七十四头。副业公养鸭子四百只,鱼苗三碗水,或烧砖瓦。劳力虽有余,但无别的副业可搞。粮食及经济问题都很困难,亟待解决。社员生产积极性很好,惟干群关系有矛盾,财政未公布,社员有意见。

综合起来说:农村在党和政府正确领导之下,特别是走上高级合作化以后,广大群众充满了百倍信心,发挥了高度热情。差不多都个个忘我地劳动,努力耕作,尽力做到精耕细作,均匀密植,加工施肥,选种培育。为今年争取更大丰收,进一步改善自己生活,是确有保证。所以大多数人都有乐观的远景在心中。这是从好的方面说，不过也还有些问题存在。

（一）有的社里，搞得手忙脚乱，空气紧张，可是生产方面，无论田里土里，都做得不够。推其原因，没有坚持长计划，缺少短安排，人与事、人与时，不能配合完成。

（二）由于去年受到自然旱灾威胁，三湖、官埠等乡，水田不能浸春泥，今年虽然多加肥料，仍不能补偿没浸春泥的损失。两乡部分地区，就因此而有肥料不足的现象。其中突出的，如官埠乡井塘社第一、二大队，就有七十余亩，全是白水田。三湖乡部分也有这种情形。

（三）有的社员们，由于去年遭受旱灾而亏了底子，经济太不活动，政府配来的粮食，又没钱去买，以致减少出工，或者降低工作效率。

（四）社干们没有加强思想教育工作，使有些社员们正确了解社的发展与自己的生活改善有着密切联系，是密不可分的。如井塘社社员梁衍具的一堆肥料，至今还没有担去一担。

（五）一般的社员，出工或算积极，只有少数社员爱讨便宜，喜做轻快事，甚至怠工不出。这个影响生产，是有不少的损失。

（六）大多数社的财政未公布，会计业务水平低，影响社员生产积极性。在视察三十个社当中，只有大江社、五四社、维新社公布了年终财政。

（七）各社干部办事不够民主，社的监察组织不健全，不能发挥监督作用。

（八）各社干部文化水平和政治水平均低，各社仅订阅小报，且无人看，更不重视报纸。

（九）各乡扫盲工作做得很不够。在视察八个乡当中，除西渡和板桥两乡外，其余均在停办状态中，干部不重视，是主要原因之一。其次是群众老师缺乏，且完全是义务无报酬，上级领导力度不够。

（十）各社仍重视粮食生产，对副业注意很少，听任自然。

以上十种情形，想是上级领导所乐于知道的。我特明白说出，请您会察核，处理为幸。其他尚有问题，我本身亦有陈述，且俟异日函达报告，完毕，用曹代表典球去冬在一届第四次省代表大会赋诗韵成视察感怀一首，并呈台鉴：

道逢时雨洗尘沙，吉兆丰年只更赊。民隐勤求资自鬓，俊才奖掖显清华。群思努力除三害①，窃愿长鸣集百家。缺陷乾坤今补画，共和建设驾义娲。

右件并抄送衡阳区专员公署、衡阳县人民委员会合并说明。

此致
敬礼

湖南省人民代表大会代表陈墨西
一九五七年六月二十八日

---

① 三害：指宗派、主观、官僚三主义。

在湖南省第一届人民代表大会第五次会议上的书面发言[①]

1957 年 12 月

主席、各位代表：

我完全拥护程省长的开会词和周小舟书记、章伯森厅长、曹伯闻院长的报告。我现将本年春耕后在本籍视察经过，以及秋收后党领导在农村中进行反右派、反资本主义，以粮食为中心的大辩论，加强对农民两条道路、思想教育和政治教育以来，农村中一切新变化，掀起了兴修水利和积肥高潮，推动了冬季生产，向大会报告。

我因年达九十，不能久立讲话，只可用书面发言，不妥之处，请各位代表指正。我因长住农村，关于农村事物比较了解，但不能长途旅行，每逢视察期间都是在原选区（衡阳县）就近单独视察，从没有间断过一期。

今年五月十四日起，费了二十天时间，视察了衡阳县属二个初级中学、十一个完全小学、三十个高级农业生产合作社。在视察中所发现有关文教和农业问题，及所获得材料，均已详细写成报告书三份，分送省人委会、衡阳专署、衡阳县人委会，建议请予解决。在我报告最关切要的是两个中学的缺点，请求政府迅予改良，大部分已被省人委会采纳。

我今年五月视察期间，正值右派分子、资本主义势力

---

① 据衡阳市档案馆有关档案辑。

和少数反革命派的坏分子，猖狂向党、向社会主义、向人民进攻的时候，以致学校师生、农村中广大农民，都受到不同程度的影响，思想上呈现混乱状态，农村中的生产、学生的学业，均受到损害。但我在视察学校方面，每到一校，所有教员学生，见我以九旬高龄尚肯为广大人民服务，似都有一种特别感觉，足以增加教员尽职、学生勤学的心理。总观学校教员动态，自经过思想改造及肃反运动，并周恩来总理对知识分子的讲话以后，政治觉悟提高，教学热情积极，责任心加强，树立了艰苦办好学校的作风。尤其是青年教师很努力工作，他们都要求党加强对他们的政治思想上的领导，以提高教学质量。

惟小学教员表示工作负担太重，挤掉了自学时间，有的教员最多的每周负担二十二小时课，最少的也有十八小时，阅看卷子，均要在夜晚进行。有教员自早上五点起床，要到晚上十点钟才得休息，并且还要协助中心工作和扫盲工作。因为工作任务太多，有小学教员甚至瞒病坚持工作，其艰苦办好学校的热情可以想见。但此种情形对于教员的身体不无妨害，如我有一胞侄陈鹭祥（即前文陈槐殿），年仅四十岁。他在小学教课十多年，今年在官埠乡瓦铺区初小教课，正因为有病都不请假，以致在四月间吐血而亡。拿这一事实来说，则小学教员的劳力过度是万分危险的，请党政双方多加注意。又有部分教员感觉政治和教学水平低，要求党对他们加强领导工作，这是各完全小学大概情形。

今年上半年关于农业生产方面最突出的情况，是粮食和副业生产问题，以及多种经营问题。乡社干部中大多数人工作积极,成绩优秀的。也有个别干部迁就群众意见,未能深入了解。但乡干部中一般的文化水平低,任务重,领导能力薄弱,要求党政分别培训,以提高自己的政治思想水平。各社干部在领导农业生产方面多注意粮食生产,轻视副业生产及多种经营,影响社员增加收入,且大多数社员只看眼前个人利益,忽视集体利益;只注重自留地生产,不顾社的集体生产,有依赖思想,有资本主义自发思想。且有少数富裕户是敌对分子,带头闹粮食、闹退社,造成思想混乱,不安心生产。

当我在集福乡白石园社视察时,亲眼见几十个社员,坐在社里闹粮食。社干部多迁就于社员的意见,也说粮食和经济问题严重,未从思想上发动社员搞生产。但该社去年虽遭旱灾威胁,原来标准口粮五百二十斤。当在五月中旬农业春耕工作已完成的时候,本可集中全力作垦复油茶山工作,对垦复茶山长远利益认识不足,该处茶山若在收一石茶子的山上,经过垦复后三年即可增收十担。该社共有油茶山三千多亩,尚有二千多亩未垦复。当此农闲时节,本可大量发动群众,全力垦复,而社员劳力却成群地闲着,坐在社里闹粮食,要支垦复工具费。干部并对我说:"若政府多补销粮食,多贷款,则垦复工作方不成问题。"干部都有依赖思想,也是资本主义思想在作怪。如三湖乡兴隆社(即我住在的社),去年遭了大旱灾,标准口粮四百四十五斤,仅分得三百六十斤,经国家三次补销五万多斤,贷款六千多元,一切夏秋副业作物均失收本。要在冬季修建水库一座,石工并已开工,后因干群有依赖思想,强调经济困难,顾虑增多,中途停工,以致今年又遭比去年更严重的大旱灾，全社一千二百多亩田，受灾田亩达八百五十亩，受旱达九十天。虽发动全社男女劳动力，日夜全力抗旱，结果全社四十九万多斤产量，因旱减产粮食二十六万多斤，造成每个劳动日工资仅值五分钱，每人仅分回口粮二百斤，且全体社员均成超支户。超支最多的户，欠债达八十多元。由国家统销十一万五千斤粮，需人民币六千九百多元，现在毫无现款可以购回。

在今年抗旱中确实显示了合作化的优越性，涌现许多模范事迹。如一队花山河边，打沙井抗旱一个多月，最多每天出动水车六十八条。如孙子堰车水过岭抗旱，仅车夜水就有六百多个劳动日。原来我社系丘陵地区，多靠山塘水灌田，干群受了两年大旱灾威胁的教训。又经过秋收后在党领导下，展开以粮食为主大辩论，大鸣大放大争及反资本主义的两条道路思想教育，干群认清大是大非，政治觉悟空前提高，推动了冬季生产，在很短日期内完成播种冬小麦一百九十亩、雪豆十二亩、油菜六十亩的任务。大众都认为发展生产主要靠大兴水利，多积肥料。

现在我社联络邻近三个社，在我社书房咀新建水库一座，蓄水量达六万六千多公立方尺，可灌田二千六百八十亩。水库全部造价为一万七千余元，仅向国家贷石灰、水泥和石料款三千元，其余由社自筹负担，按受益田亩分配。在县水利局领导下，广大社员积极工作。自十月十五日开工以来，男女劳动出工率达百分之九十。我社应负担土工七千五百个，按社内每个全劳力要做七十个劳动日，广大社员均乐意接受。最近每日最多出工有四百六十多人，并涌现了很多典型事迹。如我社七十五岁的刘云厂老人都自动争取出工,每日能担二方土。他并说:"政府帮助我们修水库,在共产党领导下,我做事都觉得年青了。"在他影响下,带动男女劳动力都踊跃出工,如他同屋住的妇女刘承秀,最近与外乡爱人结婚才十天,也赶急回娘家来参加修水库担土工作。大多数社员无钱买油盐吃和缺少畚箕的困难都已尽量克服。同时积肥运动和翻板田的工作也积极展开,对于水库工程争取在春节前完成。

现在社内的大鸣大放运动仍继续进行,社员日里担土,晚上开会,并不觉得疲劳。农村中社会主义正气上升,压倒了资本主义歪风。我社劳动力无一个向外流,积极参加水库修建和积肥运动,并有部分社员天亮吃饭就出工,也有人在工地吃早饭,其生产积极性大大发挥了,这是我社今年实际情况。

只要党加强对农村导倾工作,在全民整风过程中,进一步加以社会主义思想教育和两条道路斗争方法,提高社员政治觉悟,继续导倾农民搞好水利工作,多积肥,多找肥源,组织明年生产大跃进,争取1958年丰收,提前实现农业发展纲要40条(修正草案),是完全可以做到的。

敬祝大会胜利成功,并祝各位代表身体健康!

书信

致谢廓晋①

廓晋尊兄主任惠鉴：

自我不见，于今三年。弟前者委卸领导清算衡阳公产责任，退而乡居。本以年逾八旬，即将就木，不必复关怀社会，但欲安闲息影，求一考终已耳。不谓事势竟有不然者，则一息犹存仍不能不有以自养，而对此素无预备也。弟生平不知求田问舍，尤不解营业理财。虽生于名门，而先代遗留只有清白，顾亦承受薄产，早即不足赡家。唯二十二三以前，皆受先人之饮食教诲，未尝问衣食之所由来。而于文学方面则颇有声，皆得力于庭训也。年至二十四五，遂不能不出而谋生，而营求改良政体。

初寓武昌为家庭塾师，继游浙、赣、江宁亦执此业。至年三十二三，进为南京学校教师，共阅二十年，教课曾无间断。至四十四五，则专为革新事业，仆仆风尘，于旧污染之涤除，非无微劳足录。于新政权之组织，从无何次未参加。自以性情笨拙，不善面谀，故口不言禄，而禄亦弗及也。虽常作客各省政府，皆居宾僚之位，非有职守之官。如此载沉载浮，又二十三载，而弟已六十六七矣。遂如倦鸟知还，于民国二十四年春遄归桑梓。家居数月，是秋复受衡阳女中之聘重执教鞭，连续五载；后转入南华中学教课（校址原在长沙，避日寇迁衡山白果镇），亦蝉联

---

① 辑自《风范长存》纪念文集。写于1951年。谢廓晋，又名谢晋，湖南省衡南县人，曾任民革湖南省委第一届主任委员、第一届全国人大代表等职。

四年，缘日寇扰及，不能赴校。乃与一二友人在敝乡办一初习班，专补国、英、算三科，约达两期，时民国三十三年也。日寇输诚，又受衡阳县中之聘，教课三年。而弟已年满八十，始声明不再接受聘书，于前年春（81岁）实行休息矣。然休息固合时宜，而饔飧难废于朝夕。既债台之高筑，复仓廪之全空，以前皆按月领薪，此时宁束手待毙？不得已，复招集高中生十余人，在舍间初习国文，得支持半年伙食。去年（83岁）上期，仍继续为之。

弟服务社会整六十年，依然不病不死，为问全社会中，其历史能与弟比者究有若干？弟殊不能指数也。因思古隆盛之时，要政莫重于养老，老有国庶之别，有虞氏尚矣。次及三代，为国老乎，则夏人养之于东序，殷人养之于右学，周人养之于东胶。为庶老乎，则夏人养之于西序，殷人养之于左学，周人养之于虞养。次而管子治齐，八十以上月有馈肉，九十以上日有酒肉。次而汉文令县道年八十以上，赐米人月一石，肉二十斤，酒五斗。

汉武元狩元年，遣谒者巡行天下，赐乡民八十以上，人米三石。次而至于六朝，宋武遣使巡慰，问民疾苦，不能自存者厚赐粟帛，高年加以羊酒。

梁武天监元年诏曰："衰老不能自存，官给廪食。"此历朝养庶老之大略也。至国老三老五更者，则自两汉至唐宋以后，无不备极尊崇。凡养体乞言之仪，讲礼合乐之典，良酝珍羞之设，蒲筵莞席之陈，史册昭垂。法良意美，顾可尽以为封建旧制，无足参考而必根本推翻耶？然以新政府所宣布不许乡村饿死一人之明令证之，则于人民疾苦，已甚关心。

昔夏禹曰："德唯善政，政在养民。"孟子曰："文王之民，无冻馁之老者。"孔子言志首即曰："老者安之。"礼记言大同之治，述其重要者曰："使老有所归，鳏寡孤独废疾者有养。"孟子又告梁、齐二王曰："老者衣帛食肉，黎民不饥不寒，不王者未之有也。"足证从古善政唯在养民，而养民尤重养老，已成定义。

今政府于养民政策，实已严厉进行，然而效果未彰者，岂智者千虑或有未及乎？禹文之成规无弊也，孔孟之美意宜师也。兄现与闻政治，能建议循禹文孔孟之迹以养民，则有为者亦若是。黎民自不饥不寒，老者自全体得安，而大同之治不难渐致。果其如此，则人民岂不歌颂，政府岂不褒奖，而吾兄岂不欢乐。此不朽之业，望吾兄努力加勉可也。

前弟之鬻文也，在与父言慈，与子言孝，与兄言友，与弟言恭，与夫言和，与妇言顺，与朋友言信。隐人之恶导以自新，扬人之善勖其加勉。此亦原风俗以正人心者所有事也。即对革命政府，亦未必不可稍效涓埃。兄如对弟之行文加之鼓励，则登高一呼必有响应。弟之事业或即恢复，意中事也。兄其可一施举手之劳乎？政府设立顾问参咨等名义，在总理主政时即有之，未尝不含有历代养老尊贤遗意。弟之任（湖南）省府顾问，由刘豢龙以临终绝笔介绍，此种对朋友之风谊，在近世实所罕闻。则刘谓今之贤者矣。而弟能为贤者之挚友，似亦可附于贤者之末。

至于地方文献，尤与政治密切相关。献者指人物方面言，文之义则包括甚广，凡文教文学、文化文治、文艺文物、文典文辞，皆是也。是种种者各有沿袭变迁，因革损益，文化愈进，变迁愈多。中国之文明，萌芽于伏羲之画封，继之以神农黄帝。而文教日昌，距今已七千年矣。约之而成历史。历史之为物，可藉以知成败，明得失，辨是非，资鉴戒。宋神宗名司马光之编年史为资治通鉴，良不误也。岂徒政治为然哉。一切人事技能皆须有历史知识，而后可以收功。否则厝火积薪之下，而寝其上，火未及燃，而自以为安者，比比是也。

君主时期，历史成一姓之家谱。民主时期，志乘以地方为重要。革命时期，对历史尤不可以抹杀。七千年来事物之发明，道德之建设，百家之著述，文学之研求，历朝之记录，任何措施，任何学理，无非前人所已言已行。尝见人偶然有闻，不知已为前人所唾弃，反诧为新奇，竟施之欲以自炫者，卒致自误误人，不能收拾。其愚妄殊可衰也。除最精深之科学外，凡谓何种学理为中国旧书所无者，皆平日全不稽古，信口妄谈。此总理所以谓行易知难也。

衡阳一地，今日已成东南重心。民国时期，南北对立之局，常自衡阳发动。如吴佩孚之倒段，林修梅之独立，谭延闿之视师，十军之抗日。其最著者而官私并无具体记载，其责任未知谁归。况邑乘未修，自清同治十一年至今已有八十载。此八十载之变迁，又千古之所未有。乃竟至文献无徵，宁非地方一大缺点乎？如弟者已尝事此而无寸功，正如为将覆军讵敢复向人言勇。而犹呶呶不已，抑何不自知羞。而有可能说者譬掣其肘而任不专，虽郭李亦同溃相，若掩其眚而果于周，则孟明终可霸秦。兄其能为弟复此责任乎？不敢请也，固所愿也。设事机或有可望，则弟当拿此硕果待人。移居衡市，鞠躬尽瘁，以终余年，庶几自食其力。至于盖棺，而目犹未瞑，仍为人民服务。则人民即弟家庭，弟又何必别有家庭哉！

弟虽长期奔走，未尝不以书本相随，以离书本则如鱼失水也。中国旧学，最先完善者道德，最精深者哲理。唯科学落后，神权最尊，故各种笔记叙述，真妄参半。弟于翻阅，颇能观其会通，其真者取，以辅益学问。其妄者视同戏剧电影，亦可愉目悦心，此尤老年长日自遣之唯一方法也。舍间书籍，由祖遗及弟增置不下万卷。日寇侵入时在敝村前后盘踞经月，搔扰舍间约近百次，故书籍大多为所损毁。寇去而拾遗，仅余四五千卷而已，且无一部完全。然弟对此残余，依然宝爱，以借此可尚友古人也。当时弟题书室门联曰"愧无令德型乡党，誓以余生守缺残"，可证弟之心曲矣。今如假吾兄之力得为公家保守完善典籍，俾日日坐拥书城，老死其中，岂不与游仙同乐哉？唯此种任务弟意欲在乡村中主持之。文教如欲昌明，乡村中似不可无此种机构，或举弟之私有一并捐入公家，集腋成裘，实弟所甚愿也，亦望兄代弟筹度而决定之。

迫切陈言，过嫌烦琐，矛盾蛇足，并未蒭除。且有非所宜言，不顾因而获戾，所恃多年故旧，或不深加诛求，不胜祷盼之至。专此敬请勋安。即希示复。

弟陈墨西手肃

十一月二十八日，农历十月三十日封发

致黄克诚①

克诚学兄台端赐鉴：

  右面这十首诗，两篇序是我陈墨西寄给你看的。我原名贞瑞，七十岁后就用字不用名了。我这次寄诗写信给你，是刘劲先先生的意思。刘先生是我多年的老同事。

  回想起二十八年前（民国十四年），广州国民党中央党部所办的政治讲习班，我与你是一同在那里听讲的。你是本班学生，我是外班旁听组员。本班六百人，外班一百五十多人，总共近八百人。其中年龄以我为最大（那时我已经五十七岁了），所以外班推我为组长，想你心中还有一点印象吧。外班听讲多是有点历史背景的人。我是以大元帅府咨议和总部政治顾问的资格来听讲的，所以听讲可来去自由，不受拘束。但我和龙君还有几个人，却在讲习所六个月无日不到。龙君听讲时对各门功课大概都有笔记，交我再加润色。其中以肖楚女先生所讲的，笔记更鲜。不料未等到付印，便碰到时局变化，原稿都散失了，实在可惜。

  民国十五年春，我和各同学在广州集资，印有同学录几百份，有相片列名的约二三百人，你是否列名我不记忆，现在这种同学录一本也不存在了。

  民国十五年秋，我因丁继母忧，折回衡阳，虽是湘军

---

① 辑自《风范长存》纪念文集。黄克诚，中国人民解放军大将，曾任中央军委秘书长等职。此信系摘录其主要内容。

职员，没有随湘军出发。回衡阳后，先闻北伐有功，继闻宁汉分裂，继又闻广州二次反共，楚女先生被戕，心中悲伤，足有两年不敢外出。后闻宁汉复合，谭延闿已就行政院长任，因于十七年冬复至南京。南京本是我第二故乡，和我的关系很长。

我那次在南京，又有三四年之久。十八年春，到南京的同学，又成立了政治讲习班同学会，我被推举为执行委员。那时我个人虽不要活动，始终没有用同学会的名义对外联络，但同学们能分得政权，改良社会，也是我很希望的，所以对于会务愿尽力。曾出月刊一年，后因无经费而停止。同学们在南京并没有大的活动，后渐渐地分散了，有几位同学要往广东，没有路费，是我私人资助的。会务办理一年后，同学们仍推我为驻会常务委员，便由我保留这块招牌，又延长两年。到二十一年，我离开南京才告结束。南京的同学会，同学登记的有多名，你仿佛没有参加，我是全不记忆了，大约我同讲习班前后的关系便是这样。

我离开南京后就是到浙江，那是鲁涤平任浙省主席，聘我为省府顾问，我便在浙江作客两年。到二十三年，因我第二个儿子在北平学校教书，去看看他，又在北平住了一年。到第二年春天，我年纪已六十七岁了。从民国元年奔走讨袁起，日日在风尘中，已满二十三年了。所以欣然回故乡不再出游了。

我从二十五岁起，就以教书为业，先在武昌、九江、杭州、南京教家馆，到三十三岁，南京设立学堂，便做学堂的教习。继续十年到四十三岁，去甘肃办学务，继续两年，就是辛亥革命，便中止教课的事了。六十七岁回乡后，下半年就在衡阳女子中学教课，后便转到各中学，继续不断。又十四年，我的年龄已满八十岁了，便声明退休不再教课了。不料退休后，因没有预备，就不免缺乏伙食。八十一二岁两年还在家教补习班，还勉强可以糊口。八十三岁这一年，没有一个学生读书，实际饿了两三天饭。所以作诗写信给朋友，请求救济。现在诗也作得有，信也写得多，接济还没有实现。所以照刘先生的意思，写信寄诗给你，请你念念这个唯一的老同学吧。

学弟陈墨西手书

农历壬辰（1952年）立春日（2月5日）发

来示请寄衡阳渣江转七区永安乡人民政府收交鄙人不误

致湖南省教育厅①

迳启者，墨西曾于省人民代表大会第一次会议提请修缮衡阳名贤王船山先生湘西草堂故址，并加保护一案。当经大会审查意见，系交省人民政府转衡阳县人民政府处理，各在案。前接省文委会来函，以王船山先生为明末清初重要哲学家，其故居遗址有保护意义，应即引起注意，慎重予以保护。并请墨西对其故居沿革提供详细具体材料，以凭派员会同当地政府文化部门调查后，转报上级处理等由。墨西此即临地访问，根据所得材料附以鄙见，汇辑成册，特印出多份分送各文化机关，以备参考。兹敬检一份送上贵厅，即希察核予以指正为幸！

此致

湖南省人民政府教育厅
附送船山故居沿革一册

湖南省人民代表大会代表陈墨西
一九五五年二月二日

---

① 据湖南省档案馆有关档案辑。

致黄道奇①

上二件②寄省方各文教机关后，旋接到本月五日省文物管理委员会（55）文，名字第0028号覆函一件，照录于后。

事由：函复关于保护船山先生遗迹问题。

陈墨西代表：一九五四年十二月二十八日来信，及附船山历史资料上、下二册均收到。关于船山遗址祠墓，经我会派员实地勘查，并作出报告。报告请文化局转知衡阳县人民政府予以保护，防止破坏，并函报中央文化部备查。先生年近九十，关心文献及名贤遗址，亲往调查。所辑船山故居沿革与船山坟墓及传状学术，至为详备，除存供参考外，并致佩谢。所提保护船山故居意见四项，除扩建湘西草堂一项，业经省文化局决定暂不兴建外。关于恢复船山乡名，将两乡合并为一，及成立图书馆等三项，当转报考虑处理。船山先生手稿残本，仍请注意征集。

如有收藏人捐献，我会可酌致奖金或表扬。务使名贤著述，不致散失为盼，致敬礼。

右公函除另录给衡阳县人民政府查照注意外，特录一遍附于上件后，请你会存阅。事关地方文化前途，并望你会督促衡阳县府进行为要。此件及前日一函均希示复，即

---

① 据衡阳县档案馆有关档案辑，写于1955年2月18日。黄道奇，时任中共衡阳县委书记。

② 上二件：指陈墨西所撰《关于王船山故居录要》和《关于保护王船山先生遗迹问题》。

请道奇政委赐鉴。

陈墨西手上
二月十八日

致湖南省人民委员会、省长、副省长等①

湖南省人民委员会、省长、副省长暨列委员公鉴：

我前月对你会的视察报告，结尾写呈视察感怀一首，第一联有"逢时雨""兆丰年"的字样。那因为，我的视察是在五月下半个月，路上所遇的雨虽不很大，却有七八次之多，以为今年夏收必定会好，也是人民个个希望的。所以我的诗是那样说。不料我视察以后，情形一天一天地紧张，到现在差不多两个多月了，还没有下过一次雨，不但夏收无望，即秋后的收成亦大有问题。这次湖南各县旱象的构成、原因极不简单，政府已详细调查，尽力救济。然而头绪繁杂，农民尚多有未解除痛苦的。我是一个长住农村的人士，衡阳又是这次受灾最严重的地方，我不能不将个人耳目得到的曲折细致，通通向你会说明如下。

受旱第一原因，是河水缺乏来源，衡阳是以蒸河灌溉全县，故有蒸阳之名。今年从六月起，蒸河自渣江以上，处处断流，也是因上流的小河，无水流入的缘故。如我住在三湖乡的兴隆社，和官埠乡井塘社相毗连。兴隆社的西南面有一条水，县志名柿竹水，由金溪乡上数十里流出。又三十里过塘垅圳至官埠的三合桥。另有一条水自上峰乡流来，约四五十余里，经白马桥流至三合桥东，与柿竹水合流十余里至渣江入蒸水河。

我的宅舍正在柿竹、白马两水之间，两水今年六月完

---

① 据湖南省档案馆有关档案辑。

全干涸。所以我乡伴柿竹水一带的田，早稻所收不多。这又是今年的特别情形。因为这一条水，在三湖乡的地面，从来没有干涸的，就是去年旱灾那样严重，我乡都没有受到重大的影响，多半是靠那条水的支持。今年那条水却是这样。所以我乡近柿竹水的农民，无不深切忧虑，以为今后将不堪设想，这是省县行政当局所应注意的。至水源所以缺乏，不外乎下列各点关系。

（一）去年全省多数的县，遭受了一百二十日的大旱，地下的藏水量，已大大减少了。

（二）春天雨水不够，大小塘坝都储水不足，不能耕种水田。

（三）近数年来，树、楠竹砍伐得太厉害，以致无竹木的根，可以蕴藏水分。河床日渐淤塞，河身容易断流，榨水泉水，天天减少，都是滥伐竹木的结果。尚希当局贯彻封山育林的方针，严禁砍伐，以固水土而防灾害。至于我的住宅和邻右，虽在白马柿竹两水中间，却距离水源尚在三里以外。耕田的水，还是要向塘坝去取的。

受旱第二个原因，就是今春雨量太小，塘坝均未蓄满水。这种情形，凡近山区田亩，都受影响。我所住的兴隆社就可以代表各山区的。因为山区地带，都是垅田少而排田多。排田既多，或因人力不足，不能同时并进。遂不免有顾此失彼的弊。就是人力足了，而塘坝已无水可车，也不能发挥多大的作用。故河水断流是沿河抗旱的威胁。塘坝无水，是山区抗旱的威胁。

受旱第三个原因。各社水车不足，也有相当的关系。山区是无人购买抽水机的，就是有也不大适用。去年干旱太久，水车用坏了太多。今年各社有多少水车未预先修补完好，致需水紧急的时候，无车可用，也要影响早稻一部分的收成。据三湖乡目前对早稻的估计，好的不过能十成之三，坏的只能收到十成之一罢了。这是人民切身的事，人民对于救济生产还是十分努力。党和政府对生产的监督也加紧而未松懈。我想将来一定会有转变的。

受旱第四个原因。对于泥色土质不加注意，亦有关系。如三湖、官埠两乡大部分是红土瘠地。我所住兴隆社全部是红泥，官埠乡的井塘社，多半是红泥。两乡镇其余各社红泥比较为少。但红泥地带的田亩，年年冬天都要蓄水养田，名曰浸冬。若不浸冬，来年势必减产，这是素年传下来的习惯。去年无水浸冬，今年就天干，红泥田都是要减产的。况又逢严重的干旱，农民就是竭尽能力，亦难望有相当的收获。而红泥地带的农民，尤其是日日有生活无着的忧虑。农民这样隐情，政府想已有觉察，但我是祖居红泥地带的一个人民，不能不特向你会说明的。

受旱第五个原因。就是粮食和经济两项主要问题。衡阳去年的旱灾，要以三湖、官埠两乡为最重，两乡各社的欠收，曾经政府数次调销，在数字上似乎已基本解决。但这个解决，只是就常年的估计，没有作灾年的估计。如近来农民日夜忙于车水，这样繁重的劳动，若不加足他们的粮食，叫他们如何支持呢？还有部分农民，平时不知计划用粮，耗费较多，以致目前无法接济。此种实际困难，本是他自己造成的，政府原不必过问，但当此抗旱时期，若全不予以照顾，于事势上亦必会发生影响。省人委会对此曾有指示，而三湖、官埠两乡，像上说的事体，正层出不穷，这可以说粮食问题完全解决吗？

至讲到经济问题，在目前农业社的初创期间，社员个别的经济困难，是不能完全避免的。我五月间在各乡视察，无一乡不有多数周转，粮无钱买回。这都是因去年的大干旱，各农业社全无蓄积所致。若是农业得到一两届丰收，这种困难立即可能解除的。无奈今夏又继续干旱，所以经济问题就更严重了。如我社近虽由政府配有车水粮谷，然要社员自己想法购买，社员本身既无分文可筹，社内连工分的钱亦无可支借。而粮谷又不能不购，只好相率外出。靠扁担一条换钱回来买谷，遂耽搁了车水工夫，有好几十亩可救的旱稻田，竟因此全无收成，你说可惜不可惜。所以这类的经济问题，若不急于解决，又岂能长期抗旱吗？

受旱的第六个原因。关于各乡社领导干部的能力是很重大的。我这次向你会的陈述，是坐在家里说话，故所说不外三湖乡兴隆社和官埠乡井塘社的情形。但各地的旱灾及抗旱的事实，亦复大同小异。我特将在本乡本社最近对党政工作者的舆论，作一度具体的说明。我乡在解放初为永安乡，土改后从永安乡划出为高桥乡。后又将碧峰乡入本乡。去年裁区拓乡为三湖乡。乡政经三四次的改组，而任工作的人，只有在永安乡时做乡长的梁培元尚有较好的批评（口碑），至今人民犹思念。若高桥乡的乡长，历年虽更换数人，却无一人能令人民满意。已过的事，可不深谈。现在的三湖乡长是诚实一类的人，群众对他尚无不满的表示。惟才识不长，力小任重，非多得能人扶助，窃恐竭厥堪虞。这是就乡政一面说。

至于党务方面，原来任高桥乡党支部书记的，他识字无多，官腔十足，思想不离本位，党义全难发挥，结果为本乡群众所不容，去夏已调往别乡工作了。同时，三湖乡拓乡完成，调来一个最优越的党务工作人员常启贵，实令我乡我社得到很大的益处。这人原在碧峰乡任乡长，当同事皆犯贪污嫌疑时，他一人独洁身自好，其操守已不可及。他本是一个未读书的人，近年却肯勤奋地学习，对于所受党政的训练，他能专心致志地研究，所以他天天得到进步。他向群众说话，能将党义政纲明白达出。这种聪明，实在是令人可爱的。他去秋是以三湖乡的副总支书的职名，派在我社和我邻近几社领导农业生产。

去年那样严重的干旱，我乡未受较大的影响，全是靠他的维持，他的作风，是不辞辛苦，肯负责任。时时和社员见面，事事和社员商量。社员如有困难，他能解决的立为解决，他如不能解决的，也必用和蔼的态度、委婉的言辞，详细为社员解释。社员虽然得不到他的帮助，也能体谅政府，不稍松努力合作的气。所以他去年在本乡抗旱，能有上述那样的成绩，岂不是各乡党政干部的特殊人才吗？他同群众联系如一家人，群众的劳逸勤惰，完全明了在胸。他一说话，群众总是悦服的。今年我各社的春耕，由于他的督导，一切农业基础，都已奠定了。

去年有部分盲目多种错禾，致受人为上的损失。诸如此类，也都纠正好了。今年若不天干，秋季的加倍增产，是不成问题的。但正当我各社早稻发育的时期，常同志被察明为衡阳各乡模范干部之一，由衡阳专区地委会调往衡阳市受训去了。另派本乡一个党支书王同志来接替他的任务。不料王同志接替以后，旱象随即发生，而且一天一天地剧烈。王同志是个奉令惟谨的人，本身也未尝不想把事体搞好。但是他太无办事手腕，又不善于语言，每每社员有事和他商量，他总是毫无答复，后来竟避免和社员见面，所以群众说，他太不负责了。他的作风完全与常同志相反，实际上是才能悬殊的缘故。

我上面所说社员因筹钱买粮谷，王同志在宣布分配时，只简单地说，这次分配社员的粮谷，要社员自己设法去购买，不能依靠政府。这本是他传达政府意旨，不能说他这话有何错误。但由他说话质直强硬，社员知道贷款全无希望，所以不去救禾，先谋果腹，致使一大部分的早稻无收，这就是王同志两三句话造成的。假如由常同志处理此事，必定会在事前事后分别和社员详细讨论，于无办法中去想办法，决不会只是宣布政府意旨便算完事。这是就他平日的行动可断言的。

三日前，我乡也下了一次雨，却是太不普遍，又未继续，旱象仍未减轻。若再不下雨，要继续抗旱的话，那决不是王同志能担任得了的。我社和各邻社社员一致的意思（社干除外，他们都不肯承认自己无甚成绩的），要请求政府迅速将常同志调回我社和邻社来领导这项严重而迫切的工作。常同志种种优点，由于近来赞美他的特多，我才知道得这样清楚。现在我代表本乡各社群众的意见，向您会说明，这是我在事势上、责任上都应该的。请您会即予考核，作出决定，并请交衡阳地区专员公署和衡阳县人民委员会执行，以慰群情，不胜切祷。我尚有关于文教方面的建议，和本身一个切要问题，须再迟数日详细写呈。

  此致

敬礼

           湖南省人民代表大会代表陈墨西

            一九五七年七月三十日

诗词

癸酉述怀诗五首①
序

淮阴居楚,莫问举足之重轻;井伯在虞,空争如驰之岁月。国殇已化,满目虫沙,处士犹闲,何心梅鹤?惊桑沧之屡变,问人寿其几何?鼓瑟吹笙,对星月而慷慨,临觞置酒,指苹兰而悲歌。朝露虽云易晞,草木已蒙经宵之润,拔心终于不死,卷施自具特立之操。输他暮楚朝秦,纵横如意,谁是先忧后乐,饥溺为怀。悠悠浮云,历历往事。卅年尘梦兴亡,牵及匹夫,九有奔驰交游,半成故鬼。江南回首,子山作赋之哀;渭北逢春,野老怀人之哭。从容数典,菲不遗,憔悴行吟,轺轩或采。

其一
述生平志趣及青年时之见闻

尧舜何人我亦人,先知宜解觉斯民。[1]
沐猴冠带胡为尔,弁羽归飞叹不辰。[2]
曾见清流终偾事,[3] 生憎祸首只谋身。[4]
威公有泪常成血,总是哀伤国步频。[5]

[1] 原注:予束发受书,即能自解释"尧舜与人同耳",及"天之生此民也,使先知觉后知"等句,尤知注意。

[2] 原注:予童年见满清冠服,即自耻沦为夷狄,油然有

---
① 辑自《风范长存》纪念文集。

驱胡复汉思想。又因先人两世仕宦,习知官场脚靴手版情形,益滋不悦。弱冠时,家庭谋为予纳官,以予雅不欲而止。然生不逢辰,幼即失恃。有知以后,感觉国势日非,尝制一小印曰:"三忧人章"。自用书籍皆钤之,意谓国、家、身均可忧也。

[3] 原注:甲申中法之役,自命清流如张佩纶、陈宝琛辈则积极主战,当国之李鸿章则积极主和。然主战者既无军事知识,又无一切预备,故张氏马尾一败,遂至不可收拾。而主和者则竟于法酋孤拔已毙,我军谅山大捷之时,于天津与法使签订不平等条约,安南遂不为我所有。在李氏,诚然误国,而清流党亦复偾事。

[4] 原注:中日甲午之役,袁世凯先在朝鲜本有挑衅行为,其意颇欲立功异域,以博侯封,奈未能知己知彼,但谋身荣不顾国瘁。日人大鸟圭介比谓袁曰:"君不过欲戴宝石顶穿黄马褂耳。"迨日兵大进,袁遂逃回天津,请命于李鸿章。李手批其牍有"首祸之人不能置身事外"之语。后此,日既胜我,遂兼并朝鲜,更蓄席卷东亚大陆之野心。迄如今日,中日已成百世不解之仇。推原其始,仅由袁氏好爵厚禄之一念启之。予当时闻人道此事甚详,并述袁种种凶狡,即已深恶其为人矣。

[5] 原注:予至二十余岁,因谋革新政治,遂长为东西南北之人。不意河山破碎,日甚一日,辱国丧权,有加无已。至民国二十年九一八以来,予每阅日报一次,即如刺刀割胸一次。天不悔祸,岁月难留,唯有终身忧患而已。

其二
述年三十以后之行动

偶击晨钟试一鸣,寒惊衡浦雁无声。[1]
明湖小识骑驴趣,蒋阜旋生踞虎情。[2]
味异苔芩频结契,[3]手栽桃李曰敷荣。[4]
幸教两美同心遇,革故均垂宇宙名。[5]

[1] 原注:予奔走数年后,觉欲革新政治,必须人民皆明晰国情。然人民不解文字者占大多数,宜用一种浅显文字,俾家喻而户晓,其办法在先觉者各在本籍着手。乃以戊戌春复返衡阳,创办一白话报,时国内犹无此种报纸也。宛平徐仁铸在衡阳试士,湘乡张君伯纯亦适在衡,力赞成之。徐继试士长沙,且以此事命题。同时邑人杨叔玫亦成立一学会,以研究政治。唯风气正犹闭塞,乡人目予与杨为二怪物。无何,清廷政变而报馆经费亦无着,因即停版。予与杨几不为地方所容,遂于秋间先后出走。

[2] 原注:己亥冬,予因叔玫之介绍,访唐烈士才常于沪上之东文译社,因缘而至浙江,隐身为人课读。庚子秋,闻唐在武昌就义,遂亦离浙。

[3] 原注:过南京时,张伯纯已在南京,凡湘中谋革命者过必主之。予因识其弟仲纯,及黄君钺、杨君笃生、钱君维骥、黄君仪仲、禹君稽亭等。又与山阴俞恪士寿丞昆季过从最密,曾一度与俞氏昆弟赴日本考察武备,遂为俞寿丞在湖南办武校、练新军之起因。旋偕伯纯及丹徒赵声、黄陂赵均腾、合肥宋芳宾、山阴俞大纯密结一团体,以谋改革之实行。

［4］原注：予初至南京，仍为人课读。至癸卯春张之洞督两江，建立三江师范学堂（今中央大学故址），予入为教员之一。嗣江督周馥改尊经、经心两书院为师范传习所，继又改为宁属师范学堂，其章程皆予手订。予又与诸同乡建立湖南旅宁学校，在南京学界共凡十年，生徒不下数千人，平日讲说不离从前倡办报馆宗旨。张仲纯前本在学界同事，近又与予同客杭州，承书联见赠，并题跋曰："曩者君于学校唱遍革命，嗣复间关秦陇，奔走百粤，凡所规画悉著成就，而今日人仍不能知君。殆孙子所谓善用兵者，无赫赫之功耶？"若仲纯即知我者矣。

［5］原注：赵声伯先氏，本俞恪士所办江南陆师学堂学生。由俞荐入三江师校，与予共事经年。至甲辰春，因他事与校长杨某不协，勒令自动辞职。予乃荐之入湘省武备学堂，其时总办为俞寿丞也。赵至湘后，值武校尚无缺席，另由他方介绍于明德学校授课，乃得与湘烈士黄克强结合，力行革命。今两人同为民国元勋，名皆不朽，其断金之因缘实基于由宁赴湘也。

其三
述辛亥壬子在甘肃反正事兼怀黄幼蟾

江南芳草倦春游，幽咽如闻陇水流。[1]
伍举班荆逢蔡友，[2]子房决策复韩仇。[3]
孤军竟破西酋胆，[4]一檄能医孟德头。[5]
周政共和凭此定，[5]东陵却有种瓜侯。[7]

［1］原注：予居南京共十二年。庚戌冬，俞恪士提学甘肃，邀予偕行。予思边省风气必尤闭塞，欣然愿任此凿险缒幽之役，遂于辛亥初春登程。车行两月始达兰州，沿途所见，实以穴居

之民与不毛之地为多。

[2] 原注：至兰州后，即主学署总务兼办省师范学校。时黄钺幼蟾，以道员世爵，与甘督长庚有世谊，已先两月至兰。旧雨重逢为之称快。遂日与密谋以甘肃反正。

[3] 原注：黄虽与长庚有旧，然长任事迟迟，故黄旅居数月未得要领。予请俞促之，长乃任黄为督练公所兵备处总办。武昌起义，川陕继之。甘与川陕为邻，故长庚积极用兵攻陕。黄因平日微露革命宗旨，大为官场所哗。臬司彭英甲、警道赵惟熙尤龃龉之。长本荐黄为甘肃军事参议，会攻陕军兴，彭、赵等改督练公所为营务处，主以司道，将黄职任全行销灭。黄请募兵卫长，长乃命黄为骁锐六营统领。彭、赵以黄既统兵，尤不容其在省。长遂令黄出防秦州。又甘候补道、衡山向燊者，亦予旧交。予以其在湘办学甚久，介绍于俞。俞先请其共襄学务。是时俞已任藩司，乃荐向为秦州道。遂与黄偕行赴秦。黄至秦后，即潜遣人分赴川陕，约与合作。向本日本留学生，亦非无革命思想，然颇慎密不露。黄因与之无素，莫测端倪，两方部署又无能传达意旨，遂以为不能同心相应也，彼此几将破裂。予在省垣尝讽俞反正，俞以兵权不属，嗫不敢应。且以不能阻止长庚用兵，而藩司职主筹饷，恐民党成功或受责备，乃以其位让赵。予另与二三同志运动省军，惟炮队一营能用，其余约二十营则无间可入，故炮队亦势孤而不能发。会省方闻向、黄不协，俞嘱予赴秦调解之。既遂沟通双方，向亦坦然乐从。乃建甘肃军政府于秦州，举黄为都督，向副之，予以教育司司长名义兼军府秘书长。今中央邹委员鲁《中国国民党史稿》（光复篇）中，纪甘肃之光复曰"陈贞瑞至，甘势益张"，又纪秦州之建军政府曰"陈贞瑞至，谋遂定"，可约略知当时情形。

[4] 原注：是时，甘肃攻陕之军，由中路东进者为马安良、

陆洪涛；由南路东进者为张行志、罗平安，共约五十营。长庚以彭为陕藩兼东路行营营务处，又起升允为督师。马军尤为勇悍。陕西新起之民军已岌岌可危。及清廷逊位，而长庚将诏旨匿之，仍促各军猛进。秦安人安维峻倡奉满清偏安西陲之说，甘肃官绅多和之。董福祥之二侄又出私家饷械，各将数营在平凉、固原之交。安亲往说之，董氏竟为所用。及闻秦州之举，马军先退，诸军继之，安、董等更匿迹销声矣。甘肃省会议长李镜清，致黄书有"西军之安然撤回，敝会之不至推倒，镜清之尚能生全，及一班官吏之不敢公然反对共和，皆公外结奥援，内得人心，有以助之。愧无净铜以铸公像"等语。故秦州军势虽孤，关系殊大。

［5］原注：西军一退，长庚即行出走。因赵惟熙已攫得藩篆，乃以督篆付之，赵乃自称护理陕甘总督。即用该项目名义电达袁世凯承认共和。袁本不知甘省内容，而秦州又不通电，遂命赵为甘肃都督。赵恐黄或攘其位，乃诬黄有土匪行为，故袁氏来文于黄多所申斥。予素知袁之为人，闻总理以职位让之，不胜太息。乃连草公牍，将革命之意义及黄之行动，详告甘肃官民，并及全国。一时甘人传诵殆遍。而黄之心迹因此大白。又为黄复袁氏文，直接数其十罪。袁仍无以难黄，反欲罗而致之。然黄终不为袁用也。予去秦时，向氏撰联见赠，有曰："排山倒海，著作无双。"可见文字亦未尝无灵也。

［6］原注：甘肃虽因秦州反正，而罢攻陕之军，并承认共和。然袁氏已命赵为都督，则一省不容有两政府。予因撰约章十四条，大致以在秦州所行政策，嗣后不能改易，并须通饬各州县照行。经省议会一一通过，复文到秦，遂以秦州政府合并于兰州。予与宁乡周昆为秦方全权委员，与兰方全权委员偕同签字。凡建立军政府约四月，遂告结束。留向氏在秦善后。黄

与予遂于秋间,先后南归。赵氏即电告袁谓"共和政府从此统一"云。

[7] 原注:黄自秦州解职后,凡以后改革内政诸役虽无不参与,然总如数奇之李广,无所表现于社会,今已贫老不能自存,只可学召平之卖瓜矣。

其四
述癸丑、甲寅间事,兼怀周道腴

连月征夫未息骖,[1] 图功幸有铁肩担。[2]
渡江壮士身先死,[3] 效命同仇斗正酣。[4]
蓬岛留踪仙不远,[5] 楼船横海事原参。[6]
咥人凶吉何须问,履尾还将虎穴探。[7]

[1] 原注:癸丑宋案发生后,国民党人共谋讨袁,予受黄克强、周道腴两先生之嘱,在半年内凡赴燕京者三,赴湘中者三,赴沪上者四,往复运筹,席未尝暖。

[2] 原注:周道腴任事最能负责,湘人称为铁肩,予当时奔走交际等费多周付给,数殊不赀。

[3] 原注:黄于南京树讨袁旗帜,予代表黄驻镇江招抚军队。时扬州徐宝珍接统兄宝山之军势颇张,予遣党人周德卿募徐部之能反戈者,以事掇不密而死。

[4] 原注:镇江各军因予之接洽皆愿听黄命,要塞司令张某本湘人,故奉令尤谨。及黄因卫队谋变出走,予在镇犹未知也。时袁军犹在徐州以北,徐氏先遣一军渡江,象山炮台见而击之,毙其团长一人,若隐为德卿复仇者,其事亦可异也。

[5] 原注:讨袁军失败,国民党要人,咸避地日京。予虽

未为袁氏明令通缉,然颇有戒心。因是秋曾一度至南京,几为逻者所获以邀功也。后此遂频往来于日京、上海之间,以沟通内外消息。至东京时辄以道腴及刘君劭裵两处为予居停。

[6]原注:肇和军舰之举义,在甲寅六月已有动机,其时交际等费,盖予取得道腴之接济,转付杨君啸天为之。其后予既离沪未与闻,然实为最初合谋之一人也。

[7]原注:袁将叛国,乃先示惠于党人,颁布其所谓自首条例,于是自海外归国者颇多。予虽始终反袁,幸不为袁所知,遂于乙卯春,直入燕京,观察袁氏之究竟。

其五
述癸亥、甲子间由湖南宁远至广州事

故乡霓节故人膺,[1]仗策因缘谒舜陵。[2]
辽守下车逢剧寇,[3]伯通归汉启中兴。[4]
蛮争好藉驱狐鼠,[5]兔死何须惜犬鹰。[6]
鹬蚌只今同一尽,遥看胡马日奔腾。[7]

[1]原注:故行政院长谭氏延闿为余壬寅岁同试友,民国十二年秋,总湘军在衡阳,予由长沙奔赴之。

[2]原注:当时谭欲收物望,特邀予长宁远,戏曰:"权将君降调。"意谓予民元曾膺简任职也。宁远有九嶷山,为舜陵所在。

[3]原注:用汉赵苞事。予至宁远仅十日,而叛将沈鸿英全军窜至,予恐糜烂地方,乃出而招抚,凡维持经月,鸡犬赖以无惊。

[4]原注:予乘间说沈归顺总理。沈遂请予至广州代彼输

诚。余往来两间三次,遂完全得总理与谭故院长之容纳。沈因于十三年春将所占广东、北江各地奉还,率其全部回广西。而广州政府遂无北顾之忧,形势以渐巩固。

[5] 原注:时广西除浔、梧两地外,几全为陆荣廷所据,沈亦仅有平乐一隅,其归诚还军,实欲与陆争地盘也。是年二月后,两军备战。六月,竟将陆氏全部消灭,而沈亦筋疲力尽。黄氏绍竑时在梧,李氏宗仁时在浔,白氏崇禧犹在,李、黄所部并无声于社会,值沈、陆交争,遂乘机由浔、梧而起,从容收取陆氏所据各地。沈之血战,仅为人驱除而已。

[6] 原注:沈击灭陆氏后,其本军亦旋为李、黄、白所击灭。然沈本绿林之雄,又敷性反复,故广州政府终不信赖之。然自予介绍归诚后,究未再有叛国行为。当其击灭陆氏之初,实未尝不使广州政府益增巩固,政府亦未尝不特别嘉奖之也。

[7] 原注:陆、沈之后,互争而互踣者又多矣,然内力既竭,而外寇乃益张。

西湖春柳曲① 有序

天下以西湖擅名者三,曰杭、曰惠、曰颍。皆有东坡政绩在焉。故杭惠湖堤并以苏名。

予五十九为惠宰,与东坡谪惠之年适同。六十四再游杭,因有赢得游,综拟坡老六年。杭惠两西湖之句。衡山李子佩秋谓我,衡阳亦有西湖,乃宋时名贤流寓地。而眉山无之,似予更胜坡老一等。其见和诗曰:犹赢一事夸坡

---

① 辑自《湘东吟社初集》。1936年年初,陈墨西与唐廷秋、段家谦等人在衡阳成立"湘东吟社"。1937年农历七月出版《湘东吟社初集·别集》,姚尊署检,收录了陈墨西、唐廷秋、段家谦等衡阳人士诗作450余首。

叟,旧隐城西有赐湖。惜坡不宜此使。

我邑西湖不能与柳浪苏堤竞胜,谓之何哉?然有宋贤栖迟于前,今日诗社诸君子吟啸于后。则湖山之美,亦不辜负,勉为此曲以踵芳轨云。

四十余年江海客,风起絮飞须发白。纵游杭惠两西湖,晓春最爱苏堤碧。凉州曾上白云间,欲引春风度玉关。迟暮解还倦飞鸟,故乡饶有好湖山。

春水一泓展郊甸,望湖门外堪留恋。十里烟迷学士家,千株柳映濂溪院。黉宫化雨一片春,当年人拟洙泗滨。柳外新荷点绿水,谈经无复爱莲人。

湖边盈目碧毵毵,湖外群峰例影涵。此日烟霞谁是主,前让易九①后唐三②。雅集翩翩陈大宅③,就中段四④称达伯。何子⑤欧阳⑥亦豪吟,同将景物供挥斥。

雄谈笑傲醉魂馨,曲水流觞拟兰亭。但愁春尽颜色改,不似西泠松柏青。湖柳依依不可折,春来春去无断绝。春梦易透未央柯,莫效灞陵绾离别。

---

① 易九:诗社成员易学。
② 唐三:诗社成员唐廷秩(1882—1949),字叔平,日本高等师范毕业,曾任教育部教育司科长、湖南省立长沙第一中学校长。
③ 陈大宅:诗社成员在陈樊夏家聚会。
④ 段四:诗社成员段家谦。
⑤ 何子:诗社成员何镛。
⑥ 欧阳:诗社成员欧阳文藻。

书 感[①]

惊看渤海更横流,摇荡燕南百三州。忍使豺狼舁卧榻,不将矛戟拟仇雠。十年生聚成刍狗,百代冠裳幻沐猴。倾尽白河东逝水,悠悠难洗是奇羞。

锁钥轻抛启北门,容他虏骑似云屯。峨冠叛宋多刘豫,骚笔怀荆少屈原。王气已衰今更尽,长城坐坏复何言。谁凭车甲行无道,欲遣巫阳觅国魂。

蛮夷大长意何图,窃号居然敢自娱。堪叹原鸰忘急难,轮将封豕作前驱。缨冠不救心殊忍,紾臂方餐德亦孤。知否渔人涎鹬蚌,欲从南海得明珠。

漫说挥戈效鲁阳,迴天往事半荒唐。雄心自信非螳臂,真面人知是虎伥。不听鸿嗸抒恻隐,还看龙血洒玄黄。大南建国师依氏,未必今无犹武襄。

新 秋[②]

蒸人酷热待全收,底事余威尚滞留。闻道元戎纤锦策,还容蛰鸟养林羞。淮南木落惊心早,塞北鸿哀入耳愁。愿得清凉弥世界,逍遥一例乐鹏鸠。

鸣蝉送夏却殷勤,烈烈南风总不薰。百代兴亡皆幻影,一年容易似流云。季鹰已向菰莼老,童骏偏将麦菽

---

① 辑自《湘东吟社初集》。
② 辑自《湘东吟社初集》。

分。纨扇从今捐箧笥，谁怜驱署有前动。

渐闻蟋蟀务宵征，莫信鸣虫有不平。鹰隼高天忘搏击，螟螣原野定纵横。山留一篑人常懈，堤累千金蚁易生。肃杀及时能顺应，风烟万里自然清。

遥对龟山叹奈何，洞庭木叶已随波。可怜苍狗斯须变，坐见黄钟毁弃多。时过蓼花疏泽国，心孤桐树冷林阳。盈庭异日称民望，衮衮鸱夷与祝鮀。

丙子中秋对月①

桂魄今宵分外奇，清樽坐对意忘疲。浮生悔作长征客，佳节新题即景诗。仰慕娥容妆秘殿，俯看雁影掠清池。有人泛棹潇湘水，侵骨寒光总不知。

层氛几度困婵娟，今夕欣逢体态圆。紫落浮云都扫却，结璘真面故嫣然。惜无庾亮供谈咏，似有巫娥奏管弦。万里清光看不足，还期岁岁复年年。

次韵答刘豢龙②

忽忆新都别，重逢意黯然。卅年留雁迹，百度起狼烟。梦绕渔阳道，霜凝鄂渚天。悠悠辽鹤去，莫问旧山川。

---

① 辑自《湘东吟社初集》。
② 辑自《湘东吟社初集》。刘豢龙（1883—1943），名异，号隽礼，今湖南省衡阳县金兰镇人，现代词章学家。早年即工骈文，就学船山书院时，深得王湘绮赏识，称他与蔡人龙二人为"南楚二龙"。曾任湖南省土地呈报处处长、湖南省政府顾问。1943年，病逝于衡阳，临终推荐陈墨西接任他的湖南省政府顾问。

斯文将丧日，独步蹑鳌头。锦绮从心织，江关动客愁。偶偕鸳鸯侣，宿与凤麟游。一片潇湘月，光含万里秋。

奇字人争问，穷经不告劳。俞心悲杖弱，牙手奏山高。愧我嚣尘暮，输君典册豪。长鲸犹奋鬣，谁与靖洪涛。

秋江晚眺①

南中秋色媚，薄暮与犹赊。碧剩河堤柳，红开月殿花。孤高怜击隼，凌乱笑飞鸦。暂弭羲和节，余晖正可嘉。

萧瑟凉风动，蒸湘荡碧波。夕阳回雁影，野渡唱渔歌。倦鸟投林急，归帆转面多。遥看松与竹，依旧挺苍柯。

天水遥相接，蒹葭水国荣。不愁黄木落，还爱锦云横。夹岸喧人语，轻舠触鹭惊。观澜诚有术，百感到平生。

滚滚江流逝，空蒙郁远烟。鸢飞鱼跃境，枫叶荻花天。缥缈湘灵瑟，沉吟屈子篇。好寻归路去，月色满前川。

即席赠蒋子龙诚王子景农各一首②

虎踞龙蟠地，相偕五载游。乱苗空恶莠，惊浪感同

---

① 辑自《湘东吟社初集》。
② 辑自《湘东吟社初集》。

舟。我愧蹉跎老，君多远大谋。作人虽可乐，还望效班侯。

抛却齐民事，潜身入杏林。活人诚有术，医国岂无心。瞑眩谁堪饵，膏肓悉待针。希文良相语，千载可追寻。

和前题①

设帨开汤饼，无人笑弄獐。枯杨稊转秀，孔雀尾初彰。戏墨超三凤②，调钧伴九光。光楣他日壮，博得姓名芳。

欢集褒公宅，飞觞已再三。篆鸿归塞北，缔葛咏周南。有素方能绘，无青不出蓝。尹令宗法改，何必重生男。

咏 雪③有序

壬申十二月十一日，冬行春令，几不能裘，入夜朔风怒号，质明大雪，何寒热转变之易也，感而赋此。

蓦然一夜起狞风，鳞甲纷飞关玉龙。万里毡柔餐细细，三军纩薄望颙颙。旗亭曲和阳春叠，淮蔡师期午夜冲。莫道寒威真可怖，平林犹有后凋松。

---

① 辑自《湘东吟社初集》。
② 三凤：指凌兴凤、王凤笙、罗小凤三人。
③ 辑自《湘东吟社别集》。

壬申除夕杭州遣怀兼呈吕厅长蘧荪四首[①]

一

一我中宵别故新，经年往事化烟尘。平蛮此际宜开宴，戡敌良图在卧薪。纵使犬羊残典午，犹存竿木挞嬴秦。从兹教训兼生聚，先睹芳蕤两浙春。

二

无限心情付逝波，斜曦难返鲁阳戈。山高曲畔知音少，鹤唳天中警夜多。投笔拟除狂左衽，散花空慰病维摩。江关岁岁增萧瑟，时遣兰成发浩歌。

三

乡关迢递故难回，况有夷氛卷地来。头角遥怜予季秀，鬓毛渐觉老夫摧。自嗟伏枥饥神马，只恐崩山响巨雷。后乐先忧平昔抱，衣经火浣不成灰。

四

怆怀故旧类晨星，情为艰难已备经。放鹤宜邻仙窟宅，骑驴愿隔小朝廷。莫疵葵叶麻根本，欲伴槐枝问典刑。听瑟欣参鸣鹿座，难忘阮目总垂青。

---

① 辑自《湘东吟社别集》。

癸酉三月晦日杭州遣怀①

百计难留海滋春，送春长作未归人。龟山有操终思鲁，鹞首无端谬赐秦。世味嚼如蜂蜡薄，梦魂流与梓乡亲。万方一例同憔悴，应向天阿托此身。

偶　成②

关山万里载驰驱，险阻艰难剩故吾。暗患姓名同李志，明怜旗纛困崔苻。宋廷故坐和戎小，卞泪宁甘献玉枯。幸有游踪拟坡老，六年杭惠两西湖。

杭州呈鲁主席咏庵③

忍将身世坐销沉，皓雪无端向发侵。冥海鲲鱼飞鸟骨，暮年烈士壮夫心。庬强千古高苏节，岁歉三农仰傅霖。遥想严公宽礼数，哀时杜老总酸吟。

伊今沧海更横流，攘外还宜内政修。第见鸰原忘急难，空闻鹑野赋同仇。雍奴且喜犹相借，飞将何缘竟不侯。莫认五龙三凤起，等闲都是稻梁谋。

---

① 辑自《湘东吟社别集》。
② 辑自《湘东吟社别集》。
③ 辑自《湘东吟社别集》。鲁主席，即鲁涤平（1887—1935），字咏庵，湖南省宁乡市人。鲁涤平担任浙江省政府主席期间，聘任陈墨西为浙江省政府顾问。

癸酉杂感用杜陵诸将五首韵①

一

岩疆负海更连山，天下雄称第一关。玉壁忽闻过貉子，铁城转漏丧人间。甲鸣但见雍颅陨，矢折空言解血殷。借问宗周离黍客，峨冠何计障羞颜。

二

闻道白檀汉置城，延梁曾建上公旌。蜂豺积信推专阃，风鹤传疑曳败兵。八节窥天分野缩，九州复旦浊河清。依稀古篆沙鸿到，细听声声总不平。

三

秦皇永计息边烽，紫塞雄关设万重。强虏固难三箭定，逆胡翻借一丸封。连云甲胄若无备，盈野刍粮总待供。颇爱刀光参北斗，哥舒逸事话村农。

四

龙城飞将盛名标，射虎英风迹未消。唐室强藩今奄奄，临淮国士已寥寥。饮河频听嘶胡马，丧节何烦珥汉貂。滦岸沙堆埋断戟，倩谁磨涤认前朝。

---

① 辑自《湘东吟社别集》。

五

长鲸叠浪似山来，浩荡灵修百不哀。节度九贤同溃相，姑苏群鹿尚游台。盟成曲意全文宪，战罢欢声入酒杯。遥想林胡曾辟地，当今谁是牧颇材。

次韵和刘揆一近代诗史十首①

一

辜负貔貅万灶烟，神州重器一朝迁。战龙西踣玄黄野，化鹤东飞缥缈天。不解子桓煎豆急，几闻祖逖著鞭先。白山黑水粘蛇雾，义愤沉沉意悯然。

二

东海来飙甚石尤，吹成国恨与家仇。鼓鼙不破霓裳舞，趾屦宁忘摧李羞。九篑肯堂功竟叶，廿年衣锦德奚酬。金貂怕为胡尘丧，老赢无辜尽向沟。

三

夷狄深谋乱九围，东西霆跋逞狼威。楼船横海江关震，鸷鸟鸣空屋瓦飞。化土嬴宫悲烈炬，覆金采石幸孤矶。前军苦战凋伤尽，留得周余认故扉。

---

① 辑自《湘东吟社别集》。刘揆一（1878—1950）字霖生，中国民主革命家，与陈墨西在湖南制定省自治根本法等备处共事。

四

危邦易子析骸秋,城下要盟剧可羞。樽俎折冲无礼让,艾兰气味有薰莸。为防投鼠伤珍器,争当和戎是远谋。金粉楼台添后垠,书生空抱杞人忧。

五

宅心避房成何智,抗志移山转笑愚。栗角蛛丝侵敝社,槐庭鲛泪仄黄图。不闻裘带临荆土,又见衣冠集汉都。水火益增深热处,可怜坐论尽忠谟。

六

山河破碎不成春,自诩咸称卫国身。但学韩侯藏敝裤,宁随诸葛戴纶巾。心劳抚字人疑拙,运际艰难祸有因。仗节从容非本色,权辞御侮亦精神。

七

唇齿相关非异体,戟矛偕作议兴师。黄台讵忍瓜频摘,广厦还劳木善支。绘马立吴憎亮虐,弯弓射越代兄悲。请看赤县虫沙满,城火熊熊尽入池。

八

午夜横刀光映雪,一时胡血溅阴山。蛇涎虎爪宁长避,石磴天梯许独攀。人向临洮窥牧马,功同板屋整游环。偏师可惜终无继,名字哥舒伯仲间。

九

与金再度寻盟日，半壁临安势益非。尺蠖求伸南地屈，候禽避暑朔天飞。媚秦未必延齐祚，结楚何尝解郑围。无道甲车方自得，粗官心事总渊微。

十

锁钥从今虚北门，惟余涕泪吊英魂。沙场蛮触成尘梦，山上胭脂尽血痕。上帝无声惟板板，中权何计拯元元。蹈陵欲雪荆人耻，还望鹭拳掌大阍。

思惠阳①

我于五九宰惠阳，东坡谪宦年相当。惠地自经坡游后，千古西湖比浙杭。亦有长堤冠苏姓，朝云墓下游人盛。我无他政福惠民，力不从心留遗憾。

东坡居惠阅三稔，我居惠时不安枕。遥遥等是沦落身，点缀湖山相远甚。间关南朔又驰驱，梅鹤重寻高士庐。壮心未已年华暮，国步频艰涕泪枯。

揽胜何须涉江海，故乡亦有西湖在。又逾八载归去来，春色秋光都未改。望湖门外柳千条，郁郁荷香十里飘。即春曾赋西湖曲，雅集群贤俗虑消。

---

① 辑自《湘东吟社别集》。

八十初度抒怀①

百折千磨剩此身,不堪回首忆前因。
临阶幸觉芝兰馥,阅世唯余面目真。
华发垂竿思尚父,遐龄布被陋平津。
犹冀数年能假我,期化枭夷起凤鳞。

湘主席王公惠以寿诗谨次韵答谢凡二章②

一

长淮莽莽楚山行,自是穹苍点缀工。
大笔如椽干气象,中流有柱镇南东。
权奇迹著陶公垒,拱卫心悬汉殿枫。
最喜三湘曾秉钺,只今文献属衰翁。

二

髫年射策若为雄,老大雕虫恨未工。
才薄故难歌石鼓,道穷空说障川东。
忽传云锦生幽谷,如见仙屏挂古枫。
更幸樽前容借箸,后车殊愧钓鱼翁。

---

① 辑自《风范长存》纪念文集。
② 辑自《风范长存》纪念文集。

辛卯感怀四首奉寄长衡故人[1]

序

尽辟草莱,大惩游惰,旧污全去,新运宏开。成至治于崇朝,洵无前之盛业。予备尝险阻,剩此余生,阅历深长,翻多隐憾,远驰海宇,而近废丘园,谋涉崇高,而步趋尾下。故怀拯溺之愿,特蹈从井之愚,薄有负郭之田,难偿避台之债。贻谋群燕,翼成相率远飞;迟暮孤踪,膝下阿谁慰问?素辞反哺,宣言誓守终身;今减常餐,何意竟逢耄齿。唯停车犹来问字,斯执贽未绝束脩。至砚田全废舌耕,而穷途遂难自给,顾待晞朝露,明时原无足重轻,而无罪高年,此土希免其饥饿。矧先忧而后不同乐,进锐而退不求安。如此生平,或堪表率。征诸乡邑,似少等夷。养老固无明文,周氓宁乏通义。念桑榆之日月,本已无多,继粟肉廪庖,亦当有限。心思往事,循空谷而行吟,孰肯怜侬,祝故人其无恙。农历辛卯九月,衡阳七区永安乡陈墨西,时年八十有三。

---

[1] 辑自《风范长存》纪念文集。辛卯:1951 年。长衡故人:黄克诚、谢晋、屈子健、刘劲先、姚子仙等。

其一

貌耕回首最凄然，革故奔驰五十年。
涉险投艰非我惧，高官厚禄让人先。
本期同建新民业，何意今乘陆地船。
绕膝儿孙安在也，仅随老妾侍糊餰。

其二

少壮栖栖耄亦忙，途穷无计遣颓唐。
百年龙战乾坤洗，万卷蟫余气味香。
历劫未成填壑莩，居今莫问校书郎。
民勤喜见增生产，我愧无粮裹橐囊。

其三

大地长因宿雾昏，陈编岂足导元元。
驱除鸷鸟良禽乐，惩罚游民苦力尊。
季路罔知勤手足，樊须早未事田园。
残年始信劳心拙，挟策亡羊太自冤。

其四

长在忧危变化中，千磨万折一衰翁。
晨兴鄙事轻豚彘，日暮哀鸣类雁鸿。
倘使称戈应失伍，若教珥笔解歌功。
风前犹冀留残烛，延此回光照大同。

公历年终自述四首再寄长衡故人[①]

序

颓唐困顿,三秋不出户庭,茕独索离,终日无相谈笑。忆百年之经验,皆千古之新奇。不意艰难尽尝,未知辟谷,依然饕飧莫继,欲法采薇。前赋感怀,情同乞籴。乃作九皋鸣鹤,天若罔闻,已成中泽哀鸿,人殊不顾。盼斗升而无水,叹景物之移人。东海波臣,将就枯于鱼肆,沙丘主父,难延命于雀巢。顾呼吁之无灵,或精诚之不至。思予取友,无非博爱之徒,念我旧游,咸赞大同之治。应怜穷民无告,宁忍老者不安,值岁序之更新,复申前请。就起居而自述,罔有择言,动以棐忱,庶神明之能感。贞其夙契,冀金石之不渝。岂无识曲钟期,不负伯牙之奏,行见分财鲍叔,永铭敬仲之心。一九五一年除日衡阳陈墨西续吟于永安乡兰芝别墅,明日即八十有四矣。

其一

岁歉何期到砚田,舌耕全废守寒毡。
不知肉味常三月,莫接膏光已二年。
忧乐关心余幻梦,妻孥过眼类云烟。
梁皇耄耋台城困,贱齿依稀足比肩。

[①] 辑自《风范长存》纪念文集。

其二

势就倾颓叹敝庐，遣愁全赖五车书。
精神悔被雕虫误，学业须由格物储。
频见白云依变狗，谁怜黄发食无鱼。
礼仪损益因时定，圣制原难尽废除。

其三

卅年万里载驰驱，白首仍悲阮籍途。
残照犹存先拥被，寒威已逼未燃炉。
遐思米炭颁淳化，弗蓄鸡豚昧远图。
愿我贤明新执政，一夫不获引为辜。

其四

卒岁凄凉事事无，何人肯应癸庚呼。
沉疴未蓄三年艾，长日唯掀四皓须。
百代光阴诚过客，一生憔悴是真吾。
更新冀自明朝始，除尽饥溺万象苏。

纪实二首三寄长衡故人[①]

其一　纪社会

农村再度说年终，今夕全殊往日风。
守岁爆声几绝响，礼神烛影不摇红。

---

① 辑自《风范长存》纪念文集。

民劳尽屏桲蒲戏，俗美端由组织工。
免使黄金虚化掷，一宵节费已隆丰。

其二　纪自身

我已衰颓似落晖，频当卒岁叹无衣。
谒坟时感精神憋，设祀尤惭礼意微。
身历三冬难解困，粮余十日暂忘饥。
今宵过去无他望，茕独唯求得所归。

喜闻谢晋主中国国民党革命委员会湖南分会筹备委员赋此赠之①

其一

耄年底事未知休，为幸良朋有远猷。
鱼目蚌珠希勿混，鸱枭鸾凤不同游。
蹊田已被攘牛罚，适履宁容削趾求。
如向下愚征一得，愿陈土壤益山丘。

其二

辛卯立冬日读《三民主义》咏革命

《易》言革命首成汤，政体宽仁惠万方。
能使天人皆顺应，深从水火救偕亡。
戎衣大定中山继，民主开基上国昌。
方略大纲悬日月，和平奋斗示周行。

---

① 辑自《风范长存》纪念文集。

甲午仲冬访草堂有感[①]

名贤故址剩空垣,护宅双碑枉在门。
枫马石船皆冷落,玉音遗像仅留存。
释骚不断怀沙泪,录实难招永历魂。
美富宫墙行就圮,顾瞻那忍默无言。

甲午仲冬谒王船山墓

坚贞西北推孙李,宏博东南数顾黄。
槃涧各修千古业,姜斋实集四贤长。
大罗撮土辉南国,高节遗民类首阳。
七尺虽埋人永活,年年天许荐馨香。

甲午仲冬谒高节里大罗山王船山先生墓,同邑后学陈墨西敬题。

---

① 1954年12月,陈墨西受湖南省文物管理委员会委托,赴王船山故居考察,撰写了近三万字的《船山故居沿革及坟墓》的考察报告。

联语、箴言

题兰芝别墅二楼书房

愧无令德行乡里；
幸有余龄守缺残。

题旧居堂前

再造山河新改岁；
后凋松柏又逢春。

题兰芝别墅大门

学年俱进老至不知；
社会革新群推先觉。

题王船山故居

湘水衡云留正气；
楚辞孤竹证同心。

悼启蒙老师凌公汉卓[①]

先闻未公疾，忽惊传公之噩耗，音容今已渺，恨世界

---

① 辑自《凌氏家谱》。凌汉卓（1847—1907），晚清秀才，陈墨西的启蒙老师。

最易变色相，如此；

囊订交吾父，并惠及吾等弟侄，欢爱正无穷，叹人世生再难回头，奈何。

寿凌公祖述七旬晋一 ①

谊属通家，在我相期，惟继志；
行不蹈矩，知君所欲，尽从心。

箴言

一切人事技能皆须有历史智识而后可以收功。

凡志坚而力果者，其前途皆不可限量。

此乃中国之大好河山，凡我黄胄须誓死捍卫之。

精勤学业，爱惜景光；磨练身体，为国栋梁。

---

① 凌祖述（1878—1952），凌汉卓之子，日本法政大学毕业。此联写于1938年。

附录

简 历①

一、学历

前清禀贡生,两湖书院肄业,两江优级师范学堂毕业,游学日本三次。民国十五年,广州中央党部设政治讲习班,为旁听组组长,凡听讲共产学说整六阅月。

二、曾任何项职务

前清时任两江师范学堂暨宁属师范学堂教务长,兼国文地理教员;甘肃提学使署总务科科长兼省师范学堂监督。民初至民十,任甘肃军政府教育司司长兼军署政治顾问,军府秘书长;南京讨袁军总司令部招抚员;陕北剿匪军总司令部主任秘书,陕西督军署政治顾问;北平《真共和报》暨《启明日报》总编辑。民十一至民廿二,任广州大元帅府简任咨议;谭氏延闿北伐军总司令部政治顾问;浙江省政府顾问。民廿三至民卅七,任衡阳女中、南华女中、衡阳县中各高中部国文教员;湖南省政府顾问;衡阳县文献委员会专门委员。一九五二年,任湖南省人民政府文物委员会委员。

三、曾参加过何种党派

民国前三年,加入同盟会;民国成立为国民党党员;民十三,总理改组国民党,又在广州加入;蒋政府时未再登记。惟政治讲习班同人在南京组织同学会,曾被举为常务委员。驻会二年,但为同学服务,绝未以此作私人

---

① 据湖南省档案馆有关档案辑,写于1953年。

活动。

四、家庭成分与经济概况

本系故家，然祖遗薄田不足俯畜，元继两妻均故，今惟一老姬视起居饮食。二子皆大学毕业，于授室后，即令各谋衣食，未尝给以财产，现已另立门户，各成八口之家。惟远在异乡，近且六七年，不通音问。本人则早有声明，终身须自食其力，不受若辈反哺。自年廿五起，即服务社会藉薪入赡家，历岁衣食粗足，毫无盈余。如此近六十年，至满八旬而后退休，惟退后既无薪入，而田租只有半年火食。致前三年来，尝数度绝粮。去春被省府聘为文物委员，复得月薪，从此可免填沟壑。革新政府之良法美意，足令耄民没齿不忘矣！去秋土改，因儿孙皆已别居，工作员遂认廿口公有之田产为两口所有，定阶级为小土地出租，将田七亩零征去五亩，住屋楼底十二间征去一半。然身既不耕，家无劳力，虽得田犹不得田，仍为一无产阶级而已。

五、附记

综本人生平，不解生财，不营好爵，惟关心人民福利，未专作儿孙马牛。对政治革新随时努力，凡政府改组均未参加。虽自少至老服务社会，皆居宾师之位，而非实际之官。缘语言笨拙，罔知面谀，尤对大人心皆藐视，性不宜官也！故食薪近六十年，耄耋依然贫窭，子息已盈廿口，左右并无一人。盖视生前之荣枯得失甚轻，而视身后之毁誉是非弥重云。

湖南省人民代表大会代表登记表①

姓名	陈墨西	性别	男	年龄	八十六	籍贯	湖南省衡阳县		
家庭成分	原续两妻均故,有子二人各率眷属八口工作他省,仅一老伴在侧。	本人出身	前清优廪生,两江优级师范学堂毕业。	现有文化程度	有历史、地理、诗辞论说等十余卷。	民族	汉		
参加革命工作年月	一九二五年,在广州听毛主席及各同志共产学说,凡六月,后在各处工作,恒依此主义进行。			现在职业	由湖南省人民政府文物保管委员会委员,改任湖南省人民政府文史研究馆馆员。				
通讯处	渣江邮局转十一区高桥乡兰芝堂								

---

① 据湖南省档案馆有关档案辑,填写于1954年7月29日。

简历	前清时任两江师范学堂、宁属师范学堂教务长,甘肃提学使署总务科科长,兼省师范学堂监督。民初任甘肃军政府教育司司长,兼军政府秘书长,南京讨袁军总司令部招抚专员,陕北剿匪军总司令部主任秘书,陕西督军署政治顾问,北平真共和报及啟明日报总编辑。一九二二至一九三三,任广州大元帅府谘议,北伐军第二军总司令部政治顾问,浙江省政府顾问。一九三四至一九四八,任衡阳女中、南华女中、衡阳县中,各高中部国文教员,湖南省政府顾问,衡阳文献委员会专门委员。一九五二,任湖南省人民政府文物委员会委员。一九五三,改任湖南省人民政府文史研究馆馆员。
参加何种革命党派或团体	一九〇九,加入同盟会。一九一二,为国民党员。一九一三,被袁世凯解散。一九二四,孙总理改组国民党,又在广州加入。蒋中正主政时,未再登记,故至今遂无党籍。惟始终服膺孙中山及共党学说。

备考	墨西原名贞瑞，年七十后，专以字行。办甘肃学务时，未及期月，而全省锢蔽之风骤革。长甘肃军政府秘书长时，满清残孽长庚、升允，犹督率甘军六七十营，积极攻陕，民军势将不支。及予草檄一达，而甘军全部撤退。全国共和因以告成。事迹一见于黄钺之《陇右光复记》，再见于邹鲁之党史稿中。任讨袁军招抚专员时，予半年中，三至湖南、三至北平、三至上海南京。未遑喘息。最后于所谓洪宪元年元月元日，冒风雪而赴陕北剿匪总司令部陈树藩幕，说其下级军官胡景翼潜谋反袁。共同设计，逐去袁党陕督陆建章，袁以腹心内溃，遂取消洪宪，愤激而死。张勋复辟，予正在北平办报，遂暗以城内消息密达城外，讨逆军故得唾手成功。以上皆予革命之实际，然始终未尝正式作官，以自知性情不宜作官也！惟在社会地位极高。

一、本表共填三份，一份存各市、县人民政府，二份由县汇送省人民政府。

二、本表由各代表填写或由各市、县人民政府代填，填写时一律用毛笔或钢笔。

三、其他情况及受过奖励与处分者，其事实可简要填入备考栏。

诰封朝议大夫陈泰文先生太恭人陈母颜太恭人七旬双寿序

彭玉麟[①]

皇上御极之元年,泰文封翁以子维之贵,恭逢覃恩,荣膺锡诰。

明年三月二十有六日,为封翁七十寿辰。德配颜太恭人逾年亦七十,设帨之辰在正月望七日,距封翁仅十阅月耳。封翁为人醇古澹泊,不为矞矞热,亦不为崖岸崭绝之行,而以俭勤特闻。太恭人亦善承夫志,椎髻著布衣操作,与封翁伉俪相庄,数十年如一日,有德曜之遗风。二子,长涵之,读书晓礼义,见推乡里。次即维之,勤慎有干才,从军十载,历佐萧辅臣都转,孙栋臣、王百禄两总戎。三君皆隶余部下,皆贤维之,相须如左右手,即余亦以维之为贤,累军功保举知府,赏戴花翎,人皆以为荣,而封翁夫妇泊如也。

自圣贤之教衰而功利盛,富贵利达之习,中于士大夫之膏肓而不可除。父兄所以望其子弟,惟势利是急,蚤夜以孜孜苟得称。封君食肉衣锦,焜耀里间,即畅然志满气溢而无所却顾,矧以穷约,当垂暮其务荣,苟得有十百倍于常人者。封翁夫妇顾于其之子官四品,身膺荣封,视为布衣时,而不改其褐衣蔬食之常。更数数遗维之书,诫其毋之官,毋宁家,戮力戎行,报君恩而酬知己。以善养不

---

① 辑自《陈氏通谱》。

以禄养，此尹焞之母之所以教其子者，不谓于封翁夫妇再见之也。且夫捐满益谦，天之常道。惟善于保泰持盈者，能以贞恒之操自历于盛满之场，而不淫其之，即气运之否塞之，不得而厄穷之。

往者承平之岁，海内殷富，其势家巨族，竞为奢淫。市井间巷之小民，更从而慕悦之，转相仿效，恬然不以为怪。比年，值寇乱赤县，高门多破毁，其汰侈尤甚者，被祸尤酷。余起衡阳，由湖湘转战三千里，以至于江南所过庐舍为墟，蓬艾荆棘，高可隐人。存者不能自植，流者不能复归。尝升高以望远，满目萧然，无复当年殷盛之象，嘅焉太息。以为天运循环，盛极而衰，未尝不致憾。于此辈昔日之鲜克由礼，暴殄天物而废人事，不善持盈，以至于灰飞焰熠而不可收拾也。翁之处穷约如此，处富贵而不易，前操又如此，其为彼苍所眷佑，可知无则。自兹以往，康疆福寿，日引月长而未有艾也，岂待论哉。

顷者，维之将以明年正月为两老人扬齐眉之觯，其同事诸君，丐余一言，磨墨伸纸立而待。时师次濡须口，军书纷众，羽檄如流星，固无暇以为。然余既高翁之行，又感维之贤孝而重诸君请，不忍辞，爰摒挡一切，泚笔书数行授之。俾读者知封翁夫妇以盛德致厚福，有所观感而取则焉，固不徒为劝觞之一助已也！

清同治元年十一月

与森村要、陈墨西闲眺秦淮河畔[①]

陈衡恪[②]

细柳参差曳晚风,
模糊屋影碧流中。
东瀛亦羡南朝胜,
空付苔矶垂钓翁。

前题和陈墨西茂才作[③]

曾广祚

镇南传癖建虹旌,
江涌寒流击鼓声。
黄歇善卷名胜地,
屯兵畏死自争衡。
戏上楼车独看来,
玉缨琼弁将多才。
玄冬耀武惊吴苑,
何不高吟寄陇梅。

---

① 1902年3月,江南陆师学堂总办俞明震去日本考察学务,兼送陆师学堂毕业生及陆师学堂附设矿务铁路学堂学生去日本留学,陈墨西、陈衡恪以"文案"随行。赴日前夕,陈衡恪与陈贞瑞、翻译森村要游览秦淮河,赋诗一首赠陈贞瑞。该诗收录于《陈衡恪诗文集》。
② 陈衡恪(1876—1923),祖籍江西义宁(今修水),祖父陈宝箴为湖南巡抚,父亲陈三立为近代同光体诗派重要代表人物。
③ 辑自《屏锲斋诗抄》。曾广祚(1879—1939),字延佑,号泳周。

俞贻逊致陈君墨西书[①]

四月初一

足下到狄道后,谣传四起,百姓纷纷迁徙,道路阻塞。又谓回队在巩昌一带骚扰,虽不足信,亦未便冒昧前进。只得于十九日(即初一日)由狄道折回,二十一日抵省,拟由东归。刻闻东道尚未清静,又兼撤兵之际,难保无枝节横生之举。闻撤回之回队甫抵会宁,将地方骚扰不堪,省中诸公竟无善策治理此事,殊可痛恨!

且省中自十九号宣布共和,已经旬余,一切政治仍是旧贯,伊等亦不知共和专制若何区别。弟回省时,颇闻人说:"若不是秦州独立,恐今日尚不肯宣布共和,伊辈用意,令人甚难解决,此则秦州举动不为无力也。"赵受都督刻已旬日,并不议及财政、司法、教育、民政各事,又不派人联络邻省,妥定条约以保行旅,以为外认共和,内仍专制,即可相安。伊不知甘省已成独立省份,此后能否与各省并立竟不计及,此则不可解者一也。

咨议局为全省总机关,本有舆论之权,甫经组织临时会议,官界谓为嚣张。且满清立宪时代尚重咨议人员,何况共和时代?咨议人员尤为当今要紧之关系。伊用官势以压制舆论,各省所无,此则不可解者二也。

自去秋改革以来,甘肃主张用回队力为抗拒,发起于彭英甲。以一人之私意,竟令多数人民遭此荼毒,全省财

---

① 辑自 1913 年版《陇右光复记》。俞贻逊系俞恪士之弟。

政受此困难。刻赵电袁大总统保其为藩司（前日以准其所请矣），伊用意之所在，甚难揣测。闻绅界诸多数反对，然不见电总统实行阻止，此则不可解者三也。

共和宣布，官制仍旧，服式仍用衣冠（袁大总统来电仅有官制仍旧一语，告示中添出官服、政纲、礼节仍旧等字样），张贴告示上用"钦命"字样，下用中华民国元年。如此改革政治，与从前之专制又有何分别？以尸都督之职者，其新政治则竟如此！此则不可解者四也。

甘肃地居偏僻，民智不开，积弊日深，种种压制以养成今日之状态。我辈南归无路，后顾茫茫，生死莫保，思之惨然！梁铭庭，赵派其到京赴会，日内启程。弟决计同曹翁初接伴，途中若何境界，只好置之不问也。家兄行期须候东路平定。今日议长李镜清拟请恪兄到巩昌，伊函邀佑禅公①来巩昌商议和平解决，取消独立。家兄不居政界，恐此行未必允耳。行期匆促，书此甘肃共和以后情形，特此告之。

黄钺致黎元洪函②

十一月廿日

前上一函，计登台鉴。钺家居休息，蟾采数圆。去位之人，久不欲与闻国事。无奈甘肃士绅相率来湘，力求维持。钺以疾痒相关，不忍弃置，只好代全甘生民请命于先

---

① 即黄钺。
② 辑自1913年版《陇右光复记》。

生。务恳大力主持其间,始终成全,毋使一班民贼蹂躏于边陲。钺当为全甘代表薰香顶礼,诵我公德于无量。蒙事日急,主战主和,先生必筹思已熟。当此民国初建,万有不慎,易启外人觊觎。湘中同志现有组织征蒙团之议,然此刻天气渐寒,东南军队颇难适用。

兹有敝同乡陈贞瑞条陈政府,意欲以甘肃回队出师征蒙,其说亦颇近是。特将原稿奉呈政府,如不用兵则已,倘欲以武力制胜,乞先生竭力主张,赞成斯举,既可消甘肃无形之隐患,又可奠民国于苞桑,先生之功,不更伟欤!

纪陈贞瑞事略①

衡州陈君贞瑞,字墨西,家本故族。少读书,即有革命思想,尤不屑为章句学。

岁戊戌,君独创白话报馆于郡城,欲以国家为常识,尽输之愚夫愚妇,时报界中犹无白话一种也。是秋政变,君几为乡人所不容,遂只身出走,浪迹长江流域。

庚子春,访唐烈士才常于沪上,唐微以浙事属之。君素慎密,知其事者鲜。及唐失败,而君益韬晦矣。张南皮建三江师范学校于江南,君入为教习。共事者有赵烈士声,因偕烈士及黄陂赵均腾、合肥宋芳宾密结一团体。会赵烈士与校长不协,君劝之入湖南,并以函荐于武备学校,时甲辰春也。烈士既至湘,改入明德学校为教习,因

---

① 辑自1913年版《陇右光复记》。

与黄克强先生友善。其后烈士一为江南新军统带，再为广东新军统带，皆为端方所齮龁，遂走海上，专与黄合谋光复，为黄第一得力友人。不幸发愤病卒。今日论黄之勋者，无不深惜乎赵，而溯黄赵之契合，又君间接介绍也。君浮沉江南学界，久未他迁，惟日以政治改革之说潜为生徒言之。

辛亥春，山阴俞明震提学甘肃，请君臂助。君以交通不便之地，必为谋改革者所未及鼓吹，逐欣然与偕。至则见学风闭塞，几外各省而别成风气，乃力为规划兴举，行之数月，其效大著，素号黑暗之区，骎骎欲放光明矣！民军既起，长庚日夜募兵作攻陕计，凡各项行政经费悉移为军饷，而学务亦遂停滞，君犹多所维持。

至十月初，俞署藩司，其主张在保安境内以听国势所趋，与上下官僚之一意东攻者不合，而力不能阻止，遂持放弃主义，君则时时规策之。

先是君故人宁乡黄钺，本甘肃督练公所总参议，平日微露革命宗旨，为官场所哗，署臬司彭英甲、署警道赵惟熙扼之尤力。攻陕之军兴，遂改督练公所为营务处，主以司道，挤黄于无所容。长庚命统十营而彭阻之，最后乃畀以铙锐六营，其中有崔回正午之五营，惟使另募一营以足之。彭固知回队必不为黄用，名曰六营，实一营也，仍不为之点验给饷。及俞署藩，君首劝俞以饷给之，而黄乃得成军。然赵、彭又不容其在省，长庚因令之出防秦州。

候补道衡山向燊者，亦君故交。君称其所学于俞，俞荐之为秦州道，兼东南路营务处，遂与黄偕行赴秦。君之意，盖欲两人合衷，而冀有所共济也。于是，甘肃攻陕之军向中路进者为陆标统洪涛、马回安良；向南路进者为张提行志、罗镇平安，共四五十营。长庚假彭以藩司名义，为东路行营营务处，又起升允为督师。然甘肃内部革命军已起于宁夏，而庆阳、泾州、平凉、迤东十余州县同时蠢动。

君刺知东南各省尽已光复，遂以反正事讽俞，并谓北路有宁夏革军，南则黄、向必应命，东路则蠢动之州县可以牵制前敌各营，事大可为。俞以兵权不属，嚅不敢应。君密与同志二三人运动军队，惟炮队一营能为之用。其驻城内者，柴镇洪山十余营，驻城外者，周标统务学五营，则说词坚不能入，故炮队亦势孤而不能举事。嗣是宁夏为回军所屠，东路州县为张军所定，省垣会党之应陕军者，赵惟熙杀其渠魁陈桂生等数人，而君志益不能伸矣！时东攻之军，则陆、马已取长武、邠州、永寿而至乾州，张提已出灵台而至凤翔，崔正午果不受黄命，攻克固关、陇州而至汧阳。回军所过，里邑皆墟，君日日太息痛恨之！南北既修和议约文，本应停战。清政府非惟不以之令甘军，且命胪战功给以奖励，凡得奖者数十人，则尔时清政府之意态亦可知矣！俞藩知虽克陕西，亦无救于清亡，自耻力不能令前敌罢战，遂托病辞职，君劝之不听。时赵惟熙已由署道擢臬司，更觊俞位，乃大喜而代俞。清帝逊位诏已至甘，长庚匿之。

旧历除日，陆军越乾州而取醴泉，马军洗各村而攻咸阳。至壬子正月初，赵惟熙犹运军械赴前敌。秦安人安维峻则倡奉满清偏安西陲之说，官绅多和之者。董福祥之二侄，又出私家饷械，各将数营在平凉、固原之交，安亲往说之,董氏竟为之用。安为董作伪示,称民军为逆匪,且有"不日可以荡平"之语,张贴各处。

君见甘肃之事犹未有已,而兰垣又无可为,乃独行入秦州,欲与黄、向谋之。黄之始入秦州也,即谋反正,以兵势太单,不敢轻举,遂潜遣人分赴川陕请兵应援。迟之又久,方得川陕之许可。黄与向本无深交,而性情各异,向沉潜而黄坦白。黄领行军居城外,向领防兵居城内,黄密以宗旨探向,向阳若不解者,黄以为向不同意,恐或冲突而至决裂。及君至,为之沟通,向声明不抵抗,而黄遂率兵入城,时阴历正月二十三日,君至秦后四日也。乃集全城绅民建临时军政府,黄为都督,向副之,以君为教育司长。数日之内,编募十余营,预备战守。而赵惟熙在省垣,因俞之劝,致电中央云可承认共和。顾长庚犹据位未退,俞为投书责之,长乃以督篆付赵,赵遂自称护理陕甘总督。然前敌各军不受赵命,满清偏安之说犹炽。陆、马虽停战而不退兵,张军方屠岐山,至正月杪犹攻凤翔。一闻秦州反正,于是陆、马则由乾州而返平凉,张军则由凤翔而退华亭,崔军则由陇州而归清水,罗军则由凤县而驻徽县,长庚则去兰州而走蒙古,董军则垂首而自行解散,安氏亦失意而潜还秦安,其关系之大如此。

惟秦不通电,不能遽以真相达之中央,而赵惟熙既赚得督篆,中央因命之署甘肃都督,时旧历二月初六也。

赵于黄事不以实告,且恐黄或攘其位,乃诬黄有土匪行为,故中央于黄多所申斥。甘肃人民亦不知共和作何解说,以共和仍奉满清,而黄为背叛,纷纷请兵攻秦。西归之回更跃跃欲试,安维峻则自称大清逸民,屡投书促兰州进攻，称黄、向与秦绅张世英皆为贼，谓不急进则诸贼必窜出秦州，赵已为群言所动。

君为致书兰州官绅，申明共和之真意，并秦州不能不独立之理由。谓秦州独立，实为甘肃而非为黄；秦州实甘肃之秦州，而非黄之秦州，万一用兵，则损失仍在甘肃，而不在黄。绅民渐悟之。时俞犹羁寓兰垣，力辟用兵之议。省议会本为秦州所迫而成立，议长李镜清亦不主用兵，于是攻秦之议始息。然已发之马忠孝、刘文绣、崔正午、吴炳鑫各军，则距秦或数十里，或百余里，或数百里，仍遥遥相持也。至川陕援秦之军，则以共和告成，驻于境上而不进秦城。浮言日起，人心惶惑。

君为发明兰州不能用兵，并不敢用兵之理，军民乃安。赵继张贴文告，仍称秦州为"逆匪"。君为黄严词诘问，并责议会以不能监督赵氏实行共和。赵亦自知其误，即为文更正之，反对共和之事稍稍更张，而满清冠服渐渐不用矣！

黄报告设立军府，大总统严批切责，君为黄复呈，称大总统批词之误，有可惜者十，大总统无以难也。黄得君为之辩护，而心迹大白。四川都督通电相告，东南各都督大率推奖之，大总统亦温电慰藉。然甘肃终不容有两政府，君乃撰约章十四条，大致以在秦州所行政策嗣后不能改易，并须通饬各州县照行，经省议会一一通过，遂以秦州政府合并于兰州。君与宁乡周昆为秦州全权委员，与兰州全权委员偕同签字，而事遂解决。留向于秦为之善后，君与黄则先后南归。行抵陕西，大总统复电，促黄入京授职，君仍为黄电却之。

当秦州军府之初立也，军士有与居民龃龉，而持刀伤居民者。君劝黄立诛之，故军纪肃然。凡建军府共三月有余，而秦州一草一木皆无惊扰，故甘人感黄甚深，黄去后尤思慕不置。军府重要书牍，本尽出于君手，甘人尤喜诵之，至传抄遍于境内。是故秦州不独立，则攻陕之军不能撤退，奉满清偏安之谬说不能消灭，甘肃之共和必毫无实际。民国于黄之功不可没也！

君不至秦州，则秦州未易独立。既独立后，非君谋划之周详，文牍之剀切，必无完善之结果，甘境或因而糜烂亦未可知。民国于君之功，亦不可没也！故急录之，以告世之不知君者。

中华民国元年十一月　　同郡胡锦澜述

《陇右光复记》序①

自武汉首义百余日，而中华民国统一政府告成，满清运命终绝。事外旁观之人，咸谓革命成功之易，为中外前史所未有；即吾党同志中奔走一方面未究全局底蕴者，亦以为意料所不及，此岂切事情之语哉！金田起事，逐满惨史尚矣！

即自孙中山昌义惠州，二十年来达识之士醉心救国，牺牲富贵利禄身家性命者，何可胜数！综其大要言之，约分二系：一平民革命系，凡书生学子奔走运动，鼓吹实行

---

① 辑自1913年版《陇右光复记》。

者是也；一门阀革命系，凡前清勋爵官吏奔走运动，鼓吹实行者是也。前之一系，事业彰著，伟杰众多，固非后之一系所能比；然联合海内外一致进行，袪其危害，消其阻隔，则后之一系要有绝大之关系。若同邑黄君佑禅者，乃门阀中革命巨子也。当甘陇未光复之初，震鳞与已故湖南司法司长洪君荣圻，知黄君必能因机响应，乃合谭祖庵都督为书，分路派员告之，书未至而秦州光复之旗帜已光昭于西北矣！盖蓄谋既久，同志中如黎兆枚诸君者，早已暗中联合健儿归之，故能以仓促治残军之人，而使升允、长庚、马安良之师不战而退，西北共和之局大定，又岂因人成事、赞成共和者所可同日语哉！吾国人试取《陇右光复记》读之，并取《新华会虚无党史》黄君事略观之，始知黄君二十年来之艰苦卓绝，陇右光复之功，犹未能发展抱负万一也。陇右有兵在握，起事尚易，其最难者在前此二十年如一日，牺牲一切，奔走运动，鼓吹实行革命时也。革命成功之易云乎哉？吾因序《陇右光复记》纵言及此，宏识之士，著作之林，勿以成败论英雄可也。

民国二年二月　　宁乡周震鳞

为保荐陈贞瑞任教育官职呈请大总统批示①

一九一三年三月十四日

为呈请事：窃民邦肇建，佐理需才。查有陈贞瑞才猷

---

① 辑自《谭延闿文集·论稿上》。

练达，学问优长。从前留学日本，奔走国事有年，嗣在江南三江师范等学校担任教员，成绩尤茂。前年光复，从事秦陇，克著劳勋。现以秦州军政分府取消回籍。该员热心教育，富有经验，延阁延访所及，敢援古人汲引之义，特为保荐。倘蒙委以教育官职任，必能克称厥职。所有保荐该员陈贞瑞各缘由是否有当，理合备文呈请，伏候钧核批示只遵此呈。

《政府公报》第 311 号

批陆军上将衔湖南都督谭延闿呈保荐陈贞瑞堪任教育官职请批示祗遵文①

一九一三年三月十七日

批：据呈已悉。交教育部任用。此批。

中华民国二年三月十七日

大总统印

国务总理赵秉钧　教育总长刘冠雄

沈鸿英促邓士瞻返桂②

广西总司令沈鸿英，昨致函驻粤代表邓士瞻。士瞻司令台鉴，奔驰数月，深感贤劳。何子云、邓右文大举攻柳，指日可望收复。执事柳人也，维持整顿，端赖长才。

---

① 辑自《袁世凯全集》第 22 卷。
② 辑自 1924 年 6 月 5 日《广州民国日报》。

盼速命驾回部,共策进行。粤中各事,经委托陈墨西、林逸生、吴明远诸君办理。想萧规曹随,断无贻误也。余由谢君以熙面达不赘,专此顺颂旅祺。沈鸿英启,六月一日。

昨邓代表接函后,以经手重要事项,一时尚未完竣,拟旬日后始返桂云。

任命陈贞瑞职务令①

一九二四年六月十三日

大元帅令:任命陈贞瑞为大本营咨议。此令。

中华民国陆海军大元帅之印

中华民国十三年六月十三日

致李济深、黄绍竑电②

一九二四年六月二十二日

十万火急。梧州李处长济深、黄副指挥绍雄[竑]均览:沈总③司令呈报,围攻桂林,迭告克捷情形,并恳接济饷银,俾早竟功。当经令饬有司筹拨子弹二十万,饷洋十万元,并着邓代表士瞻先行解运子弹十万发赴桂,以应急需,由军政部给予护照及通行西江军队关卡查验放行各在案。顷据该部驻粤代表陈贞瑞呈称:该项子弹行经梧

---

① 辑自《大本营公报》第十七号《命令》。
② 辑自《大本营公报》第十七号《命令》。
③ 据《广州民国日报》一九二四年七月五日《帅令验放沈军子弹》辑。

州,以未接电知致被扣留,请转饬迅速放行等情前来,合亟电达,仰即迅速验放,俾该代表赶运赴桂,以利戎机,勿延为要。大元帅。养午。印。

大元帅交下陈贞瑞笺函一件①

大元帅交下广西沈总司令代表陈贞瑞笺函一件。以洛吴增派赵荣华援桂,大战在即,恳严令财政委员会,限日筹足子弹费交兵工厂赶造,并筹发军饷等情,着会议办理案。

财政委员会十三年七月六日第四十九次特别会议议决案。

沈鸿英决心北伐②

广州通信云,沈鸿英前奉大元帅命,率所部回桂驱逐陆谭,收复元桂。计自四日入桂,苦战多月,及收复桂林后,其他各属陆韩余党,亦以次肃清。

闻沈氏此次忠诚为大元帅效力,以谭延闿、朱培德二人之谋助最多。故沈氏粤中有实力者之联络,亦以与谭、朱二人为最惬。日前粤军总司令许崇智,以近当北伐之秋,两粤军队,亟宜切实携手,一致发动。又特派周颖南氏代表赴桂,谒见沈氏,接商北伐及互敦亲睦军事。

---

① 辑自中国第二历史档案馆编《中华民国史档案资料汇编》第4辑。
② 辑自1924年10月14日《民国日报》。

闻沈氏极表同情，周代表因于昨日返粤，驰向许氏复命。至于沈氏以大元帅大举北伐，早经函电来粤赞同。并向大元帅请缨，盖以北伐军之趋，必属诸赣湘两省，而赣湘两省形势，所部实最熟悉也。

惟闻大元帅之意，以沈部正当收复桂林，其余各属，亟待肃清，即所部亦宜稍事休养。故准予暂缓参加北伐，并致电慰勉。拟于适当时机时，然后檄调该部出发云。

驻粤之沈氏代表邓士瞻、陈墨西二氏，日昨记者得晤诸于旅邸，相与谈论沈氏解决桂局后之态度。邓代表谓沈氏总司令无论若何，必遵从大元帅令，率所部北伐。自大元帅亲往韶关，布置出发后，沈总司令即准备两师劲旅，听命出发，但饷弹两项，则常盼大元帅充量之接济云。

又沈氏昨有函致邓、陈两代表，对于桂事及出师北伐之主张，言之甚详，兹并附录如后。函云，士瞻、墨西两兄执事，近阅报载江浙战事发生，奉军下动员令，元首率师入韶，风声所播，全国改观，适值桂事肃清，陆韩败窜，业永、全州、灌阳各役，早经电达。近据确报，韩逆兄弟，率带残部数百，盘踞湘边庙头。陆则仅带百余人窜入永州，其散出部分，确有二千余人。现已派人四出收容，决不使彼收合余烬。现在大可抽出兵力，加入北伐。业经预备两师，枕戈候命。闻畏公（谭延闿）有旋湘之说。如果非虚，自应尽我力之所及，以报从前相从之雅。否则如何动作，亦听帅座与畏（谭延闿）、益（朱培德）两公之指挥，誓下决心，以图西南。希将英此种衷曲，分向当道陈说，毋令将士拊髀兴，至所盼祈云云。依此函以观，则沈氏态度之明瞭，可概见矣。

湘省水灾奇重，旅京湘人纷请救济①

湘省频年灾祸，疮痍满目。近又遭水灾。湘省指务会驻京代表舒楚石，昨特邀集旅京各同乡讨论筹赈办法，纷向各机关呼吁，当经决议：一面迅请财政部拨发前年长沙急赈洋十万元；一面向中央赈委会、内政部呼吁赈济。业经推定：贺贵严、吕遂荪、席楚霖、彭重威、舒楚石赴财政部，催拨急赈洋十万元；仇亦山、彭新民、蒋克诚、陈墨西、舒楚石赴中央赈委会呼吁请赈；彭全方、张慕先、雷时若、李藻英、王端民、舒楚石赴内政部诉请援救云。

席间墨西谈及署惠州时与东坡同岁今冬国选被推故用张翰事②

段家谦③

畴昔长筵孰主宾，而今东道有儒珍。我缘倾斗甘辞石，君为无鲈不思莼。起舞田歌夸子幼，命篇秋兴羡安仁。旧游曾续河阳什，肯与东坡作后尘。

莫信班生侮老文，壮心犹自足张军。后推方善孙弘策，闻作终扬吕尚勋。旋转坤乾须皓首，商量出处要红裙。前修伏日多成例，好效东方归细君。

---

① 辑自1931年7月7日《南京晚报》。
② 辑自《湘东吟社初集》。
③ 段家谦（1869—1950），字嵝山，一字娄山，时人称"娄四"，教育家，今衡阳县渣江镇人。自幼饱读诗书，勤攻六艺，从王湘绮于船山书院。辛亥革命前夕，参加同盟会。后从事教育工作。有《转假造字原》《六书举例》等传世。

和前题[1]

段家谦

先生老去赋归来，丰神奕奕犹婴孩。不碍天涯倦游客，依旧熊湘老秀才。秀才游客等闲事，蛇剑牛刀总游戏。梦醒邯郸怜故吾，花满河阳颂儒吏。

儒吏休官已十年，回首风尘一黯然。肯随后生谤前辈，为寻名宦凌坡仙。坡仙谅是神明宰，畴昔光风欲相待。遗恩犹见甘棠茀，空名只剩西湖在。

西湖地转岭南东，老夫何渠不沛公。佳话轰喧叫奇绝，行年五九妙从同。蘧玉知非才四九，孙弘再推复何有。天遣盐车困良骥，门开东郭獳猰狗。

只今谁复辨淄渑，况当白黑浑青蝇。一念苍生苏十万，高呼使君自欢腾。大府如痴塞聪耳，翻笞臣门等归市。谁道王门仍曳裾，谁说卑官抵脱屣。

只是仪秦舌尚存，东西南北更何论。不假城南田二顷，却上关西书万言。瞻望北道犹多主，暂失东隅未为苦。枕底文章能解嘲，椟裹璠玙堪待贾。

君不见，朝歌屠叟敷经纶，七二西来钓渭滨。序齿疑年君还少，好理直钩收锦鳞。

---

[1] 辑自《湘东吟社初集》。

寿墨西先生八旬晋一

唐谷让①

譬如北辰居其所,奚待文王而后兴。

寿墨西陈老先生八秩

鲁荡平②

七二峰头应寿昌,
德门口指泽流长。
艾年远宦轻湖海,
暮岁春风遍梓桑。
阅世兰成情未歇,
哀时杜老兴犹狂。
降神维岳嵩无极,
洁膳遥瞻鲁殿光。

---

① 唐谷让,陈墨西私塾同学。
② 辑自《风范长存》纪念文集。鲁荡平(1895—1975),曾任民国大学校长,国民党第六届中央监察委员会常委。

关于聘任李醒安、陈墨西为省人民政府文物委员会委员的通知[1]

(秘字1136号)

财政厅、文教厅、文物委员会、统战部、办公厅：

经主席批准，兹聘任李醒安、陈墨西为湖南省人民政府文物委员会委员，并自三月份起薪。交由统战部转发，希即照办。

湖南省人民政府

张孟旭

一九五二年三月二十六日

衡阳地委统战部覆省文史研究馆公函[2]

湖南省人民委员会文史馆负责同志：

前接你馆来函，询及陈墨西老先生近况，我部即转衡阳县委统战部就近了解。因该部忙于中心工作，遂致稽延，兹将情况奉覆如次。

陈老先生住衡阳县渣江附近，现年逾九十岁，精神矍铄，起居饮食如常。每日看书报，手不释卷，订有《人民日报》《光明报》《新湖南报》《湘南报》《衡阳报》《红旗》等报刊。

---

[1] 据湖南省档案馆有关档案辑。
[2] 据湖南省档案馆有关档案辑。

公社化以后，表现很好，对党和政府长期照顾极为满意，所领津贴，每月自愿向生产队投资十元。因此，生产队对他也特别照顾，派了一位五十多岁的妇人扶侍他和他老伴。公社供销部配了相当的糖、油、肉类、蛋品，他感生活过得很舒适。县委统战部已与该公社党委联系，对他的生活方面随时注意。因乡村副食品有时供应不及，对他老必须尽量设法调整，使他满意。耑复，致敬。

中国共产党衡阳地方委员会统一战线工作部
一九六〇年四月十二日

秦州起义的历史意义①

陈致平

辛亥革命到现在 80 周年了。

辛亥革命，全民奋起，推翻清王朝，结束了几千年的君主专制政体，建立了东亚的第一个共和国，使中国人民得以摆脱封建专制的枷锁，迈向了新的历史阶段。这不仅是东亚，亦是世界历史上一桩划时代的大事。

1911 年（岁次辛亥）10 月 10 日，武昌起义一声炮响，革命风云顿席卷神州大地，不到两个月，东南各省纷纷独立，脱离清廷统治。在短短时间，半壁河山变色，大势所趋，全国憬觉。唯甘肃一省，地处西陲，山川阻隔，民族杂处，声气僻塞。清廷驻甘军政大员，尤其顽固。当

---

① 辑自刘绍韬、黄祖同编辑出版的《黄钺与秦州起义》。

清帝退位之时，西北还高唱迎銮之说，要举勤王之师。驻兰州的陕甘总督长庚竟隐匿清帝退位诏不宣，反督师进攻在陕西新起义的民军。于是西北情况混乱，民心恐慌。遂有在甘革命党人黄钺、陈贞瑞、周昆、黎兆枚、魏绍武、谭其茳等奋起秦州，经过极艰苦与缜密的策划，宣布起义响应革命，即组织甘肃临时军政府，传檄安民，颁布新政，人心为定而局势丕变。这消息传到前线，甘肃部众纷纷散走，甘督长庚仓皇取道蒙古逃逸，陕甘两省旋即全面光复。后黄钺撰有《陇右光复记》一书。

这陇右光复，对于民国的肇造和统一关系极大。这西北的陇右和东北的辽海，是中国北境两大重地。有辽海方有满蒙，有陇右才有西域。昔蒙古的灭宋，便先由西夏取道陇右。日本的侵华，是先攫取满洲。这西北与东北如鸟之两翼。双翼张，则奋飞，其国昌；双翼失，则堕地，其国亡。现在新中国的建设，正是大力朝向这两翼发展，尤以西北的发展成效为大，所以我们的国势能如日中天！当此辛亥革命80周年纪念的时候，念及先人革命创业的艰辛，爰就《陇右光复记》一书与有关史料汇编这本小册，用志不忘。

先父陈公墨西传略[①]

陈致平

陈公墨西名贞瑞，晚年自号潜斋老人。生于清同治八

[①] 辑自《风范长存》纪念文集。

年，岁次己巳（1869年）。祖父陈大源，字维之，官至长江水师船厂总办，任职三十年。父陈启桐，字芗颇，授奉直大夫、候选通判，而墨西先生，芗颇公之长子也。

芗颇公家教甚严，藏书万卷，延名儒王公孝陉教之，得遍读经史四部之书。故先父自弱冠即以文雄于乡。得入黉舍为廪贡生。曾创办一小报，名曰《俚语》，以白话介绍新知，启迪愚蒙。终以乡里鄙塞，乃北至省垣、南京，入两江师范，卒业后继任教席。因此得与中南诸贤达结识，时逢甲申中法之战、甲午中日之战与义和团起事，国势凌夷。先父愤清廷之颠顸，乃蓄革命之志。于清宣统元年（1909年）东渡日本，遂由黄克强先生引见中山先生，并加入同盟会。返国后仍遍游各地，从事宣传，尝自称为"东西南北之人"。

岁庚戌深入西北，与旅甘同志湘人黄钺（字幼蟾）结相纳。明年而有辛亥之武昌起义，先父乃与黄钺亦起义于秦州（今天水），史称"陇右光复"。共举黄钺为都督，以先父为秘书长兼教育司司长。一时传檄国内，读者动容，甘肃军政府大部文牍，皆出先父手笔。旋清帝退位，让位于袁世凯，为中华民国大总统。袁任命故清吏赵惟熙为甘肃都督，黄不得已，为顾全大局，乃解甲引退。先父为此，曾为文责袁以十罪，亦从此知袁之奸。及宋教仁被害，洪宪帝制自为，袁之野心遂全面暴露。此期间，先父受命于黄克强（兴）、周道腴（震鳞），南北奔走，在暗中从事讨袁工作。而蔡松坡之云南起义，先父亦与有力焉。及袁氏忧愤卒，先父曾续留北京数年，以观时局。见北方政府仍为军阀所据，知国事终不可为，乃悄然南下，先晤故人谭祖庵（延闿）于湘中，后谒中山先生于广州，遂被聘为大元帅府简任咨议。并一度出长惠阳县府。及中山先生逝世北京，国民军北伐成功，定都南京，盼国家之能大有为。然先父在南京见新政亦复扰扰，言多不合，事多扞格，乃慨然东至杭州，受聘为浙江省府顾问，徜徉于西子湖畔，以诗文自娱。作《癸酉述怀诗》以明其志。有"沧海频惊新鬼大，桑榆日感故人稀""努力虽知无壮老，入时面目总全非"之句。

癸酉（1933年）正日寇侵占东北，后进攻华北之年，先父见国事日急，大难将至，乃倦游返乡。从此隐居乡里，暮年以教育乡里子弟自遣，固未尝一日或息也。

抗战中，虽归隐在野，亦未尝一日不忧国也。曾于堂壁上令孙儿继佛绘一大地图，榜之曰："此乃中国之大好河山，凡我黄胄须誓死捍卫之。"1944年，日寇大举进陷衡阳，闾净丘墟，衡阳西乡受难最惨，先父数濒于危，所藏书物焚毁殆尽。大门扉被日寇刺刀戳穿，先父书其扉曰："此扉可作巴黎油画观。"后家人欲修复，先父不许，曰："当永留纪念。"抗战胜利后，先父已八秩高龄，耆宿凋零，以鲁殿灵光，倍受邑人尊，聘为县立文献委员会委员，其后又被选为湖南省第一届人大代表，出任湖南省文史研究馆馆员。于1954年受命调查先贤王船山史绩，写成《船山故居沿革及坟墓》一文，考证甚详。又六年，乃病殁于故居"兰芝别墅"，时为1960年，享年九十有一。

陈墨西传[①]

陈墨西（1869—1960），名贞瑞，号潜斋老人。祖父陈维之曾任广西候补知府、湘军水师（长江水师）湖口炮船厂总办。

陈墨西幼时受业于塾师。光绪二十九年（1903年）考入两江师范学堂。宣统元年（1909年）东渡日本留学，通过黄兴介绍，结识了孙中山，加入同盟会。

民国元年（1912年）初，他随孙中山先生从日本返国。随即应湘籍革命党人黄钺之邀，赴甘肃秦州共商举义大计。3月11日，起义军一举推翻清朝在甘肃的统治，成立了甘肃临时军政府（亦称秦州军政府），陈被任命为临时军政府秘书长兼教育司司长。不数日，清政府甘肃省藩司赵惟熙诡称"起义"，另立"甘肃军政府"（亦称兰州军政府），同黄钺的秦州军政府抗衡。黄钺为顾全大局，派陈墨西、周昆为首席代表，同赵惟熙谈判。最后，达成协议，和平解决了甘肃事件。袁世凯篡权背叛革命后，陈墨西与黄钺联袂南归广州，投入孙中山领导的讨袁斗争。

民国四年（1915年）任湖南省宁远县县长。

民国十二年（1923年）以后，陈墨西先后担任过广州革命政府大元帅府咨议，广东省惠阳县县长，北伐军总司令部政治顾问兼国民革命军第二军政治顾问，浙江省政府顾问，湖南省政府顾问等职。国共分裂后，陈墨西不满国

---

① 辑自1994年版《衡阳县志》，有修改。

民党当局，毅然退出政界。先后在湖南省立高中、省立衡阳女子中学、南华中学等学校教书。

民国三十三年（1944年）十月，日寇在渣江一带烧杀抢掠，避居乡里的陈墨西目睹日军暴行，命长孙陈继佛在居处堂屋壁上画了一幅长4米、宽3米的中国地图，手书"此乃中国之大好河山，凡我黄胄须誓死捍卫之"18字于其上。数日后，日军数人闯入陈墨西之住屋，用刺刀将大门扉页洞穿数处。陈又大书"此扉可作巴黎油画观"9字于门上。日寇投降后，家人拟将被损坏的门扉修整好，陈不同意，告诫后人要永远保存此门，勿忘国耻。抗战胜利后，执教县立中学（今衡阳市二中）。

民国三十六年（1947年）5月，陈墨西被聘为衡阳县文献委员会专门委员，开会分组办事，又被推为编辑组组长，其任务系预备续修衡阳县志。民国三十八年（1949年）初，陈墨西被聘为衡阳县清算委员会主任委员。

中华人民共和国成立前夕，陈墨西拒绝了儿子要他同去台湾的劝说，留居老家。不久由黄克诚交办、谢晋提名为湖南省文物委员会委员、湖南省文史研究馆馆员。并当选湖南省第一届人民代表大会代表。1954年12月，陈两次专程赴曲兰考察，撰写了《船山故居沿革及坟墓》，提出了整修和保护船山故居及坟墓的建议。

陈墨西传略[①]

陈 积

陈墨西,名贞瑞,号潜斋,湖南省衡阳县鼓峰乡兴隆村兰芝堂人,生于1869年农历正月二十五日。他的祖父陈维之,清时曾任广西候补知府,湘军水师(长江水师)湖口炮船厂总办。祖父去世后,家道中衰,墨西先生出世时,已是家无恒产的破落局面。

墨西先生自幼聪慧过人,能过目成诵。虽家境贫困,其父仍使其受业于塾师。1890年,参加乡试,授廪贡生。1903年,清政府已废科举办学堂,墨西以优异成绩考入两江师范学堂。1907年,卒业于该校。在校时,墨西受革命党人新思潮的影响,萌发了反对清政府封建统治的思想。1909年东渡日本,寻求救国之道。在东京与湘籍革命党人先驱黄兴相识,通过黄兴介绍,陈墨西认识了孙中山先生。中山先生很赏识陈墨西,因此过从甚密。不久,陈墨西被吸收为同盟会会员。1911年10月,武昌起义告捷。是年底,陈墨西随孙中山先生从日本返国。

1912年,墨西先生被任命为甘肃军政府教育司司长。1914年,袁世凯图谋不轨,墨西受其党羽排挤,回归衡阳故里,弃政从教,在南路师范任教习。

1923年3月,孙中山在广州建立革命政府大元帅府,墨西先生赴广州,被简任为大元帅咨议。1924年,孙中山

[①] 辑自《风范长存》纪念文集,有修改。

先生带病赴北京，与段祺瑞等谈判，墨西先生随同前往。次年孙中山病逝，陈墨西乃重返广州。

1925年，墨西先生随军东征，收复惠阳后，被任命为广东省惠阳县县长。同年参加政治讲习班，学习结业时，同期参加学习的学员曾送他一副对联"群推先觉，勤学不懈"，对墨西先生倍为推崇。后来墨西先生将此联悬挂中堂，作为座右铭，惜该联词句已不能完全记忆。

1926年，革命军誓师北伐，墨西先生被任命为北伐军总司令部政治顾问和国民革命军第二军政治顾问，随军北上。吴佩孚从湖南败退后，墨西先生被任命为湖南宁远县县长。后内战频繁，局势恶劣，墨西先生毅然退出政界。先生担任县以上职务十余年，廉洁自好，归来时仍是两袖清风，无甚积蓄。

1935年，日本帝国主义窥视中原，华北局势日趋紧张，墨西先生乃整装南归故里，从事教育事业。先后在省立高中、省立衡阳女子中学师范部、衡山南华女子中学高中部任教。墨西先生长于写作而短于辞令，然治学严谨，一字一句，亦须穷究考据；尤其爱生如子，学生有困难时，则全力相助，因此深得同事和学生爱戴。

1944年夏，侵华日军大举南犯。是年8月，衡阳失陷，墨西先生隐居乡里。10月，日寇在渣江一带肆意横行，烧杀抢掠，无所不为。先生目睹日寇暴行，怒不可遏，命其长孙陈继佛在其居处堂屋壁上画一巨幅中国地图，长约四米，宽三米，并亲书"此乃中国之大好河山，凡我黄胄须誓死捍卫之"。当时日寇气焰十分嚣张，穷凶极恶，好心人担心先生安危，劝其作罢，而先生坚持己见,并慷慨陈词:"我已年老,不能力御外寇,然能口诛笔诛,以泄我愤,虽死无憾。"寥寥数语,浩然之气充溢其间,令人敬佩不已。数日后,日军数人又闯入其宅,并用刺刀洞穿其大门扉页数处。墨西先生又和墨濡笔大书"此扉可作巴黎油画观"九字于其上,众皆瞠目结舌,而先生仍泰然自若。不数日,一日本军官率士兵多人复来,破门而入,墨西先生正襟危坐,怒目而视;继而以日语斥责,日本军官诺诺而退,并书一告示于门外:"日军官兵不准入内。"事后当地群众认为是奇闻怪事,奔走相告。墨西先生以热爱祖国的浩然正气,竟使虎狼成性的侵略者,望而生畏。1945年,日本侵略者无条件投降,举国同庆,有人要先生将损坏的门扉加以修整,先生婉言谢绝,并解释说:"此门页要永远保存下来,告诫后世,勿忘国耻。"

抗战胜利后,墨西先生仍从事教育工作,在县立中学(今衡阳市二中)教书,精神矍铄。1949年退出教育界,受聘为衡阳县志编辑委员会主任委员。

1950年,墨西先生耳闻目睹中共兴利除弊的各项方针政策,深得民心,非常兴奋地说:"孙中山所想做的,共产党都已付诸实施,老夫躬逢盛世,死无憾矣。"

1952年春,中共湖南省委书记黄克诚批示,墨西先生被聘为湖南省文物委员会委员。1953年,墨西先生担任湖南省文史研究馆馆员。1954年,中共湖南省委书记周小舟、民革湖南省委负责人谢晋,曾先后致信墨西先生,勉励他为建设中华人民共和国发挥余热;是年,墨西先生当选为湖南省第一届人民代表大会代表。

墨西先生生平最推崇王船山学术思想,曾著有《关于王夫之学术思想之探讨》，原稿近二万字，毁于"文化大革命"之中。1954年12月，墨西先生曾两次去王船山故居湘西草堂和大罗山船山墓地考察，在当地召开干部群众座谈会，走访船山后裔和当地老人，寻求史实，商讨保护船山故居及坟地的办法。回家后工作十余日，写了近三万字的《船山故居沿革及坟墓》的调查研究资料。这篇遗作后经其堂侄陈积整理，在湖南省社会科学院、湖南省船山学社联合主办的《船山学报》1985年第一期上发表，对研究船山遗迹，很有参考价值。

墨西先生有子女三人①。长女系原配王夫人所生，适长乐王氏。长子陈道，号菊池，毕业于福州海军学校，在国民党海军服役，曾任海军上校轮机教官，1980年在台北病逝。次子陈均，字致平，后以字行，毕业于北京辅仁大学，历史学家，曾任辅仁大学、上海同济大学讲师、教授，现在台湾师大任教。孙女陈喆，小字凤凰，笔名琼瑶，是台湾著名的女作家。陈道、陈均皆继室钟夫人所生。

墨西先生为人正直，不事权贵，然乐善好施，拯人急难。二十世纪五十年代，他每月工资为74元，除留生活必需外，其余均散发给附近一些贫困农民；谁家有急事向他求贷，亦是有求必应。

1960年，墨西先生因病去世，终年91岁，由当时的省文史研究馆和中共衡阳县委宣传部妥善办理后事。先生身后别无遗物，只留下数百册古今中外的藏书和民国初年的《申报》等资料，由省文史研究馆车运长沙保存。

---

① 原文有误，为尊重原作未作修改，具体见年谱。

秦州起义中的陈墨西[①]

黄祖同[②] 陈 稹

辛亥革命前夕,上海、两湖以及东南各地,在黄兴等革命党人的倡导下,革命风气大开,武装起义此伏彼起,仁人志士为拯救中华,前赴后继,大有"山雨欲来风满楼"之势。清廷虽拼命挣扎,然已成强弩之末,无能为力。然西北边陲,山川固塞,交通不便,封建保皇势力,仍极嚣张。孙中山、黄兴等考虑到这种情势,虑"一肤之不适致累全身",恐"一旦民军骤兴,独西陲为梗,非计之得也"[③]。于是决定派同盟会员前往西北,传播革命火种。他们研究再三,决定派熟知西北风土人情的黄钺前往甘肃开拓革命阵地。

黄钺,字佑禅,湖南宁乡县西冲山人,其父黄万鹏与当时陕甘总督长庚(满人)有交往,这对黄先生赴西北是一个极为有利的条件。黄钺欣然受命,带领一批湘籍同志,于一九一〇年十二月抵甘肃兰州。他以故人之子的身份请谒长庚,受到青睐。长庚委任他为督练公所总参议。黄钺利用这一合法身份作掩护,暗中发展同盟会员,倡导新学,传播革命思想。

一九一一年十月十日,武昌首义告捷,革命高潮来到,东南各省先后宣布独立,满清政府土崩瓦解。但奄奄

---

① 辑自《风范长存》纪念文集。
② 黄祖同:辛亥革命元老、甘肃临时军政府总督黄钺之子。
③ 邹鲁:《中国国民党史稿:甘肃秦州光复》第九九五页。

一息的清王朝仍不甘心失败，妄图偏安西北，负隅顽抗。

一九一一年十月二十二日，陕西民军在革命党人张凤翙等领导下，赶走陕西巡抚钱能训，建立陕西军政府。这一壮举，给陕甘清室官僚集团以迎头一棒，他们惊恐万状。长庚急调前总督升允为统帅，拼凑一支反革命武装开赴陕西，妄图扑灭革命烈火。这支反动武装连陷长武、邠州、醴泉，直逼西安，形势十分危急。与此同时，长庚又命黄钺率师去秦州布防。秦州即今甘肃省天水市，为陇东重镇。黄钺于十一月中抵秦州，驻军秦州泰山庙。

陈墨西先生与黄钺先生都是湘籍革命党人。武昌起义后，陈墨西先生随孙中山由日本归来，陈、黄早有交往，黄钺得知陈墨西先生已返故国，大喜。立即传书邀墨西先生赴甘肃共商起义大计，周震鳞、谭延闿等亦极力赞同。陈墨西欣然应召，于一九一二年农历正月十八日（一九一二年三月六日）赶赴秦州。其时，黄钺等同盟会员已初步商定在秦州起义。陈墨西到达后，传达了黄兴敦促甘肃早日举义的意见，并讲述东南各省的革命形势。这样，进一步鼓舞了革命党人的斗争意志，坚定了立即举行起义的决心。黄钺、陈墨西再次修订了起义计划，于一九一二年三月十一日（农历正月二十三日）宣布起义。起义军兵分三路：一路攻入游击衙门，游击将军玉润开枪顽抗，为起义军击毙；一路袭击筹防局；另一路直取州衙，生擒知州张廷武，起义宣告胜利结束。黄钺召开官绅民众大会，讲述革命反正的道理，宣布成立甘肃临时军政府（亦称秦州军政府），黄钺任军政府都督，陈墨西先生被任命为军政府教育司司长。当时群众欢欣鼓舞，一致拥护军政府的成立。

陈墨西任教育司司长后，立即成立"教育会"，以旧文社为基础，协助政府发展教育事业。先生认为，"要自强，必先普及教育"，"建国之首要任务，在于提高全体国民的文化水平"。因此，先生非常重视"平民教育"，主张"设立夜校，扫除文盲"。军政府建立伊始，即指令所属按区域设立夜校，对失学儿童以及成年文盲，不分男女，皆可免费入学就读。对清政府的教育制度，进行彻底改革，创办新学，设立各类学堂，对提高全民文化做了大量工作，为巩固军政府政权，起到了重要的作用。

秦州起义获得成功的消息，传到西安，极大地鼓舞了陕西革命党人的斗志，他们同仇敌忾，坚守阵地，多次挫败清军反扑。未几，清帝退位诏下达，革命党人将"诏书"翻印散发，民军士气倍增。而攻陕反动军队得知清帝已退位，秦州已光复，再打下去，必遭覆灭，认为大势已去，军心涣散，乃陆续不战而溃，撤离战场。至此陕西军政府才得转危为安，逐渐巩固和发展。

一九八一年十月五日，《甘肃日报》在刊载《秦州起义纪略》一文中，对秦州起义给予了充分的肯定和恰当的评价："秦州起义是辛亥革命时期甘肃乃至西北地区的重要历史事件，它的历史作用应予肯定。秦州起义给了陕西革命军以有力的支持，给予长庚、升允为首的封建顽固势力以迎头痛击，打乱了反革命营垒内部的步调，激化了统治集团内部的矛盾，……最后使清王朝'偏安西北'的企图成了泡影。这是秦州起义不容忽视的历史功绩。"

一九一二年三月十九日，也就是秦州起义后的第八天，清政府甘肃省藩司赵惟熙，看到革命形势日趋高涨，清室覆灭已成定局。这一封建势力的爪牙，也摇身一变，诡称"起义"，成立一个所谓"甘肃军政府"（亦称兰州军政府），反而倒打一耙，诬蔑秦州起义是"争权夺利，破坏共和"，扬言对秦州军政府要"大兵压境，炮弹相见"[①]。并利用兰州通信条件较秦州优越，于所谓起义的当日，即快电告袁世凯。秦州起义时，黄钺、陈墨西等只向黄兴等同盟会领导汇报，而后才电告袁世凯主持的北京政府。因此袁世凯先得悉赵电，且袁图谋不轨，意在笼络前清旧臣遗老，压制革命力量，故偏袒赵惟熙等，指责秦州起义是"有害公安，动援国体"，扬言"本大总统以保持全国治安为重，将以公敌待之""倘其执迷前进，即行堵击"[②]。袁世凯一面威胁秦州军政府，一面正式任命赵惟熙为甘肃都督。赵在兰州拥有一定的地方实力，且得到袁的全力支持，因而调兵遣将，欲踏平秦州而后快。秦州虽一面加紧战备，然黄钺、陈墨西等为顾全大局，考虑战端一起，则玉石俱焚，陇中生灵难免涂炭，且清室保皇势力将收渔翁之利。因此采取和解政策，拟订和平解决条约十四款，派陈墨西、周昆为首席代表，与赵惟熙进行谈判，最后达成协议，甘肃事件，得以和平解决[③]。事后，黄钺宣布解散秦州军政府，与陈墨西先生联袂南归广州，参加孙中山先生的讨袁斗争。

秦州起义的胜利果实，虽为袁世凯等所窃夺，然而

---

① 黄钺：《致南京参议院电》（见《甘肃文史资料选辑》十一辑第二十六页）。
② 见《甘肃文史资料选辑》第十一页、第二十八页、第三十三页、第五十页。
③ 《秦州起义的历史》（载《辛亥革命回忆录》第五辑。）

"秦州起义在反封建专制、倡导民主共和方面的历史功绩,将永垂近代革命史册"①。秦州起义的倡导者黄钺、陈墨西亦将永垂不朽。

纪念伯父墨西公 130 周年诞辰②

陈 稹

一九九八年十月

一

群推先觉砥中流,③
忧国忧民数十秋。
画壁真诚怀祖国,④
题扉忿慨斥倭酋。⑤
扶危济困倾囊蓄,
重教培才展壮猷。
乐道安贫持亮节,
清风两袖美名留。

---

① 1981 年 10 月 5 日《甘肃日报》:《秦州起义纪略》。
② 辑自《风范长存》纪念文集。
③ "群推先觉",系广州农民运动讲习所同学赠墨西公联中语。
④ 日寇侵华,衡阳沦陷后,墨西公命长孙陈继佛画一巨幅中国地图于堂屋壁上,并题曰:"此乃中国之大好河山,凡我黄胄须誓死捍卫之。"
⑤ 1944 年夏,日军数人撞入先生住宅,以刺刀洞穿大门数处。事后,家人拟修复,先生制止并题字扉上曰:"此扉可作巴黎油画观。"当日墨西公怒斥日军官,该军官诺诺而退。

二

墨翁待我最真情,
导我行知启我盲。
"错划"凭公能改正,
前途于我始分明。
依稀仍忆当年貌,
仿佛又闻教诲声。
未报春晖长恻恻,
招魂故里悼耆英。

三

为求真革命,
东渡谒中山。
义帜秦州举,
参谋粤海还。
重才兴教育,
疾恶斥愚顽。
热血荐华夏,
一生非等闲。

《风范长存》序①

石玉珍②

湖南省文史研究馆为纪念已故馆员、著名社会活动家、爱国老人陈墨西先生130周年诞辰,编辑《风范长存》这本纪念专集,怀念先贤,启迪并教育后人,这是一件非常有意义的事,值得庆贺。

陈墨西(1869—1960),湖南衡阳县人,世居渣江兰芝堂。先生幼时受业于私塾,1890年参加乡试,授予廪贡生,后考入两江优质师范学堂就读4年。1909年东渡日本求学,结识孙中山、黄兴等革命领袖,由黄兴介绍加入同盟会。回国后,应革命党人黄钺之邀,赴甘肃参加辛亥革命光复甘肃的战役,并被任命为甘肃军政府秘书长兼教育司司长。二十世纪二十年代,北伐军兴,先生赴广州依附孙中山先生,任广州大元帅咨议,一度担任广东省惠阳县县长。1926年,革命军誓师北伐,被任命为北伐军总司令部政治顾问,还一度担任湖南省宁远县县长。三十年代,曾任浙江省政府顾问。其余时间,长期从事中等学校教育工作。1949年退出教育界,受聘为衡阳县志编纂委员会主任委员。新中国成立后,先生出任湖南省文物管理委员会委员。1953年年初,由省人民政府聘为省文史研究馆馆员,并当选为湖南省第一届人民代表大会代表,参政议

---

① 该文为1999年湖南省文史研究馆出版的陈墨西纪念文集《风范长存》的序文。
② 石玉珍:时任湖南省政协副主席。

政,为新中国的建设知情出力。

先生晚年从事教育工作,热心社会活动,还潜心于王夫之(船山)之研究,先生著有《王夫之学术之探论》《船山祠堂》《坟墓沿革》等著作。另据知情者回忆,先生还撰有《潜斋文集》六卷、《诗存》六卷、《随笔》二卷、《大学新义》一卷等著述。可惜均未付梓,手稿多已失散,仅船山研究,省文史馆略有存稿。

先生不仅学识渊博,才能卓越,更可贵的是他忧国忧民,追求光明,追求真理,为人正直,终生不言利禄的高贵品质。

还值得一颂的是先生家教有方,其后代无论儿辈、孙辈,均学业有成,如其子陈致平先生是台湾著名湘籍史学家,孙女陈喆(琼瑶)是著名作家。他们都著述颇丰,知名海内外,其子孙均有造诣。省文史研究馆收集了先生的部分遗稿和图片资料,生平传略,以及后人包括其亲属的怀念文章,汇编成册,意在告慰先贤,教育后人,让先贤的风范永存人间。

是为序。

1999 年 3 月

一个风范长存的人[1]

周用美　周用敦[2]

儿时常听祖父（周震鳞、字道腴）讲故事，他主要为我们讲革命党人推翻清王朝英勇奋斗，流血牺牲的业绩和民国年间的一些往事。在讲到1925年（民国十四年）广州农民运动讲习所时，内中有一位老学生五十七岁了，还天天去听讲，一边听一边做笔记，终日孜孜不倦。我们忙问这位老学生是谁？祖父捋着胡须说，这人叫陈墨西，我们湖南衡阳人，年纪比我大，也是一个只讲做事，不看重金钱的爽快人。我们听后深有所悟，这是我们对陈墨西长者的第一印象。

事隔几十年，我们还记得这个名字。1994年，我们正着手编写《周震鳞传》，征集各方面的资料，黄祖同先生向我们提供了一些陈墨西长者与祖父交往的史料，还出示了祖父为墨西长者的诗集《陈墨西先生癸酉述怀》封面题字的复印件。我们看了很有感慨。这是我们对陈墨西长者的第二印象。

这次我们来湖南做调研工作，黄祖同先生告诉我们，湖南省文史研究馆正在收集、整理纪念陈墨西长者资料之事，黄先生还让我们看了一些稿件和图片，更加深了我们对世伯祖陈墨西长者的了解和认识。他确是一位和蔼可

---

[1] 辑自《风范长存》纪念文集。
[2] 周用美，女，农业部规划设计院高级工程师。周用敦，全国侨联文协秘书长。

亲、学问渊博、诲人不倦，为民主革命的成功奔波了数十年的先驱者、社会活动家和教育家。晚年又埋头研究学问，尤其对清末思想家王夫之（船山）家世和故居的研究，有独到见解，堪称衡阳的大儒，令人敬佩。

我们的祖国是伟大的，人民是勤勇的，在我们即将跨入新的二十一世纪，建设强大现代化国家的今天，陈墨西先贤的这些风范，尤显宝贵，需要我们学习、继承，发扬光大。陈墨西先贤的高风亮节，永远是我们的师表与楷模。因此，我们怀着崇敬的心情，写了以上文字以示纪念。我们亦期待以纪念墨西长者的册子早日出版，诚望一切有志于奉献社会，创造新生活的仁人志士，从此书中得到有益的启迪。

琼瑶重修墨西公墓[①]

刘永忠

陈墨西，渣江区鼓峰乡兴隆村人，早年参加孙中山先生组织的"同盟会"，参加过北伐战争，后长期在政界、教育界供职，是一位民主革命者，是台湾著名女作家琼瑶（原名陈喆）的祖父。

1960年，陈墨西91岁时，在故居兰芝堂逝世，葬于鼓峰乡兴隆村繁荣组境内的虎泥冲虎形山。1988年，琼瑶出资为祖父修墓。新修的墓占地56平方米，水泥墓坪，墓圈由6块0.15米厚，0.77米高，1.55米宽的花岗岩围成，

---

① 辑自《风范长存》纪念文集。

形似半个正十二边形。墓圈内并排二冢,左为陈墨西冢,长2米,高0.44米,宽0.9米,由磨得光滑如镜的花岗石嵌成。冢盖似平缓的坡屋顶,由两块长2米、宽0.41米、厚0.02米的光滑如镜的花岗岩镶成。墓碑为花岗岩,高1.55米,宽0.8米,厚0.22米,中嵌汉白玉石,上刻"先考陈公墨西之墓",碑四周刻有二龙戏珠浮雕。冢脚有长方形水泥香炉,墓坪下设3级水泥台阶。冢左侧墓圈嵌有用汉白玉石刻的《重修陈公墨西墓记》:"衡阳陈公墨西,讳贞瑞,号潜斋,生于公元一八六九年,殁于公元一九六〇年,享年九十有一。男均频年于没海隅,未克亲视含殓。时事多艰,忽忽营葬,岁月蹉跎,茔地日荒。直至公元一九八八年,海宇承平,男均方克率诸孙喆、珏、兆胜、锦春重修斯墓,并获县府暨乡里之协助,得竟其成。男均恭记,一九八八年十二月穀旦岁戊辰。"右为陈墨西堂侄陈鹭祥冢。

  1989年5月7日,琼瑶偕丈夫平鑫涛回乡扫墓祭祖,按传统礼节,在墓前行三跪九叩首礼,俯伏冢前致哀。为迎接琼瑶回家扫墓,当地村民突击抢修简易公路3.5公里,从塘坳修到陈墨西墓山下。1989年6月24日,陈墨西墓被列为县级文物保护单位。

回忆外祖父陈墨西[1]

王璧 王廷[2]

我们的外祖父叫陈墨西，字贞瑞，晚年号潜斋，生于清同治八年（1869年）农历正月二十五日，原籍衡阳县渣江区鼓峰乡兴隆村（今三湖镇大波村）。清廪贡生。他自幼聪慧过人，曾以优异成绩考入两江优级师范。在校受到革命思潮影响，萌发了反清的思想，立志寻求救国救民的道路。

1909年东渡日本留学，当时日本是中国民主革命者聚集的地方。在东京，他结识了黄兴。经黄兴介绍，又结识了孙中山先生和蔡锷将军。中山先生很赏识他的抱负和才华，不久他就加入了同盟会。

1910年年底，学成回国。武昌起义胜利后，他去南京协助孙中山先生组织新政府。又与湘籍同盟会员发起为新政府募捐活动，撰写了《募捐公告》，其中有段词是这样的："洗大地之旧污，几多湖湘碧血；建新都之宏业，无量桑梓头颅。然而放牛归马之途，何胜烹狗藏奸之慨；矧金陵胜地，久为湘鄂荟萃，其玉垒浮云，徒增故乡流离之众。或青年失学，或赤子无依。冯生弹甲之徒，接踵而过；阮籍穷途之哭，触耳即闻。"在新政府筹组告一段落后，他又应甘肃提学使俞明震（今浙江绍兴人，生于湖

---

[1] 辑自湖南省文史研究馆《文史拾遗》第三期（总第五十期）。
[2] 王璧，又名代训，衡阳市退休教师；王廷，又名代杰，湘潭市电机厂退休工程师。

南,原全国政协主席俞正声之曾祖父)之邀,前往甘肃办学,于1911年年底到达甘肃。适逢在甘革命党人黄钺(湖南宁乡人)图谋反清武装起义,他参与其事。他们于1912年3月11日在秦州(现在甘肃省天水市)起义成功,成立甘肃临时军政府,黄钺被选为军政府都督,他被任命为军政府秘书长兼教育司司长。时值天旱,他慷慨解囊。后来,甘肃临时军政府受袁世凯胁迫,被迫解散,他随黄钺回湘。

此后,外祖父不满袁世凯当政,一直在衡阳南路师范学堂等地任教。后孙中山先生在广州建立大元帅府,1923年,他应孙先生之召,赴穗任大元帅府咨议。1924年,他随孙先生赴北平与段祺瑞进行谈判。次年3月孙先生病逝北平,他返回广州,参加第一次东征。收复广东惠阳县后,他被任命为惠阳县县长。当时是国共第一次合作时期,他参加了广州农民运动讲习所的学习,听过毛泽东主席的讲课。毛对外祖父很尊重,在课堂上向学员介绍:"在座的有革命老前辈陈墨西先生。"结业时同学送他一副对联:"勤学不懈,群推先觉。"这些事,老人和我们多次谈过。

1926年革命军誓师北伐,他任北伐军总司令部政治顾问,随军北上。吴佩孚败退后,他出任湖南省宁远县县长。1927年因与当道者政见不合,毅然退出政界,并以自己的特殊身份多次掩护共产党员与革命者逃脱敌人的追捕。1928年,他赴南京,在中央政治大学、中央女子政法讲习所教国文、地理。1932年任浙江省政府顾问,后赴北京,至1935年回故里衡阳。

外祖父从北平归来，我们就去他家——兰芝堂别墅拜见他。当时我已15岁，仅在家乡（长乐乡）的王氏族校读了一年多的小学。外祖父见到我，满怀深情地说："代训（即王璧）你过来，让我好好地瞧瞧你。"又说："你跟你妈妈长得一模一样，看见你就像看见了我惠子一样。"（惠子，名祥惠，我们的妈妈）外祖父还问我："你想不想读书？"我一下子跪在他的面前，哭着说："外公，我想读书，我要读书。"外祖父摸着我的头说："代训，你只读了一年多的初小，年龄又大了，我资助你读书，你必须刻苦学习，要走捷径跳班才行，你先跟七舅补习几个月，准备考高小吧。"我没有辜负他老人家的期望，同年考上了七区女职读高小，1937年又考上了省衡女中。外公当时在省衡女中任国语教员，我亲聆他的教诲，感到莫大的幸福。以后我又跟他从省衡女中到南华女中（高中），度过了7年的校园生活，于1944年高中毕业。

他老人家在生活上对我关怀备至，在学习上对我谆谆教导。他教书育人，身教重于言教，常以自己的举止言行为学生作出表率。他黎明即起，终生不闲；生活有度，饮食有节；宁静少言，勤于考究；书写行文，严谨不苟；坚持真理，富贵不淫。慕陶潜之高风，归隐田园，晚年自号潜斋、潜叟，以明己志。他常教育我们：写字要横平竖直，刚劲有力；做人也要和写字一样，要秉公正直，一身正气。

1944年9月，日寇入侵他家乡衡阳渣江一带，烧杀抢掠。外祖父怒不可遏，命其长孙继佛在堂屋墙上画了一大幅中国地图（至今仍保存在兰芝堂别墅的墙上），并亲书

"此乃中国之大好河山,凡我黄胄须誓死捍卫之。"日本鬼子到了他家乡,他宁死不离故土,独居兰芝别墅,毫不畏惧,怒目而视,以日语斥敌。他的浩然正气,使侵略者望而生畏,诺诺而退。光复后第一个春节,堂前撰有对联:"再造山河新改岁,后凋松柏又逢春。"以表示他老人家喜悦之情。居乡期间,他与同乡友人成立诗社交流诗艺,整理家藏经史古籍,陈列于书室。书室撰有门联:"愧无令德行乡里,幸有余龄守缺残。"("缺残"指不完整的书)抗战胜利后,他老人家再次入教坛,先后在省衡女中、南华女中、衡阳县中(今衡阳市二中)任教,一直到1949年。

解放后,人民政府对外祖父十分尊重。1952年,湖南省委书记黄克诚和民革负责人谢晋写信给他,聘请他担任湖南省文物管理委员会委员。1953年受聘为湖南省文史研究馆馆员。嗣后,他被选为湖南省第一届人民代表大会代表。1954年,他受省文物管理委员会委托,调查王船山先生故居沿革状况。当时他已有85岁高龄了。他先后两次到湘西草堂和船山墓地实地考察,反复核对,力求准确,写下了近3万字的《船山故居沿革及其坟墓状况的调查报告》。他终生手不释卷,勤于写作。每当去长沙开会,就在我家小住,向我细叙思亲之情,并写下了不少诗篇,召唤游子还乡。可惜这些诗篇当时未能收藏,深感遗憾,现能背诵者仅只两句:"皓首常登南岳岭,远招回雁向衡阳。"他还常教育我们:一个人写文章要首尾并重,做人也要像写文章一样,要善始善终,越到结尾,越要做得好。他本人正是这样身体力行的,一生追求真理,不与邪恶、虎狼为伍。

外祖父有二子一女。长子陈道，又名菊池，字祥址，留学英国，归国后一直任前海军学校教官。陈道生二子，长名继佛，次名继良，均在国外工作。次子陈致平，字祥均，毕业于北京辅仁大学历史系，先后在北平辅仁大学、光华大学，上海同济大学、台湾大学任讲师和教授，现是台湾历史学家。陈致平育二女二子，大女及长子是双生，大女名陈喆，乳名凤凰，就是当今誉满海内外的小说家琼瑶；长子名陈珏，乳名麒麟；老三是男孩，名陈兆胜，又名陈怀谷，乳名巧三；老四是女孩，叫锦春，乳名小妹妹。外祖父三女名陈祥惠，毕业于南京金陵女子师范学堂，就是我们的母亲。她是一位聪慧贤良的女性，文章写得好，通晓英语、日语。她对我们姐弟既钟爱又严格要求。由于生子女较多，损伤了身体，不幸早逝，终年仅39岁。当时我才7岁。

1960年，我们敬爱的外祖父未能实现与子女团聚的愿望，就与世长辞了，终年91岁。当时代训闻讯与丈夫刘皙立即赶往渣江，悲痛地与老人遗体告别。友人赠外祖父题词："身系安危，而忘情名利；肩担道义，而不计穷通。昆阳绩伟，刘皇叔口不言功；绵上田虚，介子推禄终勿及。"这是对外祖父一生的评价和真实写照。前几年，我们为老人扫墓，立了墓碑，以表我们的寸心。

外祖父，我们永远怀念您！

陈墨西与衡阳市船山图书馆[①]

欧雪梅[②]

船山图书馆是衡阳市图书馆90年历史中的一块金字招牌,其诞生与陈墨西有关,其取消(指摘去"船山"二字)与"文化大革命"相连。

陈墨西首倡船山图书馆

陈墨西(1869—1960),名贞瑞,号潜斋。衡阳县渣江镇(今三湖镇)兰芝堂人,国民党元老、辛亥革命元老、民主革命家、教育家。出身封建官宦家庭,清末授廪贡生,两江师范学堂毕业。1909年到日本留学,经黄兴引荐加入同盟会,深得孙中山赏识。1911年随孙中山回国,第二年任甘肃军政府秘书长兼教育司司长,后受袁世凯党羽排斥,1914年回家乡从事教育工作,1915年任湖南宁远县县长。1924年任广州大元帅府咨议。1924年年底陪同孙中山北上与北洋段祺瑞政府谈判,次年孙中山病逝后重回广州。1926年10月任广东省惠阳县县长,北伐军总司令部政治顾问等职。1927年四一二反革命政变后,他毅然退出政界,先后在省衡女中、衡山南华中学、衡阳县立中学等学校任教。

抗日战争时期,陈向师生宣传抗战必胜的道理,并把

[①] 辑自衡阳市图书馆90周年馆庆纪念集——《书香飘过岁月》。
[②] 欧雪梅,衡阳市图书馆报刊部主任。

1940年出生的孙子陈怀谷赠名"兆胜",预示抗日必定胜利。1949年春,其子赴台前夕劝他同去,被他拒绝。中华人民共和国成立后,陈墨西担任湖南省文物管理委员会委员、省文史研究馆馆员等职。1954年8月当选湖南省第一届人民代表大会代表。

陈墨西最为推崇王船山学问和爱国情操,认为船山之学说浩瀚广博,且处处见革命精神,满清之覆亡,多为船山思想之推动。1954年12月,他受省文物管理委员会之托,不顾85岁之高龄,到湘西草堂一带实地调查,写成《船山故居和坟墓沿革》一文,内有"以名贤之故居,遇非常之损毁,鄙人身负言责,素有所闻。所以特在省人民大会提案,请恢复保护"。并提议用建图书馆的办法来纪念王船山。1955年2月18日,省文化局在答复这一提案时认为,"船山墓庐目前无条件成立图书馆,可将今年新成立的衡阳图书馆更名为船山图书馆,以资纪念"。3月11日,省人民委员会批准成立衡阳市船山图书馆,4月10日正式对外开放。1962年,湖南、湖北两省的哲学、社会科学联合会共同举行王船山学术讨论会,衡阳市也举办纪念王船山逝世270周年的纪念活动,并在图书馆内另设王船山纪念馆,吸引了中外一大批专家学者前来参观考察。1965年年底,船山图书馆藏书20余万册,发证读者超过5000人,年借阅量超过十万人次。

金字招牌"动乱"中被摘

1966年,正当市船山图书馆事业欣欣向荣之际,"文化大革命"开始了,在"破四旧"的喧嚣声浪中,将"船山"二字作为"封建主义毒素"除去,衡阳市船山图书馆被更名为衡阳市图书馆。王船山纪念馆同遭劫难,珍贵文物和历史资料被焚毁,损失无法弥补。1969年冬,更将市图书馆、工人文化宫、文化馆三馆合并成立市群众文化馆。1971年再恢复衡阳市图书馆建制,直到1974年才恢复对外开放。但"船山"这块金字招牌,迄今尚未复原,人们多有意见。1989年下半年,图书馆事业志办公室作过统计,在随机抽查的50名读者中,赞成恢复者36人,占72%;可改可不改者9人,占18%;明确表示不必者只有5人,占10%,可见绝大多数人还是赞同复牌的。

期盼恢复船山图书馆之名

虽然社会上恢复衡阳市船山图书馆的呼声很高,但由于种种原因未能实现。现在看来,恢复1955年省人民委员会的批示精神,将"船山"重新冠在衡阳市图书馆身上,应是名至实归。可以在馆内设立船山纪念研究室,收集船山遗著的各种版本、各种研究期刊或专著、汇编报刊的研究文章资料,进行版本、目录和校勘学方面的业务服务。此室还可以作为爱国主义教育场所,弘扬船山先生艰苦的著述精神和坚贞不渝的民族气节,培养读者热爱科学、奋发图强、忠于祖国的高尚情操。

琼瑶祖父是毛泽东尊敬的"革命老前辈",也是"新青年"①

关山远②

广州的春天,阳光已很热烈,面对一群朝气蓬勃的年轻人,33 岁的教师毛泽东很恭敬地介绍一位 57 岁的学生:"在座的有革命老前辈陈墨西先生。"

这是 1926 年 2 月,广州国民党中央政治讲习班课堂上的一幕,共有学员 800 人参加讲习班,陈墨西是最年长的一个。

2019 年,是陈墨西 150 周年诞辰。在今天,说起陈墨西,往往是因为他有一位著名的孙女——琼瑶。其实,陈墨西当年的影响力,远远大过琼瑶。读他的故事,也如同在读一部长篇小说,有缠绵悱恻的言情,更有荡气回肠的历史。一个身处历史大变局当中的"老青年",如何紧跟时代,活成生气淋漓的"新青年"?这是一位已逝去的中国知识分子的心灵长路,也是后人不能忘记的民族危亡与崛起的记忆缩影。

一

毛泽东尊称陈墨西为"革命老前辈",是因为他参与领导了辛亥革命最后一场起义——甘肃秦州起义。

---

① 辑自 2019 年 5 月 10 日《新华每日电讯》。
② 关山远:本名肖春飞,新华通讯社上海分社副社长、总编辑、高级记者。

秦州即今甘肃天水，史载：1912年3月11日清晨，起义开始，由于事先计划周密，部队行动迅速且隐秘。起义军分四路很快占领筹防局、州署衙门、游击衙署和军械火药库。游击玉润（满人）开枪负隅顽抗，被当场击毙；知州张廷武被生擒。一支清军前来镇压，直逼城下，但经当地绅士出面调停，来敌退走。秦州的起义军基本上没有发生激烈战斗便顺利占领全城，取得了胜利，随即成立甘肃临时军政府（亦称秦州军政府），史称"陇右光复"。

湖南宁乡人黄钺是秦州起义的第一领导人，黄钺与陈墨西是好友，据黄钺儿子黄祖同在1999年为纪念陈墨西130周年诞辰时编辑，湖南文史研究馆出版的《风范长存》一书记载：武昌起义后，陈墨西随孙中山由日本归来，黄钺已在甘肃进行革命活动，得悉好友陈墨西回国，大喜，立即传书邀请陈墨西赴甘肃共商起义大计，孙中山等极力赞同。陈墨西欣然应召，于1912年3月6日（农历正月十八日）赶赴秦州。陈墨西到达后，传达了黄兴致促甘肃早日举义的意见，与黄钺再次修订了起义计划，如期宣布起义。

秦州起义胜利后，黄钺任军政府都督，陈墨西被任命为军政府秘书长兼教育司司长，秦州军政府的大部分文牍都出自陈墨西之手。

陈墨西，1869年生于湖南省衡阳县渣江镇，渣江此前出了一个著名人物彭玉麟，他创建了湘军水师，是中国近代海军的奠基者。陈墨西的爷爷陈大源，投奔彭玉麟，曾任长江水师湖口炮船厂总办，后来由彭玉麟保奏任江西九江知府，官至四品，病逝于任上，家道中落。陈墨西的父亲叫陈启裯,授奉直大夫,候选通判,藏书万卷,家教甚严。陈墨西从小就接受了严格的科举训练,遍读四书五经,过目成诵。1890年,参加乡试,授廪贡生。

但是他的科举之路被历史大潮打断,1905年,延续1300年的科举制度被废除,此事对当时读书人冲击非常之大,不少人感觉天崩地裂、万念俱灰。山西有一个名叫刘大鹏的屡试不第的老举人,听闻废除科举的消息后,在日记中悲伤地写道:"甫晓起来心若死灰,看得眼前一切,均属空虚,无一可以垂之永久……日来凡出门,见人皆言科举停止,大不便于天下,而学堂成效未有验,则世道人心不知迁流何所,再阅数年又将变得何如,有可忧可惧之端。"

时代剧变,时人或迷茫或颓废或奋起。新旧之间,泾渭分明。描写中国共产党诞生的电影《开天辟地》中有个经典镜头:一个反动警察抓住陈独秀,打了他一个耳光:"老子叫你尝尝老青年的味道!"陈独秀怒不可遏,冲上前去凶猛地还击了一记响亮的耳光:"也叫你记住'新青年'的味道!"

科举废除这一年,陈墨西36岁,按生理年龄来说,是标准的"老青年",但他没有精神幻灭,他在一年前就投身于新式学堂——南京两江师范学堂(中央大学前身)。

年过三十,还读师范,确实年龄大了些。但陈墨西面试很出色,校长李瑞清是清末翰林,著名书画家,他很欣赏陈墨西,就将其招收入学了,一段佳话也因此开始——陈墨西仅仅比李瑞清小两岁,但一直对他非常恭敬,每次见面必行鞠躬礼,终生奉其为恩师。

从此，陈墨西频频以"最年长"的标签，紧紧跟住时代潮流，焕发着青春热情：两江师范成立反清组织"革命同志会"，陈墨西是最年长的会员；1909年，陈墨西东渡日本，是最年长的留学生之一；在日本他经黄兴介绍加入同盟会，成为孙中山的忠实信徒。辛亥革命、讨袁战争、东征、北伐……他一直与年轻的战友并肩奋战。

对于陈墨西来说，他的心理年龄，始终可以用"青春"二字来标签。

二

1936年，华北战争阴云密布之际，在北平，有一对历经坎坷的情侣，终成眷属。

男的是陈致平，陈墨西的儿子；女方是袁行恕，她的父亲，是有着中国银行业之父之称的第一任交通银行行长袁励衡。他俩是师生恋，为当时社会所不容，压力山大。但真正的压力，来自袁励衡。他坚决反对女儿跟陈致平恋爱，不准两人再有往来。但袁行恕个性极强，宁肯与家里断绝往来，也不愿割舍这段恋情。

袁励衡反对的，倒不是"师生恋"、自由恋爱，而是陈致平这个人——门不当户不对。袁家可谓典型的累世书香、仕宦之门，袁励衡之前五代，均在朝廷为官，袁励衡本人，也任过清末知县。而陈墨西呢，自1927年四一二蒋介石屠杀共产党人，尤其是得悉他的挚友、共产党人萧楚女遇难的消息后，心中愤懑，以母亲过世、回乡守孝的借口，脱离了军政界，回衡阳渣江老家教书为生。而陈致平与母亲在北平生活，母亲去世后，他一人北漂着，除了满腹学问，其他啥都没有，袁励衡自然感觉这人不靠谱。

陈致平为啥跟母亲待在北京？也有一段插曲：陈墨西当年在外革命时，遇到一好姑娘，结婚了。但这姑娘到了衡阳渣江，发现陈墨西在乡下老家还有一个原配夫人……这也是那个年代屡见不鲜之事，但这姑娘个性强，大怒，带着孩子到了北平。陈致平一直在北平长大。这事让袁励衡更感觉他不靠谱，他们陈家都不靠谱。

眼看这爱要成苦恋，前景不妙，但突然发生转机，袁励衡同意了！转机，来自陈墨西的一封长信，他在老家听说儿子的爱情故事后，毕竟打过仗闹过革命，当机立断，提笔给袁励衡写了一封长信。袁励衡读完，才发现陈致平的老爹不是乡下私塾先生，而是鼎鼎大名的辛亥革命先驱、民国元老、民主革命家！哪有什么门不当户不对的？欣然同意。这才有了两人的成婚，有了琼瑶的诞生。许多年后，琼瑶在自传《我的故事》中写了父母这一段爱情往事：

"他们的结合，也经过了一番奋斗和挣扎，因为母亲有个大家族，她是典型的大家闺秀，家教非常严谨。而父亲却独居于北京，生活有些潇洒不羁。外祖父对父亲摸不清底细，对于母亲这段婚事，非常迟疑。远在湖南的祖父知道之后，立刻写了一封长长的信给外祖父，代子求婚。据说，外祖父一读完这封信，立刻大大叹赏，说：'虎父怎会有犬子！父亲有这么好的文笔，儿子还会弱吗？'"

可见，写得一手好文章，关键时刻还是很管用的。

二人结婚时，陈致平27岁，袁行恕20岁。袁行恕是诗书画俱佳的大才女，更是一个在"五四运动"精神熏陶下长大的新青年，事业心很强，结婚后，不想放弃在北平艺专的学业，第一次怀孕后，非常恼怒，一心想要拿掉孩子，但是，在当年，这是一个非常"可怕"的念头。袁行恕只好休学，不甘心，不开心，怀胎五月时，夫妻俩大吵一架，袁行恕要离家出走，搬箱子时动了胎气，这个孩子流产了。陈致平伤心不已，袁行恕又去上学了。旋即，七七事变爆发，夫妻俩在北平没法待了，去了四川，袁行恕发现自己又怀孕了，一怒之下，到医院要求堕胎，医生拍片看了，告诉她：你怀的是双胞胎。她的"母爱"瞬间激发了，欢天喜地回到家里。1938年4月20日，袁行恕早产诞下一对龙凤胎，陈致平给一对儿女取名陈珏、陈喆。陈喆，就是后来的琼瑶。

三

琼瑶4岁时，第一次见到陈墨西，她后来回忆说："祖父是个很威严、很有气派的老人。"

这是1942年，琼瑶随父母回湖南衡阳渣江，当时中国半壁江山沦陷，烽火遍地，但他们认为，日寇打不到衡阳来。但是，日寇还是来了。琼瑶在《我的故事》中写道："一天夜里，我从熟睡中被炮火声惊醒，我爬起床来，看到父母和祖父都聚在窗边，满脸凝重的遥望着衡阳城——那城市已被一片大火所吞噬了，连黑夜的天空，都被火映成了红色。"

1944年极其惨烈的"衡阳保卫战"，从6月23日开始，到8月8日结束，历时47天，是中国抗战史上中国军队正面交战时间最长的城市攻防战，被誉为"东方的莫斯科保卫战"。虽然此役中国军队以少战多,重创日军,但日军最终惨胜。渣江镇距离衡阳城不远,陈家陷入了空前的劫难之中。琼瑶当时6岁,这场劫难给她留下了刻骨铭心的记忆,她详尽写在《我的故事》中,今天读起,仍触目惊心。

琼瑶写到了她珍爱的一面小锦旗被日军烧掉,写到了日军在衡阳乡间的烧杀掳掠,还写到了母亲差点被日军抢走的恐怖时刻:

"那日本大汉敞着胸前的衣服,军装上一个扣子也没扣,手里没有拿枪,却握着一根大木棒,他咧着嘴,面目狰狞而凶恶,一伸手,他抓住了母亲的手腕,用生硬的中文,口齿不清地说:'跟我走!'说着,他就死命地把母亲向山沟外面拖,一向文质彬彬的父亲,立即爆发了,他陡然间冲过来,抱住母亲,对那日本兵大吼大叫:'放手!你这禽兽!放手!'

"一切发生得好快,我看到那日本兵举起木棒,对父亲拦腰一棒,父亲站立不稳,那山沟又是一个往下倾斜的斜坡,父亲摔了下去,顺着斜坡,就一直往下滚。祖父忍无可忍,也冲上前去,日本兵再一棒,把祖父也打落坡下。然后,他继续拉着母亲,往山沟外面拖去。母亲用手抓紧了山沟两壁的青草,哭着往地上赖。我眼看父亲和祖父挨打,母亲又将被掳走,恐惧、愤怒和无助的感觉一下子对我压了下来,我用双手扯住母亲的衣服,放声大哭。同时麒麟(陈珏)和小弟都扑了过来,分别抱住母亲的腿,也放声大哭,我们三个孩子,这一哭哭得惊天动地,我们边哭边喊着:'妈妈不要走!妈妈不要走!'"

这一幕,今天读起来,悲愤莫名:像袁行恕这样在锦衣玉食中长大的名门望族,尚且蒙受如此侮辱,寻常百姓,更是沦落尘埃,命如草芥。当一个国家无力保护自己的国民时,国民又哪能把握自己的命运?

当年,因为全家人的拼命维护,日军收敛,放过了袁行恕。此后,陈墨西下决心让儿子儿媳一家离开老家,又是一番惊险的逃难,颠沛流离,来到重庆,但陈墨西留在老家。据《风范长存》记载:日军数人闯入其宅,并用刺刀洞穿其大门数处。陈墨西和墨濡笔大书:"此扉可作巴黎油画观"九字于其上,众皆瞠目结舌,而陈墨西仍泰然自若。不数日,一日本军官率士兵多人复来,破门而入,陈墨西正襟危坐,怒目而视,继而以日语斥责,日本军官诺诺而退,并书一告示于门外:"日军官兵不准入内。"事后当地百姓认为是奇闻怪事,奔走相告。陈墨西以不惧日寇、大义凛然的浩然正气,竟使虎狼成性的侵略者,望而生畏。1945年,日本侵略者无条件投降,举国同庆,有人要陈墨西将损坏的门扉加以修整,陈墨西婉言拒绝,并解释说:"此门页要永远保存下来,告诫后世,勿忘国耻。"

综合对比琼瑶所书与乡人回忆,可见陈墨西待亲人脱离险境后,坦然无畏,不再是一个忧虑后人安危的老者,已恢复当年"新青年"的凛凛本色。

四

琼瑶写过这样的一个细节:在护送儿孙逃难时,陈墨西一家遇到一个伪装成农民的汉奸,在后者的手枪面前,陈墨西傲然而立,誓死不肯让汉奸搜身检查。汉奸以死相逼，儿子下跪哀求，都无法让陈墨西低头。后来，汉奸震撼之余，给陈家人指明了一条逃生之路。这一幕，让琼瑶感慨良多。

许多年后，琼瑶在介绍自己的创作历程时，写过这样一段文字：

"我生于战乱，长于忧患。我了解人事时，正是抗战尾期，我和两个弟弟，跟着父母，从湖南家乡，一路'逃难'到四川。六岁时，别的孩子可能正在捉迷藏，玩游戏。我却赤着伤痕累累的双脚，走在湘桂铁路上。眼见路边受伤的军人，被抛弃在那儿流血至死。也目睹难民争先恐后，要从挤满了人的难民火车外，从车窗爬进车内。车内的人，为了防止有人拥入，竟然拔刀砍在车窗外的难民手臂上。我们也曾遭遇日军，差点把母亲抢走。还曾骨肉分离，导致父母带着我投河自尽……这些惨痛的经历，有的我写在《我的故事》里，有的深藏在我的内心里。在那兵荒马乱的时代，我已经尝尽颠沛流离之苦，也看尽人性的善良面和丑陋面。这使我早熟而敏感，坚强也脆弱。"

今天看民国，不能仅仅停留在津津乐道彼时之人物风流，更要关注他们在抗战时期的颠沛流离与精神折磨，他们因此对个人与民族、国家的深刻思考。可以说，在"五四精神"的熏陶下成长的一代中国青年，在抗战时期，又完成了再次成长。

譬如风华绝代的林徽因，当年北平的"沙龙女王"，时人感慨被上天眷顾的集美貌与才华于一身的幸运儿，抗战期间，贫病交加，岁月静好消失，优雅从容不再。从北平到昆明，再从昆明到四川李庄，林徽因肺病发作，长时间卧床不起。但她和丈夫梁思成拒绝去美国治疗，夫妻给美国友人费正清夫妇回信说："我们的祖国正在灾难中，我们不能离开她，假如我们必须死在刺刀或炸弹下，我们也要死在祖国的土地上。"

林徽因的儿子梁从诫回忆说，在李庄时，他曾问母亲："如果日本人打到四川，你们怎么办？"林徽因特别平静地回答："中国读书人不是还有一条老路吗？咱们家门口不就是扬子江吗？"梁从诫感慨道："我当时看着妈妈，我就觉得她已经不是我熟悉的那个妈妈了，她好像变成另外一个人，面对死亡，那样超脱。"

奇妙的是，民国名人，彼此之间有千丝万缕的联系：梁思成的父亲梁启超，是徐志摩的老师，而金庸是徐志摩的姑表弟，琼瑶又是徐志摩的表外甥女……

再说回陈墨西陈致平袁行恕琼瑶一家。陈致平夫妇后来去了台湾，陈致平成为著名的历史学家。袁行恕的姐姐袁晓园，年轻时留法，1936年回国任厦门市税务局副局长，成为中国第一位女税官；1945年任国民政府驻印度领事馆副领事，是中国第一位女外交官；1947年定居美国，1953年任联合国总部秘书；20世纪70年代她作为著名美籍华人、学者率团访问祖国；1985年，她放弃美国国籍，回到祖国定居北京。袁行恕的妹妹袁静，1930年加入中国共产主义青年团；1935年加入中国共产党；1940年入延安陕北公学学习；1949年，根据自己参加土改和反扫荡斗争的经历，与孔厥共同创作了长篇小说《新儿女英雄传》，描绘了白洋淀人民在中国共产党领导下坚持抗战的事迹，这本书，激励了一代又一代中国青年。

五

1952年，陈墨西被聘任为湖南省文物管理委员会委员；1953年改任湖南省文史研究馆馆员；1954年8月当选为湖南省第一届人民代表大会代表，并相继当选衡阳县第一、第二届人民代表大会代表，参政议政，为新中国建设倾情出力。最为称道的是，陈墨西以85岁高龄，两次由乡民抬着躺椅走访王船山故居和墓地。他是保护王船山故居的首倡人。

1960年，陈墨西溘然长逝，享年91岁，丧事由省政府出资操办。1989年5月7日，琼瑶偕丈夫平鑫涛返回家乡扫墓祭祖，在祖父陈墨西墓前，行三跪九叩之大礼。

时光悠悠，回味无穷。

陈墨西：民国元老　风范长存[①]

陈华荣[②]

有媒体报道，陈墨西是因为其孙女琼瑶的作品风靡全球，享誉海内外之后，才引起世人的关注，不然早就湮没在历史的长河中；也有媒体报道，陈墨西的父亲是陈大源，曾任江西九江知府，后来病逝于任上，家道日衰；还有媒体报道，陈墨西病逝于湖南省衡阳市石鼓区。这些报道究竟是以讹传讹，还是果真如此？笔者作为陈墨西的宗

[①] 辑自《衡阳地方史资料》总第二辑，有修改。
[②] 陈华荣，陈墨西先生之宗亲，衡阳轧钢厂干部，湖南省散文学会会员，衡阳市作家协会会员。

亲，带着这些疑问采访了陈墨西的曾外孙女刘建霞、堂孙陈诗环和陈家世交黄祖同先生。感到媒体所述似是而非，有的甚至完全错误。

一、领导秦州起义，成就一生辉煌

莫道君行早，更有早行人。在我追寻堂伯陈墨西的足迹，释疑解惑时，与陈墨西一起领导秦州起义的辛亥革命元老黄钺的儿子黄祖同先生已经捷足先登。

1999年，为了纪念陈墨西130周年诞辰，湖南省文史研究馆出版了由黄祖同编辑的《风范长存》一书，书中收集了陈墨西的部分遗稿和图片资料、生平传略以及后人包括其亲属的怀念文章，汇编成册，意在告慰先贤，教育后人，让先贤的风范永存人间！

有朋自远方来，不亦乐乎！71岁的黄祖同先生衣着朴素，精神矍铄。他在长沙市宁乡县城的龙凤花园大门口见到我惊喜不已，连忙带我回家。刚一落座，我就开门见山地说，今天来拜访您：一是感谢您编辑《风范长存》一书；二是想了解一下秦州起义的详细情况。于是，黄先生有条不紊，如数家珍地跟我讲述当年他父亲与陈墨西一同领导秦州起义那势如破竹、气壮山河的故事：

"武昌起义后，陈墨西随孙中山由日本归来，我父亲黄钺已在甘肃进行革命活动，得悉好友陈墨西已返回故国，大喜，立即传书邀请陈墨西赴甘肃共商起义大计，孙中山、周震鳞、谭延闿等极力赞同。陈墨西欣然应召，于1912年3月6日（农历正月十八日）赶赴秦州（今甘肃省天水市）。陈墨西到达后，传达了黄兴敦促甘肃早日举义的意见，与我父亲再次修订了起义计划，于1912年3月

11日（农历正月二十三日）宣布起义。起义军击毙了开枪顽抗的游击将军玉润，生擒知州张廷武，起义取得了胜利，成立甘肃临时军政府（亦称秦州军政府），史称"陇右光复"。我父亲黄钺任军政府都督，陈墨西被任命为军政府秘书长兼教育司司长。秦州军政府的大部分文牍都出自陈墨西之手，其中《甘肃临时军政府、甘肃军政府和平解决条约》《呈复大总统文》《陈贞瑞上国务院请愿书》均载入《陇右光复记》。

"1912年3月19日，也就是秦州起义后的第八天，清政府甘肃省藩司赵惟熙以袁世凯为靠山，投机革命，诡称起义，成立了一个所谓'甘肃军政府'（人称兰州军政府），诬蔑秦州起义是'争权夺利，破坏共和'，扬言对秦州军政府要'大兵压境，炮弹相见'。我父亲、陈墨西等为顾全大局，考虑战端一起，则玉石俱焚，陇中生灵，难免涂炭，因此采取和解政策，拟订和平解决条约十四款，派陈墨西、周昆为首席代表，与赵惟熙进行谈判，最后达成协议。事后，我父亲宣布解散秦州军政府，与陈墨西联袂南归广州，参加孙中山领导的护法斗争。"

1981年10月5日，《甘肃日报》在刊载《秦州起义纪略》一文中，对秦州起义给予了充分的肯定和恰当的评价："秦州起义是辛亥革命时期甘肃乃至西北地区的重要的历史事件，它的历史作用应予肯定。"秦州起义是中国辛亥革命运动中的最后一次起义，终收中华民国统一一篑之功。

黄先生不无感慨地说："中国共产党人是孙中山先生开创的革命事业最坚定的支持者、最亲密的合作者、最忠实的继承者,不断实现和发展了孙中山先生和辛亥革命先驱的伟大抱负。"

2011年8月7日,黄祖同和女儿向秦作为辛亥革命元老黄钺的后人,受邀参加了民革甘肃省委员会和民革天水市委员会纪念辛亥革命暨秦州起义一百周年大会。黄祖同父女二人站在当年秦州起义指挥所泰山庙的大门前,遥望祖国宝岛台湾,感慨万端,"遥望兄弟登高处,遍插茱萸少一人。要是秦州起义'二把手'陈墨西的后人也能参加这样的纪念会,该多好……"

二、从小文雄于乡

与李瑞清齐名的教育家陈墨西名贞瑞,字墨西,晚年自号潜斋老人,1869年农历正月二十五日出生于衡阳县渣江区官埠乡诗波村(今渣江镇群峰村)。

陈大源是陈墨西的祖父,字维之,被彭玉麟奏任广西候补知府,湘军水师(长江水师)湖口炮船厂总办,官至四品,赏戴花翎。后来病逝于任上,家道中落。陈墨西的父亲叫陈启橺,字芍颇,授奉直大夫、候选通判,五品官,藏书万卷,家教甚严。陈墨西从小遍读四书五经,过目成诵,1890年参加乡试,授廪贡生。1898年,曾在家乡创办一小报,名曰《俚语》,以白话介绍新知,启迪愚蒙。终以乡里闭塞,乃北上长沙、南京。

陈墨西说:"南京是我的第二故乡,和我的关系很长。"

1903年1月4日至当年11月9日,南京三(两)江师范学堂(中央大学前身)四次面向社会考选教习,总共录取70名教习。陈墨西是第一次的300名应考者中录取的

20名教习之一。录取后，陈墨西担任舆地教员。

1913年3月14日，时任湖南都督谭延闿《为保荐陈贞瑞任教育官职呈请大总统批示》中，对陈墨西在三（两）江师范学堂的表现做了一个非常中肯的评价："嗣在江南三江师范等学校担任教员，成绩尤茂……"3月17日，时任民国大总统袁世凯批："据呈已悉，交教育部任用。"

同时，三（两）江优质师范学堂又是陈墨西走上民主革命道路的摇篮！陈墨西在学校任教期间，同情孙中山先生为首的革命党人的反清活动。革命党人赵声原本俞明震所办江南陆师学堂学生，后经他推荐到三（两）江优质师范学堂任教员，与陈墨西等人创建"革命同志会"，陈墨西是最年长的会员。

1906年，晚清政府在南京北极山下两江师范学堂前，大石桥东，新建宁属初级师范学堂。李瑞清担任校长，陈墨西担任学监。学校的章程是由陈墨西亲自制定的。据民国时期张通之先生所著的《庠校怀旧录》中记载："陈墨西在学校为学监时，本身作则，以言所当言，行所当行。引导学生，不得出乎规矩之外，终日'当然如此'四字，不绝于口。学生耳鼓中，时觉有此声音。因此大家口中，亦尝学'当然如此'。而越出范围之举动，竟罕有所闻。校中学生极多，而出入之循循规矩，一如初入塾之小学生，陈学监之功居多也。"

陈墨西自1901年在南京曾国藩家族担任塾师，尔后在三（两）江师范学堂、宁属初级师范学堂担任教习，至1909年去日本留学，他在南京从事教育事业长达十年，生徒不下数千人。

陈墨西与著名教育家、书画家李瑞清惺惺相惜，结下了深厚的友谊。李瑞清与谭延闿、曾熙为陈墨西的妻子钟照圆撰鬻画启。1920年，陈墨西惊闻挚友李瑞清病故于南京，不胜悲伤，特发唁电；得悉李瑞清后人生计艰困，被迫出售家藏古玩字画多件度日，他心中难安，汇四十银洋至南京旧友伏子明处，托其转交李瑞清家属。1928年至1932年期间，陈墨西被国民政府行政院长谭延闿推荐到中央政治学校教国文。四年执教时间，每年的清明，陈墨西必去南京牛首山上为李瑞清扫墓，并在墓前吟诗填词，以抒怀念之情。

三、政见不合，解甲还乡

陈墨西自1909年东渡日本留学，经黄兴介绍在日本加入同盟会，成为孙中山的忠实信徒后，南北奔走，奉献民主革命，自称"东西南北之人"。

1912年，陈墨西与黄钺在甘肃领导秦州起义。1913年，陈墨西又受命于黄兴、周震鳞，在北京暗中从事反对袁世凯工作，长达两年，对蔡锷讨袁也有极大的帮助（"而蔡松坡之云南起义，先父亦与有力焉"——陈致平教授原话）。1915年，袁世凯准备复辟帝制，陈墨西受袁党羽排挤，回湖南省担任宁远县县长。1916年，周震鳞在北京创办《真共和报》，宣传三民主义，陈墨西担任总编辑。1924年6月13日，孙中山大元帅任命陈墨西为大元帅府咨议，参与孙中山身边的机要文案工作。1924年，孙中山带病赴北京与段祺瑞等谈判，陈墨西随同前往。

1925年3月12日，孙中山病逝，陈墨西重返广州。

同年随国民革命军东征。1926年2月，国民党中央政治讲习班开班，共有学员800人。陈墨西是以大元帅府咨议和北伐军总司令部政治顾问的资格来听讲的，是年龄最大的学员。陈墨西的外孙女王璧和外孙王廷在《回忆外祖父——陈墨西》一文中曾提到，外公听过毛泽东主席和肖楚女的讲课，毛对他很尊重，在课堂上向学员介绍："在座的有革命老前辈陈墨西先生。"学业结束时，同期学员赠送他一副对联："群推先觉，勤学不懈。"

陈墨西在政讲班结识了黄克诚，成了忘年交。

1926年国民革命军誓师北伐，陈墨西担任北伐军总司令兼第二军军长谭延闿（军内日常工作由副军长鲁涤平负责）的政治顾问，参与军机筹划。是年10月，陈墨西就任广东省惠阳县县长。

1927年4月，国共分裂，陈墨西与国民党当局政见不合，尤其是得悉肖楚女先生被杀的消息，陈墨西心中极为悲痛，借口"家母过世，回家乡守孝"，脱离了军政界。从此，这位国民党元老、辛亥革命元老、民主革命家陈墨西就以教书为生。

四、隐居乡里，忧国忧民

1944年夏，侵华日军大举南犯。是年8月，衡阳失陷。9月，日寇在渣江一带烧杀抢掠，无恶不作。75岁的陈墨西目睹日寇暴行，义愤填膺，命其长孙陈继佛在其居处堂屋上画一巨幅中国地图，长约4米，宽3米，并亲书"此乃中国之大好河山，凡我黄胄须誓死捍卫之"。黄祖同先生说："1999年，我编辑《风范长存》一书，两次去兰芝堂采访时，这幅地图在墙壁上还清晰可见，陈墨西的爱国情怀由此可见一斑。"

当地的乡亲担心陈墨西之安危，劝其作罢，而陈墨西坚持己见，并慷慨陈词："我已年老，不能力御外寇，然能口诛笔伐，以泄我愤，虽死无憾。"寥寥数语，浩然之气，震撼天地，令人敬佩不已。数日后，日军数人闯入其宅，并用刺刀洞穿其大门数处。陈墨西又和墨濡笔大书"此扉可作巴黎油画观"9字于其上，众皆瞠目结舌，而陈墨西仍泰然自若。不数日，一日本军官率士兵多人复来，破门而入，陈墨西正襟危坐，怒目而视，继而以日语斥责，日本军官诺诺而退，并书一告示于门外："日军官兵不准入内。"事后当地百姓认为是奇闻怪事，奔走相告。陈墨西以不惧日寇、大义凛然的浩然正气，竟使虎狼成性的侵略者，望而生畏。1945年，日本侵略者无条件投降，举国同庆，有人要陈墨西将损坏的门扉加以修整，陈墨西婉言拒绝，并解释说："此门页要永远保存下来，告诫后世，勿忘国耻。"

五、终生不言利禄，晚年黄克诚相助

周震鳞先生称赞陈墨西"是一个只讲做事，不看重金钱的爽快人"。陈墨西先后担任孙中山大元帅府咨议兼政治参议官、北伐军总司令部政治顾问、广东省惠阳县县长、湖南省宁远县县长等职。他近墨而不黑，为官清廉，两袖清风，却又乐善好施，因此家中无甚积蓄。但每当生活陷入困境时，总有朋友鼎力相助。

1928年年底，战事频仍，物价飞涨。陈墨西家中人多田少，教书收入微薄，实在难以维持。迫不得已，陈墨西给在南京任国民政府行政院长的谭延闿写信求助。谭是陈的同乡老友，念及旧谊，回信邀请陈墨西赴南京。

谭延闿准备安排陈墨西去国民政府教育部任司长或督学，陈墨西不愿意做官，坦诚地说："做官非吾所愿，我还是想教书。"于是，谭延闿写了一封信，推荐陈墨西去中央政治学校教国文，月薪尚可，一家人不愁吃穿。

1932年秋，谭延闿已辞世年余，陈墨西在中央政治学校中受陈果夫、陈立夫势力的排挤，被迫辞职，生活再次陷入困境。时任浙江省主席的鲁涤平是陈墨西多年至交，得知他的窘境时，邀请他去杭州，任命他为浙江省政府顾问、参议。陈墨西在浙江杭州的两年时间里，时常徜徉于西子湖畔，以诗文自娱，作《癸酉述怀诗十首》以明其志（此诗是1998年陈致平从台湾寄给黄祖同的，现附在《风范长存》纪念文集中，有详细注解，通过注解可以了解他此前的人生经历）。诗中有"沧海频惊新鬼大，桑榆日感故人稀""努力虽知无壮老，入时面目总全非"之句。悠悠浮云，历历往事，令他感慨万端！

1934年，鲁涤平调往南京，次年年初病逝。陈墨西此时也离开浙江去了北平，因为他第二个儿子陈致平（琼瑶的父亲）在北平教书，他在北平住了一年。1935年春天，66岁的陈墨西操办完儿子陈致平和儿媳袁行恕的婚礼之后回到故乡衡阳，教书育人，再未远游。

这样的日子一直延续到衡阳解放。1950年，陈墨西仍在老家办补习班，勉强可以糊口。1951年，没有一个学生读书，他就没了收入，两个儿子都不在身边，女儿早已去世，家中更无积蓄，衣食顿无着落。但他心中依然理解刚刚建国，百废待举。于是，他只好作诗写信给昔日老友，

"不知肉味常三月，莫接膏光已二年"，请求接济。但老友们自己也是捉襟见肘，爱莫能助。后来，他的老朋友刘劲先劝他给时任湖南省委书记、湖南省军区司令员兼政委的黄克诚写封信，希望黄克诚能念及当年在广州中央政治讲习班同学的情谊上给自己一些帮助。

1952年2月5日（农历正月初十），陈墨西给黄克诚写了一封信：一是重叙友情；二是希望黄克诚能助一臂之力，帮他渡过生活难关。

黄克诚认为陈墨西是一位倾向进步的辛亥革命老人，今日生活困难，理应得到照顾。1952年3月26日，陈墨西被湖南省人民政府聘任为湖南省文物委员会委员，每个月有74元的固定月薪，解决了生活困难。

陈墨西的堂孙陈诗环跟我说："大爷爷晚年经常念叨，黄克诚讲感情，没有忘记他这个忘年交，共产党的领导干部有人情味。"

不但黄克诚没有忘记陈墨西这个辛亥革命元老，而且后来的湖南省委书记周小舟、民革湖南省委负责人谢晋也都惦记着他。1953年，他们两人先后致信陈墨西先生，勉励他为建设新中国发挥余热。

陈墨西耳闻目睹中共兴利除弊的各项方针政策，深得民心，非常兴奋地说："孙中山先生所想做的，共产党都已付诸实施。老夫躬逢盛世，死无憾矣。"

1953年4月，陈墨西被湖南省人民政府聘任为湖南省文史研究馆馆员。1954年7月，陈墨西当选湖南省第一届人大代表。他在担任湖南省第一届人大代表期间，除了参加代表大会之外，还经常到陈祠堂（现在叫官埠中学）等附近学校调研,对困难学生他都捐助学费,不让小孩辍学。他的堂孙陈诗环心怀感激地说:"我读书的学费都是大爷爷(陈墨西)出的。"而且他还经常以省代表名义向各级政府反映农民的疾苦和心声,直言敢谏,揭露"浮夸风",要求拆食堂等,深受当地百姓的尊敬和爱戴。但也因为此,1959年,陈墨西被划入"右倾机会主义分子"之列,由于年事已高,没有受到人身攻击,生活待遇也未取消。

1960年5月23日,见证了清朝、民国、新中国三朝更替的陈墨西在故居"兰芝别墅"驾鹤仙归,享年91岁。

陈墨西去世后,当时的衡阳县政府将陈墨西祖辈遗留下来的和他自己收藏的书籍和字画,以及他的《潜斋文集》六卷、《诗存》六卷、《随笔》二卷、《大学新义》一卷等手稿,还有友人寄来的书信等全部没收(没开任何收据),共有十三担。遗憾的是这些珍贵的书籍和字画都没有得到妥善的保管,现在已杳无踪迹。另外,陈墨西在自己去世之前,曾经将一皮箱的字画等珍贵物品存放在衡阳市的外孙女王璧家里,后来也被人搜走。

六、传承船山思想,致力教育事业

"六经责我开生面,七尺从天乞活埋。"王夫之这副自题联,表明了他凛然大义的崇高气节及对中华传统文化继往开来的历史责任感。

陈墨西深受王船山这种历史责任感的影响,毕生推崇王船山学术思想,潜心于王夫之之研究,曾著有《关于王夫之学术思想之探讨》,原稿近两万字,省文史研究馆有存稿。

1909年，为了纪念王船山290周年诞辰，陈墨西写了一副对联："湘水衡云留正气，楚辞孤竹证同心。"1982年王船山故居修缮一新，对外开放时，这副对联与陶澍、唐鉴等先哲的对联一起悬挂在那里。

烈士暮年，壮心不已。1954年12月，兰芝堂的亲人用竹睡椅抬着八十五岁的陈墨西两次专程去曲兰王船山故居湘西草堂和大罗山墓地考察，在当地召开干部群众座谈会，走访船山后裔和当地老人，寻求史实，商讨保护船山故居及坟地的办法。回家后，他伏案工作十多天，写了近三万字的《王船山故居沿革及坟墓》的调查报告，提出了"王船山故居之保护，要以湘西草堂为重。因为草堂为王船山终老之地，且自前清道咸以来，经陶澍、唐鉴诸名人之题赞，湘西草堂已名闻全国"。他还提出"在船山墓庐附近宜成立船山图书馆"等整修和保护王船山故居坟墓的建议，并在湖南省人民代表大会上提交"保护船山故址"提案，被登记为五五八号。后来，这份调查材料经其堂侄陈积整理，在湖南省社会科学院、湖南省船山学社联合主办的《船山学报》1985年第1期、第2期上发表，对研究船山遗迹，很有参考价值。

后来，湖大教授马宗霍也来函，称："先生提议恢复湘西草堂，某极表同情。不惟草堂，即高节里大罗山船山所葬之地，某十余年前亲往拜谒，顾墓庐虽存，墓地已有崩剥之象。其时某尝向当道谈及，请加整饬，竟尤注存之者。此次若得与草堂同加修理则一举两成，尤胜事也。"

1955年2月18日，省文化局在答复陈墨西这一提案时认为："船山墓庐附近目前无条件成立图书馆，可将今年新成立的衡阳图书馆更名为船山图书馆，以资纪念。"3月11日，省人民政府批准成立衡阳市船山图书馆，4月10日正式对外开放。

如果说曾国藩、曾国荃兄弟将王船山之手稿刊刻江南，国内的学者才得以看到他书的全部，对传承船山思想功不可没，那么陈墨西为传承船山思想和船山故居的保护也书写了浓墨重彩的一笔，是保护王船山故居的首倡人！

陈墨西毕生致力于教育事业，从二十五岁起就以教书为业，先后在北平、武昌、九江、杭州、南京、甘肃等地教书；也在故乡衡阳的南路师范学堂（今衡阳师范学院）、省立高中、省立衡阳女子中学、衡山县白果镇南华中学、衡阳市二中等学校任教。陈墨西在一生的教育事业中，积累了宝贵的教学心得。他认为：中国旧学，最先完善者道德，最精深者哲理！他提倡"与父言慈，与子言孝，与兄言友，与弟言恭，与妇言顺，与朋友言信"。

"学年俱进老至不知，社会革新群推先觉"，这是陈墨西晚年写在兰芝别墅大门上的一副对联。陈墨西一生不但致力于教育事业，而且一生手不释卷，笔耕不辍。

那天，我和诗环站在陈墨西晚年著书立说、翰墨飘香的兰芝堂别墅旧址前，触景生情，感慨万千。诗环说："大爷爷（陈墨西）在二楼的书房也有一副对联，'愧无令德型乡里，幸有余龄守缺残'。小时候我经常去大爷爷的书房，每次都看到他在看书写文章，可惜大爷爷去世之后，这些作品和书籍都被没收了，又没有得到妥善的保管，现在都找不到啦。唉，这是时代的悲剧。"

七、筚路蓝缕，薪火相传

陈墨西的曾外孙女刘建霞有兄妹三人，一直平静地生活在衡阳，为人低调，从不炫耀自己是陈墨西的后人及琼瑶的直系亲属。刘建霞说："每当老外公去长沙开会，都会在我家小住。对她印象最深的是老人家曾以'皓首常登南岳岭，远招回雁向衡阳'的诗句，向她们细叙思亲之情。2003年，我母亲王璧和舅舅王廷在湖南省文史研究馆的《文史拾遗》杂志上写了一篇《回忆外祖父——陈墨西》的文章，寄托我们这些后人对他老人家的缅怀和崇敬之情。"

陈墨西以诗书传家，代代出人才。原湖南省政协副主席石玉珍女士说："陈墨西先生不仅学识渊博，才能卓越，更可贵的是他忧国忧民，追求光明，追求真理，为人正直，终生不言利禄的高贵品质。还值得一颂的是先生家风好，家教有方，其后代无论儿辈、孙辈，均学业有成，如其子陈致平是台湾著名湘籍史学家，孙女琼瑶（陈喆）是台湾著名作家，孙子陈怀谷是台湾著名书画家。他们都著述颇丰，知名海内外，其子孙都有造诣。"

"推陈而出新，近墨而不黑，学西而不迷"，陈墨西当之无愧！

陈墨西家风[1]

陈华荣

一、崇文兴教，勤苦耕读

孟子曰：君子之泽，五世而斩。笔者认为，也不尽然。一个家族或一个家庭，如果有好的家风传承，就可能福泽延绵，代代出人才。陈墨西与儿子陈致平、孙女琼瑶（陈喆）能够在文学、历史方面取得比较突出的人生成就，与他们崇文兴教、勤苦耕读、不学为耻的家训、家风密不可分。而陈墨西则是他们家风的传承光大者。

陈墨西：勤苦耕读，致力教育

"而于文学方面则颇有声，皆得力于庭训也。"陈墨西认为自己在文学方面的成就得益于他的祖父陈大源（1829—1900）和父亲陈启樨（1851—1905）的庭训。

陈墨西的祖父陈大源是湘军水师（长沙水师）湖口炮船厂总办，后由彭玉麟奏任广西候选知府，四品官，饱读诗书。他自小在祖父身边长大，颇多耳提面命、言传身教。祖父要求他勤苦耕读，以不学为耻；他父亲陈启樨是晚清候选通判、奉直大夫、五品官，藏书万卷，为他提供了丰富的书籍。

"自己是东西南北之人，虽长期奔走，未尝不以书本

---

[1] 辑自2018年4月《湖南日报》新湖南客户端，有修改。

相随，以离书本则鱼失水也。"陈墨西在这样的家风熏陶下勤苦耕读，打下了深厚的国学功底，具有扎实的文史素养，诗词政论堪称上乘。他当老师时教的都是国文和地理。

陈墨西的文学功底究竟如何？从他孙女琼瑶所说的祖父"代子求婚"的故事中可见分晓："父亲独居于北京，生活有些潇洒不羁。外祖父对父亲摸不清底细，对于母亲这段婚事，非常迟疑。远在湖南的祖父知道之后，立刻写了一封长信给外祖父，代子求婚。据说，外祖父一读完这封信，立刻大大叹赏，说：'虎父怎会有犬子！父亲有这么好的文笔，儿子还会弱吗？'于是，父亲和母亲结婚了。"

陈墨西一生手不释卷，笔耕不辍。有作品《潜斋文集》六卷、《诗存》六卷、《随笔》二卷、《大学新义》一卷、《癸酉抒怀十首》诗集等著作。晚年还自费订阅了《人民日报》《光明日报》《新湖南报》等报刊阅读。

大丈夫处世兮立功名，立功名兮慰平生。陈墨西从二十四五岁开始，谋求革新政治，改良政体。追随孙中山先生进行民主革命；与周震鳞在北京创办《真共和报》；支持蔡锷云南起义；与黄钺等人一起领导秦州起义；参加北伐战争。1927年四一二事变后，与国民党当权者政见不合，辞官回乡。

陈墨西一生致力于教育事业。据民国时期的《政府公报》1913年第311期记载："时任湖南都督谭延闿《为保荐陈贞瑞任教育官职呈请大总统批示》，称赞陈贞瑞才犹练达，学问优长。前留学日本，奔走国事有年，嗣在江南三江师范学堂等学校担任教员,成绩尤茂……"1913年3月17日得到时任大总统袁世凯的批复:"据呈已悉,交教育部任用。"

陈墨西先后在武昌、浙江、江西、南京、甘肃等地从事教育工作,也在故乡衡阳的湖南南路师范学堂(今衡阳师院)、省立衡阳女子中学、衡阳县立中学(今衡阳市二中)、衡山县白果镇南华中学等学校任教。其中在南京从事教育事业就达十年之久,"生徒不下数千人"。他在一生的教育事业中,积累了宝贵的教学心得,他认为:中国旧学,最先完善者道德,最精深者哲理!他提倡:"与父言慈,与子言孝,与兄言友,与弟言恭,与妇言顺,与朋友言信。"

忠厚传家久,诗书济世长。陈墨西以诗书传家,代代出人才。原湖南省政协副主席石玉珍女士说:"陈墨西先生家风好,家教有方,其后代无论儿辈、孙辈,均学业有成,如其子陈致平先生是台湾著名湘籍史学家,孙女琼瑶是台湾著名作家,孙子陈怀谷是台湾著名书画家。他们都著述颇丰,知名海内外,其子孙都有造诣。"

陈致平:蒋经国的"家庭老师"

琼瑶说他父亲有"四爱":一是爱国,二是爱家,三是爱历史,四是爱围棋。

陈致平(1909—2002),原名陈均,字致平,毕业于北京私立辅仁大学历史系,是该校校长陈垣(援庵)先生的入室弟子,对历史学情有独钟。

1949年,陈致平随同一批教授受聘来到台湾后,发现不少青年对于自己民族、国家的历史一无所知，作为一个"学历史的"，为"培养民族精神，免于数典忘祖"，自己责无旁贷。因而，他自20世纪50年代起，陆续在台湾大学等场所讲述国史始末，蒋纬国先生亲自到场听课。后来，蒋经国先生也请陈致平到其寓所讲解中国历史达一年之久（贵州教育出版社出版的《中华通史》编辑推荐语）。

陈致平能够成为台湾著名的历史学家，著述《中华通史》，一是得益于他"一切人事技能皆须有历史智识而后可以收功"的家训、家风；二是老师陈垣的教育和培养；三是"六经责我开生面，七尺从天乞活埋"的历史使命感和担当精神。陈致平这种历史使命感和担当精神至今还有现实意义。

琼瑶看了父亲以一人之力完成的颇具特色的史学巨著——《中华通史》后，发了一句感慨：与父亲相比，我写的小说真的只是"小说"。

琼瑶：崇文兴教，言情教母

琼瑶出生在一个"教育家庭"，祖父是民国时期的教育家，奶奶钟照圆也是名门闺秀，擅长绘画。谭延闿、李瑞清、曾熙都帮钟照圆出售书画作品。她祖父晚年的居住地——兰芝别墅的书房上也挂满了她奶奶的书画。她父亲是大学教授，母亲是中学教员。深厚的家庭文化底蕴和代代传承的家风、家训，使琼瑶潜移默化，受益匪浅，造就了她这位中国当代著名作家。

琼瑶迷上写作，与背唐诗的习惯不无关系。琼瑶的堂叔陈積说，琼瑶小时候聪明伶俐，很讨人喜欢，四岁就能背诵很多唐诗。有一次，她母亲教背《滕王阁序》，她第一天没背完，第二天再背，第三天就能全部背诵了。后来她母亲在四川泸南中学教国文，七岁的琼瑶是"旁听生"。有一天，她母亲在教学生《慈乌夜啼》，其中有这样两句话：夜夜夜半啼，闻者为沾襟。学生们听不懂，她母亲问她知不知道这两句诗的意思，琼瑶解释得丝毫不差。

也许是出生于教育家庭的缘故，1989年琼瑶回故乡衡阳探亲祭祖时，捐资8万元修建了兴隆小学。

"生时愿像火花，燃烧到生命的最后一刻。"1947年，琼瑶在上海《大公报》发表第一篇小说《可怜的小青》；1963年，在《皇冠》杂志刊出成名作小说《窗外》；至今共创作出版了《几度夕阳红》《心有千千结》《庭院深深》《还珠格格》等65部中长篇小说。

二、爱国爱乡，淡泊名利

家是最小国，国是千万家。"家"与"国"血脉相连，唇齿相依。千百年来，中国人一直有着浓厚的家国情怀。家国情怀是一种爱国情怀，家国情怀是一份责任担当，家国情怀是支撑中华民族生生不息、薪火相传的重要精神力量。

家国情怀家风始。几十年来，陈墨西一家三代虽然身居海峡两岸，但是家国情怀已经镌刻在他们的脑海，融入他们的血脉，他们一直秉承着爱国爱乡、淡泊名利、为人低调的家风。

陈墨西：爱国忧民，淡泊名利

1944年10月，日寇在衡阳渣江一带烧杀抢掠，无恶不作。75岁的陈墨西目睹日寇暴行义愤填膺,命其长孙陈继佛在其居处堂屋上画一巨幅中国地图,长约4米,宽3米,并亲书"此乃中国之大好河山,凡我黄胄须誓死保卫之"。陈墨西的浩然正气和爱国之心由此可见。

数日后,日军数人闯入其宅,并用刺刀洞穿其大门数处。陈墨西又和墨濡笔大书"此扉可作巴黎油画观"9字于其上,众皆瞠目结舌,而陈墨西仍泰然自若。1945年,日本侵略者无条件投降,举国同庆,有人要陈墨西将损坏的门扉加以修整,陈墨西婉言拒绝,并解释说:"此门页要永远保存下来,告诫后世,勿忘国耻。"

陈墨西与黄钺等人一起领导秦州起义,成立甘肃临时军政府(亦称秦州军政府),史称"陇右光复"。陈墨西在起义前周密谋划,运筹帷幄,劝旧友秦州道台向燊反正,使起义得以成功。起义后,陈墨西任军政府秘书长兼教育司司长,军政府大部文牍都出自他手,如《甘肃临时军政府、甘肃军政府和平解决条约》《呈复大总统文》《陈贞瑞上国务院请愿书》等,传檄安民,颁布新政,文责袁世凯之"十罪",这些情况当时都鲜为人知。民国元年11月,同郡胡锦澜在《纪陈贞瑞事略》(该文收录于《陇右光复记》)一文中写道:"君不至秦州,则秦州未易独立。既独立后,非君谋划之周详、文牍之剀切,必无完善之结果。甘境或因糜烂亦未可知,民国于君之功亦不可没也。故急录之,以告世之不知君者。"又据"今中央邹委员鲁《中国国民党史稿》(光复篇)中,纪甘肃之光复曰:'陈贞瑞至甘势张。'又纪秦州之建军府曰:'陈贞瑞至,谋遂定。'"可约略知当时情形。由此可见陈墨西淡泊名利,

"功成不必在我"的宽广胸怀。

20世纪的三年困难时期,陈墨西带几个树叶粑粑到省城参加人大会议,反映农民的疾苦和心声,揭露"浮夸风",要求拆食堂。他的忧民之举得到当地百姓的尊敬和爱戴。

陈致平:抗战时期夫妻双双捐献结婚戒指

丰子恺先生说:宁做流浪汉,不当亡国奴。陈致平当年宁做流浪汉,不甘异族迫害,不愿生活在沦陷区,从衡阳逃难到四川重庆。

陈致平的逃难历程可谓惊心动魄,险象环生。他在自己风餐露宿、朝不保夕、衣衫褴褛的情况下,遇到抗战时的"献金运动",他与妻子袁行恕双双脱下结婚戒指,毫不犹豫地投进了献金箱。

思乡也是爱国的一种具体表现。1949年,陈致平离开大陆后,虽然只在1993年回大陆南京、北京旧地重游,但是他与大陆亲人一直有联系,笔者了解的有两个人。一个是陈家世交黄祖同,他父亲黄钺与陈墨西一起领导秦州起义。1992年,黄祖同编辑出版《黄钺与秦州起义》一书,他请陈致平写了《前言》,但陈致平只同意作文,不同意署名。另一个是陈致平的堂弟陈稹。2018年2月8日,笔者与陈稹的儿子陈立新教授一起清理他父亲的遗物时,发现有几十封琼瑶和她父亲陈致平寄给陈稹的书信。字里行间,充满着对故乡、对亲人的思念之情。

琼瑶：告我亲人，未曾相忘

琼瑶的国家民族观念，是在枪口下建立起来的。1944年，6岁的琼瑶随着祖父、父亲、母亲和两个弟弟开始了逃难的历程。逃难中，琼瑶第一次目睹了死亡，一个平凡的农人被日寇枪杀；母亲险些被日寇掳去；父亲被日寇拦腰一棒打下山坡；祖父固执地在口袋中藏着一首忧国哀民、咒骂日军的长诗，宁可被枪毙也不让汉奸搜身……

琼瑶以自己独有的方式爱国爱乡。1989年两岸开放影视交流，她就带队到大陆，在湖南电视台协拍下，以大陆为背景，把故国河山都拍进她的连续剧里。琼瑶的作品中，如《六个梦》《还珠格格》《梅花三弄》《水云间》《又见一帘幽梦》《情深深雨濛濛》《花非花雾非雾》等400集电视剧，都是与湖南经视和湖南卫视合作，这是琼瑶个人感情的投入，也是她爱国爱乡的具体表现。毫不夸张地说，湖南电视湘军的繁荣与发展，琼瑶功不可没。

利刀难断东流水，天涯难隔故乡情。1989年5月7日，琼瑶怀着《剪不断的乡愁》（这是琼瑶1988年回故乡时写的一本书的名字）回到阔别四十年的故乡——湖南省衡阳县渣江镇兴隆村兰芝堂（现属三湖镇大波村）探亲祭祖。乡亲们奔走相告："琼瑶回来啦，琼瑶回来啦……"整个兰芝堂都沸腾了，比过年还热闹。

这些年，祖国大陆日新月异的变化，故乡的一草一木时刻牵动着琼瑶的神经末梢。2012年，琼瑶的堂弟陈再勋、陈晓伟等人捐资重建临武迁衡始祖陈朝知的祖堂后，她委托友人从北京专程到衡阳县毓秀村拍了很多照片，带到台湾。

琼瑶一直秉承淡泊名利、为人低调的家风。1989年琼瑶回故乡时，她已经是蜚声海峡两岸的著名作家，当家乡人夸她是衡阳的著名作家时，她谦虚地摇摇头说："我没有什么，真的没有什么。""我只是衡阳的女作者，不是女作家……""我爱我的家乡，更爱我的亲人，但愿——从今以后，能常常聚首。"

三、乐善好施，友爱兄弟

乐善好施、善举济世、扶贫济弱，都是中华民族的传统美德。陈墨西一家三代把这种传统美德视作自己的家风，代代传承，诠释了他们大爱无疆、舍得给予、乐于助人的高尚情操。

乐善好施，代代传承

说起陈墨西一家三代乐善好施的家风故事得从陈墨西的祖父陈大源开始。

陈墨西的祖父叫陈大源（1829—1900）、字维之，因家贫读书较晚，少时跟随父兄从事农耕和做点小生意。彭玉麟襄助曾国藩在衡阳创建水师，陈大源就去投奔他，因为他与彭玉麟既是正宗的渣江老乡，又是亲戚。陈大源以军功担任湘军水师江西湖口炮船厂总办，成了彭玉麟的左膀右臂。后来由彭玉麟奏任广西候选知府，四品官，赏戴花翎。

陈大源心系百姓，不忘桑梓，帮助家族中的困难家庭，出资委托其哥陈代潮修建从渣江到老祖堂毓秀村、兰芝堂的石板路，蜿蜒十多里。同时，他也热心公益慈善事业。清同治年间，与湘军将领在南京建湖南会馆；与彭玉麟、申道发等衡阳籍湘军将领在长沙建衡清试馆（"衡"指衡阳县，"清"指清泉县，即今衡南县），在衡阳建漕仓；陈大源各捐数百金（"数百金"是陈墨西先生原话）。后来他还捐赠了衡清士子科举试卷费。

陈墨西自小在祖父膝下长大，深受乐善好施家风的熏陶。他一生先后担任孙中山大元帅府咨议，北伐军总司令部政治顾问，安徽省宿州县县长（今安徽省宿州市）、广东省惠阳县县长（今广东省惠州市）、湖南省宁远县县长等职，但他近墨而不黑，为官清廉，两袖清风，却乐善好施。他的至交好友周震鳞先生称赞他"是一个只讲做事，不看重金钱的爽快人"。

1920 年，陈墨西在广州任孙中山大元帅府咨议兼政治参议官，得悉挚友李瑞清病逝后，家人生计艰困，被迫出售家藏古玩字画度日，他心中难安，寄四十块银洋至南京旧友伏子明处，托其转交李瑞清家属。1929 年春，陈墨西等人在南京成立中央政治讲习班同学会，他被推举为执行委员，有几位同学去广东，他资助了路费。

陈致平的乐善好施与众不同，他送给别人的不是物质上的帮助，而是精神食粮。2002 年 7 月 30 日，陈致平去世后，琼瑶与弟妹们遵从父亲的遗愿，将父亲珍藏的 1400 多册珍贵书籍捐献给辅仁大学。

琼瑶自幼就是一个感情丰富，富有同情心的人。她与父母逃难时，遇到一个与自己年龄相近的小女孩——小娟。她衣衫褴褛，遍体鳞伤，父母都被日寇杀害。琼瑶请求母亲带小娟一起逃难，可是她们一家也是泥菩萨过江——自身难保。无奈之下，她母亲只能留点钱，委托一位认得小娟舅舅的农人帮小娟找到她的亲人。

1989年，琼瑶回故乡探亲祭祖时，捐资修建了从塘坳到兰芝堂的3.5公里简易公路和兴隆小学。2008年2月5日晚，湖南卫视举办大型赈灾义演爱心大融冰——我们一起过年歌舞晚会，琼瑶也捐款10万元。

这些热心公益、乐于助人的善举，无不彰显陈墨西家庭代代传承、乐善好施的家风。

友爱兄弟，一文一武

民国时期，陈墨西与国民革命军少将、江南造币厂厂长——堂弟陈贞辉，一文一武，让兰芝堂庭院生辉，闻名遐迩。陈贞辉的人生能够有这么大的成就，与堂哥陈墨西的关心、帮助和教育密不可分。

陈贞辉（1886—1941），字志周，比堂哥陈墨西小17岁，5岁丧父，12岁丧母，生活艰难。他少时聪颖，勤奋好学，陈墨西的父亲陈启椆送他上了私塾。

陈墨西视陈贞辉为同胞兄弟，关怀备至，教他救国救民的道理，使他走上了旧民主主义的革命道路。陈墨西利用自己的人脉关系，要他去投考湖南武备学堂。因为当时学堂的总办是俞明颐，陈墨西1902年曾与他一起赴日考察武备。

陈贞辉也未辜负堂哥的期望，在湖南武备学堂毕业后，经历北伐战争，晋升为国民革命军少将。民国政府定都南京后，任江南造币厂厂长。他参加过东江战役、汀泗桥战役，为平定陈炯明叛变、为北伐战争立下汗马功劳。其友人胡仲葵曾撰联称赞他："东江至今留战绩，西池又添一将星。"

卢沟桥事变后，日寇在中华大地烧杀抢掠，无恶不作。"何日请缨提锐旅，一鞭直渡清河洛。"1938年，陈贞辉与笔者祖父陈启榴赴西北投奔程潜将军参加抗日战争。一年后，因病回湖南老家兰芝堂，1941年病逝。

积善之家，必有余庆。陈墨西、陈致平、琼瑶祖孙三代传承乐善好施、友爱兄弟的家风、家训，使他们一家三代在文学、历史、教育方面都取得了令世人钦佩的人生成就。

陈墨西年谱

清同治八年正月二十五日（1869年3月7日），陈墨西出生于湖南衡州府衡阳县永福乡（今衡阳县渣江镇群峰村）。

同治十一年（1872年），随父母迁居衡阳县重安镇（今衡阳县三湖镇大波村兰芝堂）。

光绪三年（1877年），五月四日，母亲颜氏病逝，陈墨西时年8岁。祖父陈大源、父亲陈启桐两世仕宦。"弱冠时家庭谋为予纳官，以予雅不欲而止。"陈墨西稍知世事之后，感觉国势日非，尝制一小印曰"三忧人章"，意谓国、家、身均可忧也。由此可见陈墨西承道载业之重，家国山河之忧。

光绪四年（1878年），在当地井塘经馆陈卓卿先生处读私塾，遍读经史四部之书，自弱冠即以文雄于乡。

光绪十五年（1889年），长女陈祥惠出生，系原配王镜春所生。毕业于南京金陵女子师范学堂，善文辞，通晓英语、日语。1928年去世，终年39岁。

光绪十六年（1890年），在长沙思贤讲舍毕业。是年，院试授廪贡生。

光绪十八年（1892年），六月初十，长子陈祥基出生，系原配王镜春所生。毕业于南路师范学堂（今衡阳师范学院），后入海军学校。民国元年3月26日病逝，终年二十岁。

9月1日，次子陈道在南京出生，系继配钟照圆所生，毕业于南京海军学校轮机专科，后留学英国，曾任国民革命军海军上校。1949年去台湾，1980年病逝于台北。

光绪二十三年（1897年），湖北武昌两湖书院毕业。

光绪二十四年（1898年）春，"为了谋革新政治，让人民皆明晰国情，用一种浅显文字使之家喻户晓，主张先觉者各在本籍着手。"在故乡衡阳与湘乡张伯纯、衡阳王家槡、祝炳熊、萧邦恺、陈焕章等人创办《俚语》报，以白话文介绍新知，启迪愚蒙，唤醒民众。后因风气闭塞，乡人视之为怪物，不为地方所容；报馆经费也无着落。是年秋天，离开衡阳北上。

光绪二十五年（1899年）冬，经同邑杨叔玫介绍，在上海东文译社结识校友唐才常。

光绪二十六年（1900年），在浙江当私塾老师，得悉唐才常在武昌就义，离开浙江去南京。

是年12月25日，祖父陈大源（1829—1900）在江西省湖口县病逝。陈大源，字维之，晚清湘军水师（长江水师）湖口炮船厂总办，广西候选知府，四品官，赏戴花翎，饱读诗书。陈墨西自小在祖父身边长大，颇多耳提面命、言传身教。祖父要求他勤苦耕读，以不学为耻。

光绪二十七年（1901年），在南京曾国藩家族当私塾老师，教国文史地，并结识黄钺、杨笃生、钱仪仲、禹稽亭等人。

光绪二十八年（1902年），3月，江南陆师学堂（今江苏南京）兼附设矿务学堂总办俞明震受两江总督刘坤一委托，赴日本考察学务。陈墨西以文案身份陪同，同行的有日本翻译森村要、陈衡恪、陈寅恪、鲁迅等人。出发前,陈衡恪与陈墨西、森村要同游秦淮河,并赋诗一首赠与陈墨西:"细柳参差曳晚风,模糊屋影碧流中。东瀛亦羡南朝胜,空付苔矶垂钓翁。"

是年秋,与谭延闿一同参加乡试,谭中举人,陈墨西名落孙山。

光绪二十九年(1903年),1月4日至11月9日,三江师范学堂四次面向社会考选教习,总共录取70名教习,陈墨西是第一次录取的20名教习之一。

担任教习期间,结识江苏镇江赵声、湖北黄陂赵均腾、安徽合肥宋芳宾等人,并成立一秘密团体——"革命同志会"。

光绪三十年(1904年),继续担任两江师范学堂舆地教习。赵声与校长杨某不协,勒令自动离职。陈墨西推荐赵声到湖南武备学堂,其时学堂总办俞明颐为陈墨西至交好友。赵声到湖南后,值武备学堂尚无缺席,另由他方介绍于明德学校授课,并认识黄兴,力行革命。

光绪三十一年(1905年),12月20日,父亲陈启榈(1851—1905)去世。陈启榈,字芗颇,候选通判、奉直大夫,家教甚严,藏书万卷,为陈墨西提供了丰富的书籍。

光绪三十二年(1906年),担任宁属初级师范学堂学监,手订学堂章程,并兼国文、地理教员。据张通之《庠校怀旧录》记载:"陈墨西在学校为学监时,本身作则,以言所当言,行所当行。引导学生,不得出乎规矩之外,终日'当然如此'四字,不绝于口。学生耳鼓中,时觉有此声音。因此大家口中,亦尝学'当然如此'。而越出范围之举动，竟罕有所闻。校中学生极多，而出入之循循规矩，一如初入塾之小学生，陈学监之功居多也。"

光绪三十三年（1907年），继续担任宁属初级师范学堂学监。

是年，与湖南同乡建立湖南旅宁学校。

光绪三十四年（1908年），继续担任宁属初级师范学堂学监（教务长）。

宣统元年（1909年），1月19日，闻启蒙老师凌汉卓病逝，撰挽联一副：先闻未公疾，忽惊传公之噩耗，音容今已渺，恨世界最易变色相，如此；曩订交吾父，并惠及吾等弟侄，欢爱正无穷，叹人世生再难回头，奈何。

是年，陈墨西第三次东渡日本，在大阪结识黄兴、蔡锷，并由黄兴介绍加入孙中山领导的同盟会，深得孙中山赏识，关系甚密，成为同盟会积极分子。陈墨西一生三赴日本留学，第一次是与俞明震一起赴日本考察学务；第二次是与俞明震二弟俞明颐一起赴日本考察武备。

是年，为纪念王船山290周年诞辰，陈墨西撰写对联："湘水衡云留正气，楚辞孤竹证同心。"

是年，三子陈致平出生，系继配钟照圆所生。1933年毕业于北平辅仁大学历史系，先在北平两吉女中、辅仁、崇德等中学任教；继而在辅仁大学、光华大学、广西大学、上海同济大学、台湾大学、新加坡南洋大学等大学任讲师和教授。1993年曾回大陆南京、北京旧地重游。2002年7月30日病逝于台北。陈致平是我国著名的历史学家，著有《中华通史》等著作600多万字。

宣统二年（1910年），在日本留学，年底学成回国。

宣统三年（1911年）春，甘肃提学使俞明震邀请陈墨西赴甘肃办学，陈墨西认为"交通不便之地，必为谋改革者所未及鼓吹"。孙中山、黄兴、周震鳞等人也极力主张。因此，陈墨西从日本留学归国后，"遂于辛亥初春登程，车行两月始达兰州，沿途所见，实以穴居之民与不毛之地为多"。他的公开身份是甘肃提学使署总务科长兼省师范学堂监督，从事教育事业；暗中却与1910年12月就到达甘肃的湖南宁乡人黄钺、黎兆枚等人从事革命活动。

民国元年（1912年），3月6日，从兰州赶赴秦州（今甘肃天水市），传达黄兴敦促甘肃早日举义的意见，与黄钺再次修订起义计划，于1912年3月11日宣布起义。起义军击毙开枪顽抗的游击将军玉润，生擒知州张廷武。起义取得胜利，成立甘肃临时军政府（亦称秦州军政府），史称"陇右光复"。陈墨西被任命为军政府秘书长兼教育司司长，秦州军政府的大部分文牍都出自陈墨西之手，其中《甘肃临时军政府、甘肃军政府和平解决条约》《呈复大总统文》《陈贞瑞上国务院请愿书》均载入《陇右光复记》。向燊称赞曰："排山倒海，著作无双。"秦州起义的胜利果实被袁世凯、赵惟熙窃取后，6月17日，陈墨西与黄钺等人从秦州起程归湘。

是年8月25日，同盟会领导在北京虎坊桥湖广会馆联合数个小型政党组成国民党，选举孙中山为理事长。陈墨西第一次加入国民党。

是年11月20日，黄钺向黎元洪副总统转交《陈贞瑞上国务院请愿书》。该请愿书是一篇卫国筹边之策，陈墨西对利用回民戍边作战有精辟和独到的见解。黄钺评价为："如能实行，既可消甘肃无形之隐患，又可奠民国于苞桑。"

民国二年（1913年），3月14日，湖南都督谭延闿呈保荐陈墨西担任教育部官员。宋教仁被谋杀后，国民党人共谋讨袁，陈墨西受黄兴、周震鳞之委托，半年内三赴北京，三赴湖南，四赴上海，往复运筹，席未尝暖。

是年7月，黄兴被推举为江苏讨袁军总司令，陈墨西代表黄兴驻镇江招抚军队。

民国三年（1914年），6月，在上海与周震鳞等人为肇和舰起义筹措活动经费，并交付给杨虎（字啸天）。陈墨西实为肇和舰起义最初合谋人之一。

民国四年（1915年），受黄兴、周震鳞之命，在民国政府教育部任职，暗中从事讨袁工作。陈致平云："而蔡松坡之云南起义，先父亦与有力焉。"

是年，陈墨西担任湖南省宁远县县长。

民国五年（1916年），1月1日，冒风雪赶赴陕北剿匪总司令部陈树藩幕，担任陕北剿匪军总司令部主任秘书，说服其下级军官胡景翼潜谋共同反袁。最终将袁世凯在陕西的代理人陆建章赶下台。嗣后，陈墨西担任陕西督军署政治顾问。

是年，周震鳞在北京创办《真共和报》，聘请陈墨西担任总编辑，宣传三民主义。7月29日，黄兴致电祝贺："欲造舆论政治，在先有正确之舆论。"

民国六年（1917年），周震鳞在北京创办《启明日报》，继续聘请陈墨西担任总编辑。《启明日报》于6月17出刊，9月29日停刊。

是年，与曾熙、黄嘉禾、谢彬等衡阳名人扩建衡阳图书馆，使之成为湖南省第二大图书馆，并将"补刻《船山遗书》"作为办馆宗旨之一。在这些人士的努力下，衡阳图书馆也成为衡阳藏书和船山研究的中心。

民国九年（1920年），在长沙为读私塾时同学陈光和夫人撰写《光和先生暨德配莫孺人六旬晋一寿言》。

9月5日，与王克家在上海《时事新报》发表《对于举行国民大会之意见》，对直系军阀吴佩孚发起召开国民大会的倡议，提出了许多真知灼见。

9月23日，与王克家在上海《时事新报》发表《陈贞瑞、王克家再覆吴佩孚书》，反驳吴佩孚提出的"不赞成以制宪与理财为题"的观点。

是年12月，与同乡王克家共同撰写《对于湖南自治之研究》一文，并出版单行本。

民国十年（1921年），1月26日，湖南省政府"湖南省自治根本法筹备处"成立，邀请湘籍名流和文化名人助力。2月6日，筹备处委派陈贞瑞为《湖南制宪报告书》编审和文员。

民国十二年（1923年），8月7日，谭延闿在衡阳就任孙中山所授湖南省长兼湘军总司令，陈墨西从长沙投奔之。在此期间，陈墨西说服广西军阀沈鸿英归顺民国政府。

民国十三年（1924年），1月，孙中山改组国民党，陈墨西再次加入国民党。6月13日，孙中山大元帅任命陈墨西为大本营咨议，参与机要文案工作，并担任广西军阀沈鸿英驻粤代表。11月，孙中山带病赴北京与段祺瑞等谈判，陈墨西随同前往。

民国十四年（1925年），3月12日，孙中山在北京病逝，陈墨西重返广州参加第一次东征。

民国十五年（1926年），2月，国民党中央决定举办中央政治讲习班，指定由湘籍高级领导人所组成的湖南政治研究会具体领导。职员有：谭延闿、程潜、林伯渠、鲁涤平、毛泽东、李富春等人。政治讲习班设置的课程主要有：国民党党史、三民主义、帝国主义之由来及其性质、中国政治经济状况、帝国主义侵华史、广东农民运动实际状况、军事学、农民运动等23门课程，专门培养从事军队和地方工作的政治工作人员。陈墨西以大元帅府咨议和军政府总部政治顾问的资格前来听讲，被编在外班，并被推为组长。

讲习班的6个月中，陈墨西无日不到，从未缺课。听过毛泽东的课。毛泽东对他很尊重，在课堂上向学员介绍："在座的有革命老前辈陈墨西先生。"在听课时，均做详尽的笔记，并帮助其他学员整理笔记。结业时，同学们送他一副对联："群推先觉，勤学不懈。"对肖楚女讲授课程做的笔记最详细，并且做了认真整理，准备付印出版。后因时局变化，原稿散失。

是年，北伐军兴，陈墨西担任北伐军总司令部政治顾问和国民革命军第二军军长谭延闿的政治顾问，参与军机筹划。第二军副军长是鲁涤平，多为湘人，习称湘军。

10月18日，陈墨西就任广东省惠阳县县长。

民国十六年（1927年），1月18日，辞去惠阳县县长职务。四一二政变后，国共分裂，陈墨西与当权者政见不合,尤其是萧楚女被杀,心中悲伤,借口"家母(继母)过世,回家乡守孝",脱离军政界。

民国十七年(1928年)冬,谭延闿就任中华民国国民政府行政院院长,陈墨西因家中人多田少,教书收入微薄,实在难以维持,迫不得已向他求助。谭延闿拟安排陈墨西任教育部督学、司长,但陈墨西不愿做高官,愿当个教师,为国家培育人才,于是在中央政治大学、中央女子政法讲习所担任国文、地理老师。

民国十八年(1929年)至民国二十一年(1931年),在南京成立政治讲习班同学会,被推举为执行委员。其间,有几个同学去广东,陈墨西资助了路费。

民国二十年(1931年),7月,湖南遭受水灾。陈墨西与旅京湘人仇亦山、彭新民、蒋克诚、舒楚石等向中央赈委会、财政部请求救济。

民国二十一年(1932年)秋,应浙江省政府主席鲁涤平之邀,赴杭州担任浙江省政府顾问。

民国二十二年(1933年),在杭州创作癸酉述怀诗十首,后周震鳞为该诗集题写书名。1999年,湖南省文史研究馆编辑出版《风范长存》纪念专集时,陈致平教授从台湾寄回大陆。

是年正月二十六日,继配钟照圆(琼瑶祖母)病逝于北京。钟氏原籍长沙,生长江宁(今南京),晚清副将钟嘉会之女,善绘画。曾熙、李瑞清、谭延闿都为她售卖书画作品。生有二子祥址、祥均,二女兰生(早逝)、竹生(早逝)。

民国二十三年(1934年),鲁涤平离开浙江赴南京,陈墨西因第三个儿子陈致平在北平教书,也离开浙江赴北平。

民国二十四年(1935年)春,从北平回湖南衡阳,从此再未远游。是年秋,受衡阳女中之聘,重执教鞭。

民国二十五年(1936年),继续在衡阳女中任国文教员。是年,与唐廷秩、段家谦、陈樊夏、何镛等人在衡阳成立"湘东吟社"。

民国二十六年(1937年),与唐廷秩、段家谦、陈樊夏、何镛等人在衡阳出版《湘东吟社初集·别集》。初集以唐廷秩《段宅雅集》开篇,别集以陈墨西《咏雪》开篇。

民国二十七年(1938年),4月20日,孙女陈喆(笔名琼瑶)在四川成都出生,后来成为中国当代著名作家、编剧、影视制作人。

是年,书赠同学凌祖述《寿凌祖述七旬晋一》对联一副:谊属通家,在我相期,惟继志;行不踰矩,知君所欲,尽从心。

民国二十八年(1939年),农历正月二十五日,私塾同学唐谷让赠送《寿墨西先生八旬晋一》对联一副:譬如北辰居其所,奚待文王而后兴。是年,陈墨西在衡阳女中任国文教员。

民国二十九年(1940年),继续在衡阳女中任国文教员。

民国三十年(1941年),7月4日,原配王镜春病逝。王氏禀性善良,吃苦耐劳,备历艰辛、忧危。生有一子祥基(早逝)、一女蕙娟(又名祥惠)。

是年，衡阳县渣江镇陈朝知后裔与湖南永州蓝山、郴州临武等地陈伯环后裔合谱。陈墨西担任陈氏通谱蓝山广溪总局总纂。陈墨西认为："文章经国之大业，不朽之盛事，谱牒亦文章之一。"除负责《陈氏通谱》的编纂，他还撰写了《蓝山陈氏衡阳渣江毓秀村支谱序》《迁衡世祖应聘公传》等文，缅怀祖功祖德，激励后昆。

民国三十一年（1942年），1月，三子陈致平与儿媳袁行恕一家五口辗转数省，回到衡阳县渣江区鼓峰乡兴隆村（今衡阳县三湖镇大波村）兰芝堂团聚。

是年8月，陈墨西与儿子陈致平、儿媳袁行恕在衡山县白果镇南华中学（校址原在长沙，因避日寇入侵迁至衡山县白果镇）教书。后陈致平、袁行恕夫妇还在衡阳市道南中学、莲湖中学教书。1944年6月逃难去四川重庆。

是年冬，经友人刘豢龙介绍，被湖南省政府聘为顾问，月得津贴米一石，间有布匹等实物分发，约达两年。

民国三十三年（1944年），8月，衡阳失陷。10月，日寇在渣江一带烧杀抢掠，无恶不作。陈墨西义愤填膺，命长孙陈继佛在其居处堂屋上画一巨幅中国地图，长约4米，宽3米，并亲书"此乃中国之大好河山，凡我黄胄须誓死捍卫之"，后慷慨陈词："我已年老，不能力御外寇，然能口诛笔伐，以泄我愤，虽死无憾。"数日后，日军数人闯入其宅，并用刺刀洞穿其大门数处。陈墨西和墨濡笔大书"此扉可作巴黎油画观"9字于其上，众皆瞠目结舌，而陈墨西仍泰然自若。1945年，日本侵略者投降。有人要陈墨西将损坏的门扉加以修整，陈墨西婉言拒绝说："此门页要永远保存下来，告诫后世，勿忘国耻。"

是年，陈墨西与一二友人在家乡办一补习班，专补国、英、算三科，约达两期。

民国三十四年（1945年），吴奇伟继任湖南省政府主席，陈墨西被湖南省政府继续聘为顾问，曾补发米三四月而止。

10月，应同里衡阳县三湖镇王况裴之请，撰《三湖王氏荫棠世泽集》序。序中称赞："衡阳望族，首三湖王氏。王氏时贤，首王子况裴。况裴多才多艺，善学善教，有守有为，可仕可止，固皆贤矣。"

民国三十五年（1946年），春节在兰芝别墅大门张贴一副自撰对联："再造山河新改岁，后凋松柏又逢春。"抗战胜利后的喜悦之情可见一斑。

是年，王东原继任湖南省政府主席，复被湖南省政府聘为顾问。

民国三十六年（1947年），5月，被聘为衡阳县文献委员会专门委员。被推为编辑组组长，预备续修衡阳县志。其间，陈墨西负责编辑《衡阳文献》（半月刊）14期。

民国三十七年（1948年），在衡阳县中（今衡阳市二中）教书。

民国三十八年（1949年），担任衡阳县清算委员会主任委员，在衡阳图书馆办公。

是年，拒绝儿子要他同去台湾的劝说，留在老家兰芝堂。

1950年至1951年在家乡办补习班。

1952年，2月5日，致信湖南省委书记、湖南省军区司令员兼政委黄克诚，回忆广州中央政治讲习班同学情谊，并希望予以帮助。

3月26日，经黄克诚交办、谢晋提名，陈墨西被湖南省人民政府聘任为湖南省文物委员会委员，月薪74元，解决了生活困难。

1953年，4月，被湖南省人民政府聘任为湖南省文史研究馆馆员。馆员推荐语云："长期从事教育工作，并精中国古文学。"

1954年，6月28日至7月2日，衡阳县第一届人民代表大会第一次会议召开，被选为湖南省第一届人民代表大会代表。

8月10日至14日，出席湖南省第一届人民代表大会第一次会议，向大会提交两个提案：一、请恢复衡阳名贤王船山先生湘西草堂故址，并饬地方永远保护，被登记为"五五八号"；二、请规定新设的自治区、直辖市及各县市区克期一律成立图书馆，被登记为"五六〇号"。

12月1日至2日，受省文物管理委员会委托，以省人大代表身份二次赴湘西草堂、王夫之墓地等地考察。在当地召开干部群众座谈会，走访船山后裔和当地老人，寻求史实，商讨保护船山故居及坟地的办法，写了近三万字的《王船山故居沿革及坟墓》的考察报告，提出成立船山图书馆和船山乡及保护王船山故居与坟墓的建议。

1955年，6月12日至21日，赴衡阳县西渡镇、阴（英）陂乡、台元（源）区、渣江区、三湖区等地视察，撰写了六千多字的视察报告。

12月，到衡阳县渣江、三湖两区视察，视察内容以农业合作化为主,撰写了三千多字的视察报告。

1956年,11月,到衡阳县渣江、三湖、唐福、甘泉、官埠及界牌镇进行视察工作,撰写了七千多字的视察报告。视察期间,当选为衡阳县第二届人民代表大会代表。

12月,陈墨西在湖南省第一届人民代表大会第三次会议上提交提案:请恢复衡阳市第一中学的名称仍为"船山中学",被登记为"二三七号"。

1957年,5月,到衡阳县各乡视察农业生产、文化教育,撰写了一万七千多字的视察报告。

12月,出席湖南省第一届人民代表大会第五次会议,并发言拥护党的方针政策。

1959年,被错误划入"右倾机会主义分子"之列。由于年事已高,没有受到人身冲击,生活待遇也未取消。

1960年,4月12日,衡阳地委统战部回覆湖南省人民委员会文史研究馆函云:"陈墨西老先生……现年逾九十岁,精神矍铄,起居饮食如常。每日看书报,手不释卷……对党和政府长期照顾极为满意,所领津贴,每月自愿向生产队投资十元。因此,生产队对他也特别照顾,派了一位五十多岁的妇人扶侍他和老伴。"

5月23日,在衡阳县渣江区和平人民公社"兰芝别墅"(今衡阳县三湖镇大波村)逝世,享年91岁。丧事由省政府出资操办,时任衡阳县委统战部部长范荣毓致追悼词。

后 记

湖南省文史研究馆以"敬老崇文，存史资政"为己任。1999年，在陈墨西先生一百三十周年诞辰的时候，为缅怀陈墨西先生这位辛亥革命元老、一生致力教育事业的著名教育家、卓有建树的湖湘文化名人，出版了《风范长存》纪念文集。但是，这本纪念文集只有近五万字，其中陈墨西遗著仅一万多字，仅作为内部资料赠阅，只发行了五百册。因而，陈墨西跌宕起伏、致力教育、爱国忧民、淡泊名利的人生故事和丰功伟绩仍然鲜为人知。

2018年以来，作为陈墨西先生的宗亲，编者致力于墨西先生的研究，追寻墨西先生的足迹，先后到湖南省文史研究馆、湖南省档案馆、湖南图书馆、湖南省社科联、甘肃省天水市档案馆、甘肃省天水市图书馆、甘肃省图书馆、甘肃省档案馆、中国国家图书馆、中国第二历史档案馆、广州孙中山大元帅府、广东省立图书馆、广东省档案馆、浙江省图书馆、浙江省档案馆、南京市图书馆、南京大学图书馆、上海市图书馆、宁远县图书馆、惠州市市志办、衡阳市图书馆、衡阳市档案馆、衡阳县档案馆、衡阳县图书馆、王船山故居等地搜寻文献资料；走访墨西先生的后裔和乡邻老人，记录口碑资料，搜集到许多墨西先生的原始史料、遗著及其他资料，汇编成《陈墨西辑》。

文以人传，人以文传。《陈墨西辑》是一部熔史料性、文学性、知识性于一炉的书籍，必将满足广大读者前所未闻、耳目一新的求知、求新的愿望。相信广大读者能够从中汲取宝贵的精神营养；能够从陈墨西这个经历了晚清、民国、新中国的历史人物的人生故事中，获得有益的启迪和感悟。

在《陈墨西辑》编辑的过程中，得到了广州孙中山大元帅府、南京市地方志编纂室、湖南省档案馆、湖南图书馆、湖南省社科联、衡阳市地方志编纂室、衡阳市图书馆、衡阳市档案馆、衡阳县档案馆、衡阳县图书馆、宁远县党史研究室等有关单位，以及陈淑玲、陈再勋、陈立新、陈鹭祥、王淑莲、陈诗环、黄祖同、朱志龙、黄向秦、陈向科、汪开云、阎虎林、刘定安、谭崇恩、杨伟东、陈寿林、刘忠平、陆柏香、周安林、王辉、胡卫平、章敏等先生、女士的支持和帮助。在此，谨表示衷心的感谢。由于本书付梓的时间仓促，加上编者水平所限，讹错和不妥之处在所难免，敬请批评指正。

编　者